suhrkamp taschenbuch
wissenschaft 1794

Der 2002 verstorbene Freiburger Soziologe Heinrich Popitz gehört zu den bedeutendsten Nachkriegssoziologen in Deutschland. Bereits Klassikerrang haben seine industriesoziologischen Arbeiten aus den fünfziger Jahren, aber auch die Bedeutung der in den folgenden Jahrzehnten entwickelten Schriften zur Macht-, Norm-, Technik- und Kreativitätstheorie ist in jüngster Zeit zunehmend gewürdigt worden. Popitz war ein »Meister der kleinen Form«, der seine Überlegungen in subtilen wissenschaftlichen Essays entwickelte. Der Band versammelt neben noch unveröffentlichten Texten Popitz' wichtigste Schriften zur Normtheorie, die bisher nur verstreut vorlagen. Eine ausführliche Einleitung führt in Popitz' Denken ein.

Die Herausgeber: Friedrich Pohlmann ist Privatdozent für Soziologie an der Universität Freiburg; Wolfgang Eßbach ist Professor für Soziologie an der Universität Freiburg.

Heinrich Popitz
Soziale Normen

Herausgegeben von
Friedrich Pohlmann und
Wolfgang Eßbach

Suhrkamp

Bibliografische Information der Deutschen Nationalbibliothek
Die Deutsche Nationalbibliothek verzeichnet diese Publikation
in der Deutschen Nationalbibliografie;
detaillierte bibliografische Daten sind im Internet über
http://dnb.d-nb.de abrufbar.

suhrkamp taschenbuch wissenschaft 1794
Erste Auflage 2006

Druck: Books on Demand, Norderstedt
Printed in Germany
Umschlag nach Entwürfen von
Willy Fleckhaus und Rolf Staudt
ISBN 978-3-518-29394-2

2 3 4 5 6 7 – 15 14 13 12 11 10

Inhalt

Friedrich Pohlmann
Heinrich Popitz – sein Denken und Werk 7

Heinrich Popitz
Soziale Normen 59
Soziale Normen 61
Verhaltensorientierung und Verhaltensnormierung 76
Universale Konstrukte sozialer Normierung 94
Der Begriff der sozialen Rolle als Element der soziologischen Theorie 117
Über die Präventivwirkung des Nichtwissens 158
Realitätsverlust in Gruppen 175
Das primäre soziale Gehäuse 187

Anhang

Zum Wiederbeginn der Soziologie in Deutschland nach dem Kriege 205
Zum Begriff der Klassengesellschaft 211
Begegnungen mit Theodor Geiger 225
Die Ungleichheit der Chancen im Zugang zur höheren Schulbildung 229
Universitätsreform als Studienreform 250

Wolfgang Eßbach
In memoriam Heinrich Popitz (1925-2002) 264

Bibliographie 267
Nachweise 269

Friedrich Pohlmann

Heinrich Popitz – sein Denken und Werk

1. Einleitung 9
2. Popitz' Denkstil 10
3. Die Umrisse des Werks 17
4. Das Werk von Heinrich Popitz
und die Soziologie der Gegenwart 47
5. Zur Textauswahl 51

1. Einleitung

Vom Umfang her ist das Werk von Heinrich Popitz nicht groß. Deshalb sind seine Hauptschriften rasch aufgezählt. Da sind zunächst die frühen Arbeiten aus den 1950er Jahren, die bereits seit längerem zum festen Bestand der Klassiker auf diesem Gebiet gehörenden industriesoziologischen Werke über das »Gesellschaftsbild des Arbeiters«[1] und »Technik und Industriearbeit«;[2] und – abgeschlossen bereits im Jahre 1949 – eine philosophische Studie über den jungen Marx,[3] damals eine der ersten Arbeiten über Marx' Frühschriften und immer noch eine der besten. In den 1960er Jahren erschienen dann einige kürzere Texte zur Norm-, Rollen- und Machttheorie, zu Themen, die Popitz danach immer weiter verfolgt hat, bis hin zu den Publikationen über die »normative Struktur der Gesellschaft«[4] und der zweiten Auflage der »Phänomene der Macht«,[5] die sicherlich sein bedeutendstes Werk ist. Dazu kamen dann Mitte der 90er Jahre noch zwei Aufsatzsammlungen, die Techniktheorie in »Der Aufbruch zur artifiziellen Gesellschaft«[6] und die »Wege der Kreativität«.[7]

Was macht die genuine Qualität von Heinrich Popitz' Werk aus? Nach meiner Auffassung kennzeichnet es einen eigentümlichen Denkstil. Im ersten Schritt soll daher dieser Denkstil entwickelt werden, um im Lichte dieser Überlegungen in einem zweiten Schritt die Konturen seines Werkes zu beleuchten.

Der »Denkstil« eines Autors – das ist jener geistige Habitus, der seine Erkenntnisinteressen, seine Methodenpräferenzen, seinen Schreibstil, seine Vorliebe für die »große« oder »kleine« Form und seine »Attitüde zur Welt« (Georg Simmel) – sei es als optimistische,

1 Popitz, Heinrich, *Das Gesellschaftsbild des Arbeiters* (mit H.P. Bahrdt, E.A. Jüres, H. Kesting), Tübingen 1957.

2 Ders., *Technik und Industriearbeit* (mit H.P. Bahrdt, E.A. Jüres, H. Kesting), Tübingen 1957.

3 Ders., *Der entfremdete Mensch. Zeitkritik und Geschichtsphilosophie des jungen Marx*. Philosoph. Forsch., NF, hg. von Karl Jaspers, Bd. 2, Basel 1953. Gekürzte Fassung (1967), Frankfurt/M.: EVA.

4 Ders., *Die normative Konstruktion von Gesellschaft*, Tübingen 1980.

5 Ders., *Phänomene der Macht*, 2., stark erweiterte Auflage, Tübingen 1992.

6 Ders., *Der Aufbruch zur artifiziellen Gesellschaft*, Tübingen 1995.

7 Ders., *Wege der Kreativität*, Tübingen 2000.

pessimistische, tragische oder ironische Grundhaltung – als ein unverwechselbar miteinander verwobenes Ganzes erscheinen läßt. Popitz' Denkstil ist innerhalb der deutschen Nachkriegs- und Gegenwartssoziologie singulär und deutlich konturiert; er liegt bereits in den Schriften über Norm- und Machtphänomene aus den 1960er Jahren vollentwickelt vor und hat sich danach nur noch in Details verändert.

2. Popitz' Denkstil

2.1. Erkenntnisziele

Auf ein erstes Charakteristikum – es betrifft die *Erkenntnisinteressen* – stößt man, wenn man reflektiert, warum bei Popitz Analysen der Gegenwartsgesellschaft ein so geringes Gewicht einnehmen. Ihm geht es ganz offensichtlich nicht um so etwas wie eine »Theorie der Moderne« – obwohl sich gerade in seinen technik- und machtsoziologischen Arbeiten manche dafür wichtige Überlegungen finden –, sondern um eine Theorie *der* Gesellschaft. Theorie »der« Gesellschaft, das meint: eine Theorie der Grundmerkmale und -bedingungen menschlicher Sozialität, ihres – so die manchmal benutzte Metapher – in allen historischen Gesellschaftsformen auffindbaren gemeinsamen »Knochengerüstes«. Das entspricht dem, was man in den 50er und 60er Jahren unter *allgemeiner soziologischer Theorie* verstanden hat: Herausarbeitung der kulturübergreifenden Grundstrukturen menschlicher Vergesellschaftung, dessen, was den Menschen in seinem *sozialen Sein* charakterisiert. Angestrebt wird also der Entwurf einer *soziologischen Anthropologie*, und hierin unterscheidet sich Popitz prägnant von den meisten bedeutenden deutschen soziologischen Theoretikern der Gegenwart. In der Norm- und Machtsoziologie hat er diese Intention explizit hervorgehoben. Die Analyse normativer Grundstrukturen – so schreibt er in seinem ersten Text über »Soziale Normen«[8] – sei zu verstehen als Antwort auf die Frage Durkheims, was die »Tatsache Gesellschaft« möglich mache, sei die Explikation der Grundbedingungen für soziale Ordnung überhaupt. Und die Machtsoziologie ist als eine Theorie der *anthropologischen Grundformen von Macht* konzipiert, derjenigen

8 Ders., Soziale Normen, in: *Europäisches Archiv für Soziologie II*, 1961, S. 185-198.

Grundformen, die zwingend mit der gesellschaftlichen Existenz des Menschen verbunden sind, also in allen Gesellschaftsformen entstehen müssen.[9] In den techniksoziologischen Schriften wird die anthropologische Zielsetzung noch erweitert.[10] Denn hier verfolgt Popitz zum einen eine zentrale Spur in der *Phylogenese* des Menschen – den Zusammenhang zwischen Werkzeughandeln und der Ausfaltung spezifischer kognitiver und sensomotorischer Fähigkeiten –, entwickelt zugleich aber auch Bezugspunkte für den Entwurf einer *historischen* Anthropologie. Sie sind in seinem Konzept der *Fundamentaltechnologien* enthalten, das eine Unterteilung der Menschheitsgeschichte in vier Großepochen ermöglicht, denen fundamental verschiedene Modi gesellschaftlichen Seins korrespondieren. Die Arbeiten zur Kreativität schließlich heben die anthropologische Orientierung unübersehbar schon in ihren Einzeltiteln hervor.[11] Erkunden, Gestalten, Sinnstiften und Spielen werden als die vier Grundformen der menschlichen Kreativität analysiert, als jene Potenzen, die die gedankliche und praktische *Selbstüberschreitung des Menschen* in allen Gesellschaften – seine Transzendierung des »Ist« – ermöglichen.

Hineingewoben in die anthropologische Grundorientierung ist immer auch eine zusätzliche Intention, die Entschlüsselung nämlich der *Unwahrscheinlichkeit* der »Tatsache Gesellschaft«. Was so selbstverständlich erscheint – daß sich Menschen mit einiger Sicherheit und Dauerhaftigkeit aufeinander einstellen können –, erweist sich bei näherem Hinsehen als unendlich voraussetzungsreich, und diesen Voraussetzungsreichtum zu erläutern, hat Popitz als eine der Hauptaufgaben der Soziologie begriffen. Das »Selbstverständliche unselbstverständlich zu machen«, die hochgradig artifizielle Sozialkonstruktion offenzulegen, die in die Geläufigkeiten und Trivialitäten des Alltags eingelassen ist und sie allererst ermöglicht, war eine seiner soziologischen Grundmaximen. Auch diese Intention prägt bereits die ganze konzeptionelle Anlage seiner Normtheorie, aber sie hat darüber hinaus auch streng durchkomponierte, aber trotzdem ganz spielerisch-experimentell wirkende Überlegungen inspiriert, wie sie sich vor allem in zwei wissenschaftlichen Essays

9 Vgl. ders., *Phänomene der Macht*, a.a.O.
10 Vgl. ders., *Der Aufbruch zur artifiziellen Gesellschaft*, a.a.O.
11 Vgl. ders., *Wege der Kreativität*, a.a.O.

finden: der »Präventivwirkung des Nichtwissens«[12] und den »Prozessen der Machtbildung« (1968/1992). In der »Präventivwirkung« wird die Unwahrscheinlichkeit von »Gesellschaft« anhand eines – einen Gedanken von William Thackerey aufgreifenden – hintersinnigen Denkexperiments demonstriert: Was entstünde, wenn in einer Gesellschaft so selbstverständlich Wünschenswertes wie das Wissen um Normbrüche vollständig verwirklicht wäre? Popitz' Skizze der absurden Konstruktion, die die vollständige Verwirklichung des Wünschenswerten nach sich zöge, illustriert Voraussetzungen sozialer Existenz, die auch in wissenschaftlichen Reflexionsprozessen oft nicht mehr aufscheinen. In den »Prozessen der Machtbildung« zielt Popitz' Dekonstruktion des Selbstverständlichen in eine andere Richtung. Hier geht es eher um Demonstrationen der *Banalität von Gesellschaft*, der oftmals profan und nichtig erscheinenden Sachverhalte, die dem Aufbau mächtiger Herrschaftssysteme zugrunde liegen können. Solche Systeme können sich über eine Reihe von Akkumulationsstadien aus winzigen Anfangsvorteilen einer kleinen Personengruppe über die Majorität der »anderen« aufgebaut haben.[13] Als Minorität können sie dabei die Organisationsvorteile nutzen, die die Wenigen immer über die Vielen haben (Max Webers »Vorteil der kleinen Zahl«).

2.2. Die »Attitüde zur Welt«

Popitz war kein Geschichtsdenker, und er hat auch nie im engeren Sinne historisch gedacht. Wenn man als Grundmerkmal des *Geschichtsdenkens* die systematische Reflexion insbesondere der jüngeren Vergangenheit – und das war die doppelt totalitäre des Nationalsozialismus und Kommunismus – aus einer Haltung der Sorge für die Gegenwart begreift und als *historisches Denken* die Deutung singulärer geschichtlicher Prozesse, dann war Popitz ein zweifach unhistorisch denkender Soziologe. Das heißt freilich nicht, daß er ohne Sorge um die Gegenwart gewesen wäre und kein Interesse für

12 Ders., *Über die Präventivwirkung des Nichtwissens. Dunkelziffer, Norm und Strafe*, Tübingen 1968.

13 Diese Anfangsvorteile brauchen nicht bedeutender zu sein – so Popitz' oftmals zitiertes Modellbeispiel – als ein kleiner Zeitvorteil einer kleinen Gruppe von Passagieren auf einem Kreuzfahrtschiff hinsichtlich der Benutzung der eigentlich allen gleichermaßen zur Verfügung stehenden Liegestühle.

historische Prozesse gezeigt hätte, und es heißt noch weniger, daß die nationalsozialistische Gewaltwirklichkeit, die ihn über das Schicksal seines Vaters im Kern seiner Existenz getroffen hatte,[14] für ihn kein Thema seines Denkens gewesen wäre. Sie war es, aber nicht als Element einer historischen, sondern einer *anthropologischen* Grundhaltung der Wirklichkeit gegenüber. Popitz hat immer wieder neu über Gewalt – dieses »physischste« Faktum zwischen den Menschen – nachgedacht, und eine der eindrucksvollsten Arbeiten aus seiner Machttheorie ist der Aufsatz über Gewalt. Er bietet eine Auseinandersetzung mit diesem Fundamentalphänomen jeder sozialen Ordnung, wie sie grundsätzlicher nicht denkbar ist; eine im Ausgang von der psychophysischen Konstitution des Menschen her gedachte Auseinandersetzung, die den ungeheuren Erfindungsreichtum des Menschen am Erfindungsreichtum seines Gewalthandelns verdeutlicht. Die Erkenntnis von Gewalt als eines unaufhebbaren – durch soziale Ordnungen immer nur höchst unvollkommen zu bändigenden – Phänomens konstituiert den *pessimistischen* Grundzug in Popitz' Denkstil, der gleichzeitig aber auch ein schnell auffallendes *ironisches* Element aufweist. Popitz' Ironie, die manchmal ins Sarkastische hineinschillert,[15] findet sich vor allem in normtheoretischen Schriften, an erster Stelle in der schon erwähnten »Präventivwirkung des Nichtwissens«. Sie zeigt sich besonders ausgeprägt in seinen filigranen Zeichnungen von tendenziell absurden Sozialsituationen.

2.3. Meister der kleinen Form

Heinrich Popitz war ein Meister der *kleinen Form.* Abgesehen von seinem Buch über den jungen Marx, den industriesoziologischen Schriften der fünfziger Jahre und der »Normativen Konstruktion der Gesellschaft« (1980), sind alle seine Texte feinziselierte wissen-

14 Der Vater, Johannes Popitz, war preußischer Finanzminister, gehörte zum Verschwörerkreis des 20. Juli und ist Anfang 1945 hingerichtet worden.

15 Dazu paßt auch, daß sich Popitz gerne als Verfasser von Schüttelreimen betätigte. Freunden schenkte er manchmal Schriften von sich, die mit einer »Schüttelreimwidmung« versehen waren. Eine kleine Kostprobe: »Wir wollen Rollen/die wir wollen sollen/weil wir sollen wollen/wie die Rollen wollen.« Eine Auswahl seiner Schüttelreime erscheint in: Popitz, Heinrich, *Die Quadratur des gordischen Knotens. Zettelverse*, Augsburg 2006.

schaftliche Essays. Popitz' permanentes Bemühen um *Verknappung* – alles, was ihm auch nur einen Deut zu lang erschien, wanderte umgehend in den Papierkorb – war ästhetisch motiviert. Popitz wollte die unverwechselbare sprachliche Miniatur, einen Text quasi künstlerischen Zuschnitts, auch und gerade in seiner sprachlichen Gestaltung. Seine Texte sind nicht nur analytisch brillant, sondern haben auch einen auf eine Quasi-Visualisierung des treffendsten Ausdrucks zielenden Bildcharakter, und sie entfalten sich in einer ganz selbstverständlich klingenden Sprachmelodie und Phrasierung. Daß Sätze *gut klingen* müssen, war für ihn als Goethe-Verehrer eine Selbstverständlichkeit. Einige seiner Texte – zum Beispiel die »Präventivwirkung«, der Essay über Gewalt, die Studie über das »Soziale Nein« und der Aufsatz »Spielen« – sind in ihrer Form und Sprache so durchkomponiert, daß sie Wissenschaft als Kunst *sind*. Das ist etwas im deutschen Sprachraum höchst Rares.

2.4. Fachübergreifendes Denken

Popitz war *kein Fachsoziologe*. Diese Aussage bezieht sich nur am Rande auf seine eigene Studienzeit in Göttingen und Basel in der unmittelbaren Nachkriegszeit, auf die Tatsache, daß er nicht Soziologie, sondern Philosophie (bei Nicolai Hartmann und Karl Jaspers) studiert hat und dabei vor allem durch den philosophischen und literarischen Geist des deutschen Idealismus beeinflußt worden ist. Sie bezieht sich vor allem auf seinen Denkstil, darauf, daß Popitz sich nie in enge soziologische Fachgrenzen und deren Begrifflichkeit hat einzwängen lassen, sondern immer ganz selbstverständlich fachübergreifend gedacht hat. Das gilt schon für die Normtheorie, es gilt aber noch stärker für die Macht- und Techniksoziologie und die Anthropologie der Kreativität. In der Machtsoziologie sind zentrale Gedanken durch literarische Werke inspiriert – die Aufteilung des Machtphänomens in vier anthropologische Grundformen zum Beispiel durch Sophokles' »Antigone« –, während die anthropologischen Voraussetzungen von Gewalt im Anschluß an Gedanken aus der Verhaltensbiologie von Konrad Lorenz erläutert werden. Besonders zahlreich sind die Grenzüberschreitungen in den anthropologischen Studien zur Kreativität, vor allem in den Anregungen durch die Ästhetiktheorie des deutschen Idealismus (Schillers »Ästhetische Erziehung des Menschengeschlechts«). Und daß auch Hegels Dialektik nicht ohne Einfluß auf Popitz war, zeigt unübersehbar die gedankliche Grundfigur in seiner Arbeit über das »Soziale Nein«.

2.5. Theoretische Orientierungen

Welche *Theoretiker* waren für Popitz besonders wichtig?

Geht man – beginnend mit den Schriften zur Normtheorie – chronologisch vor, dann ist als erster *Theodor Geiger* zu erwähnen. An Geiger waren für Popitz mindestens zwei Aspekte interessant. Zunächst die Tatsache, daß Geiger eine umfassende, »allgemein-soziologische« Normentheorie entwickelt hatte, in die der Anspruch auf empirische Überprüf- und Anwendbarkeit eingebaut war; und zweitens Geigers Denkattitüde, sein völliger Verzicht auf jedes »große Wort«. »Große Worte« waren Popitz und vielen seiner Generation suspekt, sie klangen nach Ideologie, und deswegen lehnte er sich an Geiger als einen Denker an, der den Verzicht auf das »große Wort« so weit trieb, daß er möglichst jeden Aspekt von Normstrukturen in ein quantitativ nutzbares Symbol jenseits der Wortsprache übersetzte. Ein Gegengewicht zu Geiger bildete *Georg Simmel*, der für ihn bis zuletzt wichtig blieb. Popitz hat Simmel ausführlich erstmals in seinem Essay »Der Begriff der sozialen Rolle als Element der soziologischen Theorie« (1967) gewürdigt, in dem er Simmels Exkurs »Wie ist Gesellschaft möglich« in die Begrifflichkeit seiner Rollentheorie übersetzte. Was Popitz zu Simmel hinzog, war vor allem dessen impressionistische Sprachpoesie und seine unerschöpfliche soziologische Phantasie. Als nächster Theoretiker ist *Max Weber* zu erwähnen. Ohne Weber wären wichtige Dimensionen von Popitz' Machtsoziologie nicht denkbar gewesen. Popitz' Unterscheidung von Macht und Herrschaft zum Beispiel ist eine präzisierte Weber-Definition, und fast alle Gedanken über Herrschaftsapparate sind durch Weber beeinflußt. Diese Beeinflussung allerdings beruhte auf keiner geistigen Wahlverwandtschaft, sondern war rein sachlicher Natur. Beide verkörperten nämlich konträr entgegengesetzte Denkstile und ästhetische Typen, Max Weber einen universalgeschichtlichen *Monumentalismus*, Popitz einen künstlerisch konturierten *Minimalismus*. Wichtig war für Popitz auch *George Herbert Mead*. Popitz hat im Ausgang von Grundgedanken von Meads symbolischem Interaktionismus seine Konzeption der Ontogenese des Selbstbewußtseins und seine Theorie der autoritativen Macht entwickelt. Zuletzt sei noch auf die vielen Bezüge auf *Arnold Gehlens* Anthropologie hingewiesen.

In Popitz' frühen Schriften – der Arbeit über den jungen Marx und den industriesoziologischen Untersuchungen – sind freilich die gerade beschriebenen Komponenten des Denkstils noch nicht entfaltet. Sie sind durch andere Motive bestimmt und stehen noch außerhalb des thematischen und theoretischen Verweisungszusammenhanges, der die Schriften zur Norm-, Macht-, Technik- und Kreativitätstheorie miteinander verknüpft. Die Frage nach den Grundbedingungen und -formen menschlicher Vergesellschaftung hat sich bei Popitz erst ab den 1960er Jahren – im Zuge seiner normtheoretischen Überlegungen – herausgeschält, und sie hat sich dann in den vier Themenfeldern seiner Soziologie immer stärker konturiert. Wesentlich durch sie werden diese miteinander verknüpft, und zwar so verknüpft, daß die Umrisse einer soziologisch-anthropologischen Gesamtkonzeption erkennbar werden, die ihrerseits in bestimmten philosophischen Annahmen über die soziale Existenz des Menschen wurzelt. Sie soll im letzten Abschnitt unserer Überlegungen angesprochen werden.

Im folgenden werde ich zunächst Popitz' frühe Schriften vorstellen. In ihnen hat sich sein Werdegang von der Philosophie zur Soziologie niedergeschlagen, zu soziologischen Untersuchungen, die thematisch durch *ein* übergreifendes Erkenntnisinteresse bestimmt sind: durch die Frage nach den *Strukturen sozialer Ungleichheit* in der modernen Industriegesellschaft und den Mechanismen ihrer Reproduktion. Die Charakterisierung dieser Schriften wird verknüpft mit einigen biographischen Hinweisen zur ersten Phase seiner soziologischen Tätigkeit. Dabei wird deutlich, daß sich in seinen thematischen Schwerpunkten und den biographischen Stationen Muster reflektieren, die für die Entwicklung der deutschen Soziologie nach dem Kriege durchaus typisch waren.

3. Die Umrisse des Werks

3.1. Die frühen Schriften

Popitz' Hauptfach im Studium war die Philosophie, und er hat bereits 1949 – nach einem kaum fünfjährigen Studium in Heidelberg, Göttingen, Oxford und Basel – seine Dissertation über Marx' Entfremdungstheorie bei Karl Jaspers abgeschlossen. Die Dissertation wurde 1953 zum erstenmal veröffentlicht, und dann – nachdem sie lange vergriffen war – 1967 noch einmal in einer gekürzten Fassung. Das Buch gehört zur ersten Welle der deutschen Marx-Interpretationen nach dem Krieg, in der vor allem der junge Marx – insbesondere seine erst 1932 veröffentlichten Pariser Manuskripte – neu entdeckt wurden. Es ist eine der profiliertesten Interpretationen von Marx' Frühschriften und wurde in den fünfziger und sechziger Jahren viel diskutiert. Sein wichtigster Unterschied zu anderen Marx-Deutungen der Zeit ist der Aufweis der engen Verbindungen, die zwischen Marx' Entfremdungstheorie und der Zeitkritik und Geschichtsphilosophie des deutschen Idealismus bestehen. Diesen Zusammenhang, so wie ihn Popitz sieht, will ich im folgenden etwas genauer umreißen. Bekanntlich ist das zentrale Thema der Marxschen Frühschriften keineswegs die materielle Not irgendeiner sozialen Gruppe in der Gegenwartsgesellschaft, sondern die »Entfremdung« des Menschen, die – so spätestens in den Pariser Manuskripten von 1844/45 – in der Wirklichkeit des »Proletariats« ihre nicht mehr steigerbare Ausprägung erfahren habe. Popitz' zentrale These ist nur, daß Marx' Entfremdungstheorem keineswegs eine singuläre Neuschöpfung ist, sondern daß sich in ihm anthropologische und geschichtsphilosophische Gedankenfiguren kristallisieren, die in weitverbreiteten Theoremen des deutschen Idealismus vorgebildet waren. Zunächst läßt sich, folgt man der Linie Hegel-Feuerbach-Marx, eine ständige Erweiterung des Entfremdungsbegriffs erkennen:[16] Während bei Hegel »Entfremdung« noch ein phänomenologisches Stadium des zur Erkenntnis seiner selbst kommenden Geistes bezeichnet, bezieht Feuerbach den Begriff bereits auf die

16 Vgl. ders., *Der entfremdete Mensch. Zeitkritik und Geschichtsphilosophie des jungen Marx*, in: Philosoph. Forsch., NF, hg. von Karl Jaspers, Bd. 2, Basel 1953. Gekürzte Fassung (1967a), Frankfurt/M.: EVA.

»irdische Wirklichkeit«, umschreibt damit aber nur die Entzweiung des Menschen mit sich selbst, die durch die christliche Religion geschaffen worden sei. Marx hingegen, der den Menschen von vornherein als ein praktisches Wesen begreift, deutet als Ursache aller Entfremdung eine spezifische Beschaffenheit menschlicher Arbeit, und er bestimmt »entfremdete Arbeit« in einer Weise, daß »Entfremdung« als ein Grundmerkmal der Situation des Menschen in seiner gesamten überblickbaren Geschichte aufgefaßt werden muß. Zugleich wird die bisherige Geschichte auch als ein *Wachstumsprozeß* der Entfremdung gedacht, aber zugleich als eine Entwicklung, in der die Bedingungen zu ihrer vollständigen Überwindung heranreifen. In der Gegenwart, im Stadium *schärfster Ausprägung* der Entfremdung, seien Produktionsverhältnisse geschaffen worden, die die Verwirklichung des *Ziels der Geschichte* – der völlig unentfremdeten Gesellschaft – zu einer sachlichen Notwendigkeit und zugleich zum Ergebnis bewußter, selbstgewählter Praxis machen.

Wie Popitz ausführt, waren alle drei Grundkomponenten dieser Geschichtskonstruktion – das *Praxis*postulat, das *teleologische* Element und das *dialektische* Muster – bereits in der Zeitkritik des deutschen Idealismus wesentlich.[17] Hier hatte sich ein Problembewußtsein ausgeformt, das die Zukunft »als Aufgabe, als Forderung eines gegenwärtig zu prägenden Morgen empfindet«,[18] und insbesondere bei Schiller und Fichte wurde eine radikale Zeitkritik mit einer teleologisch konzipierten Geschichtsphilosophie verbunden. »Diese teleologische Konzeption (aber) kann [...] nur *dialektisch* vollzogen, die Gegenwart nur als *Antithesis* verstanden werden. Die Struktur von Thesis, Antithesis und Synthesis ergibt sich aus den beiden Problemen des Abfalls, der Entfremdung und der Regeneration und Emanzipation«.[19] In Marx' Revolutionsidee werden diese Komponenten integriert und weitergeführt:

17 Vgl. ebd., S. 21 ff.

18 Ebd., S. 21.

19 Ebd., S. 24. Am deutlichsten prägt diese dialektisch-teleologisch konzipierte Dreiteilung der Geschichte Fichtes »Grundzüge des gegenwärtigen Zeitalters«, eine geschichtsphilosophische Konzeption, in der das »Menschengeschlecht« aus einem vollkommenen, aber noch unentfalteten Anfangsstadium – sozusagen dem Stand der Unschuld – durch mehrere Phasen der Zerteilung schließlich den »Stand der vollendeten Rechtfertigung und Heiligung« erlangt. Das ist gewissermaßen eine Wiederaufrichtung der zunächst naturgegebenen Harmonie des Naturzustandes auf einem gänzlich neuartigen Wissensniveau, und sie erscheint bei Fichte als eine

»Die revolutionäre Idee [hat] [...] die Ideale des deutschen Idealismus und Humanismus in sich aufgenommen und wendet sich, ›zur Welt erweitert‹, mit dem Totalitätsanspruch des Ideals gegen die erscheinende Welt«.[20] Dieser Totalitätsanspruch vereinigt inhaltlich zwei Zentralmotive, ein *romantisches*,[21] das das ganzheitliche Menschenbild des deutschen Idealismus weiterführt, und ein dazu konträres *fortschritts-* und *technikoptimistisches*. Die Entfaltung der *Arbeitsteilung* in der Geschichte ist für Marx in den Frühschriften die Hauptursache für die Entfremdung des Menschen, die im modernen Produktionsprozeß ihre schärfste Ausprägung gefunden habe. Entsprechend wird die Aufhebung der Entfremdung in der kommunistischen Gesellschaft als Aufhebung aller Arbeitsteilung gedacht, als *Restitution* des menschlichen Urzustandes auf der Basis moderner Produktivkräfte. Das wird in Bildern ausgemalt, die, so Popitz, einer »romantischen Verherrlichung feudalistisch-aristokratischer Möglichkeiten gleichen [...] Jäger, Fischer, Hirt, Kritiker – individualistischer und antitechnischer läßt sich die Reaktion gegen das Zeitalter der ›Maschinerie und großen Industrie‹ kaum denken«.[22] Zu diesem romantischen Motiv aber tritt das fortschritts- und technikoptimistische, das eine »materialistische« Konkretisierung des dialektischen Schemas des deutschen Idealismus – von der Einheit durch die Trennung zur höheren Einheit – ermöglicht. Zwar begreift Marx die kapitalistische Gegenwart als Gipfelstadium menschlicher Entfremdung, aber der geschichtliche Entfaltungsprozeß von Entfremdung wird als ein determinierter und »notwendiger« Vorgang konstruiert. Er sei determiniert durch den technologischen Fortschritt, der in seinen verschiedenen Stufen aufeinander aufbauende Gesellschaftssysteme konstituiere, deren letztes – das Endstadium der »Vorgeschichte« der Menschheit – durch die vom

– erst durch den absoluten Höhepunkt der Entfremdung in der Gegenwart möglich gewordene – freie Tat des Menschen.

20 Ebd., S. 65.

21 Ebd., S. 142 f.

22 Ebd., S. 143. Das Zitat aus der »Deutschen Ideologie« ist bekannt: »während in der kommunistischen Gesellschaft, wo [...] jeder sich in jedem beliebigen Zweige ausbilden kann, die Gesellschaft die allgemeine Produktion regelt und mir eben dadurch möglich macht, heute dies, morgen jenes zu tun, morgens zu jagen, nachmittags zu fischen, abends Viehzucht zu treiben, nach dem Essen zu kritisieren, wie ich gerade Lust habe, ohne je Jäger, Fischer, Hirt oder Kritiker zu werden.« Vgl. MEW, Bd. 5, S. 22.

System erzwungene permanente Revolutionierung der Produktivkräfte erst die materiell-technische Voraussetzung für den Kommunismus schaffe. Deshalb erscheint bei Marx das System der modernen Lohnarbeit, das Konzentrat aller menschlichen Entfremdung, auch als »notwendig«, seine Geschichtsphilosophie ermöglicht also eine *Radikalkritik* und zugleich eine manchmal erstaunlich *positive Bewertung* des Industriekapitalismus. In anschaulicher Prägnanz formuliert Popitz: Marx' »Welt des sich entfremdeten Menschen erscheint wie ein System von Arbeitssklaven, die die Steine zur eigenen Zwingburg zusammentragen – einer Zwingburg allerdings, die sich durch die universale menschliche Revolution in einen Tempel verwandelt«.[23]

Wie aber hat Marx in den Frühschriften die revolutionäre Mission des Proletariats, die Bedeutung dieser Klasse für die umfassende Emanzipation des Menschen begründet? Ist sie das Ergebnis empirischer Gesellschaftsanalysen? Popitz zeigt an der »Kritik der Hegelschen Rechtsphilosophie« von 1843, einem Text, in dem erstmals die historische Sonderstellung des »Proletariats« begründet wird, auf, daß der Zentralgedanke von Marx' Revolutionstheorie ursprünglich das Ergebnis einer – durch die Schwerkraft »dialektischer« Denkmuster bestimmten – rein philosophischen Konstruktion war, welche ihrerseits eine emotional gespeiste Revolutions- und Heilssehnsucht »auf den Begriff brachte«.[24]

Trotz der Aufdeckung der idealistischen Wurzeln und der irrationalen teleologischen Ausrichtung von Grundfiguren von Marx' Revolutions- und Gesellschaftstheorie, die übrigens auch noch in dessen Spätwerk bestimmend sind,[25] hat Marx Popitz' Weg in den fünfziger Jahren stark beeinflußt. Marx war einer der Gründe, weshalb Popitz sich der industriesoziologischen Forschung zugewendet hat. Das Marx-Studium, so hat er später in einem autobiographisch gehaltenen Vortrag über den »Wiederbeginn der Soziologie in Deutschland nach dem Krieg« – er ist hier im Anhang abgedruckt – beschrieben, brachte Begriffe, offene Fragen und vor allem das Bedürfnis nach unmittelbaren anschaulichen Konfrontationen mit der Lebens- und Arbeitswirklichkeit von Industriearbeitern; es verstärk-

23 Ebd., S. 145.

24 Ebd., S. 94 ff.

25 Vgl. Pohlmann, Friedrich, *Marxismus–Leninismus–Faschismus*, Pfaffenweiler 1995, S. 25 ff.

te das Interesse und die Neugierde, die bereits frühzeitig während der Kindheit und Jugend in Berlin geweckt worden waren. In dieser Zeit hatte er, wie er ebenfalls in diesem Vortrag schildert, öfter abenteuerliche Expeditionen in ein Arbeiterviertel unternommen – Popitz selbst war großbürgerlicher Herkunft, der Vater preußischer Finanzminister – und dort ein Solidaritätsgefühl entwickelt, das sich während des Arbeitsdienstes und der Soldatenzeit befestigte. Dieses Solidaritätsgefühl – als Parteinahme für die sozial Benachteiligten – hat mehr oder weniger direkt die Konzeption aller seiner frühen Schriften nach der Marx-Interpretation bestimmt – bis hin zur Basler Studie über die »Ungleichheit der Chancen im Zugang zur höheren Schulbildung« von 1964 –, und es gab den Anstoß für seine Mitarbeit an der Sozialforschungsstelle Dortmund ab 1951. Dort hat er, vor allem mit Elisabeth Pfeil zusammen, über die Wohnwünsche von Bergarbeitern geforscht – ein Projekt, das weitgehend von amerikanischen Stellen finanziert wurde, die zur Planung neuer Arbeitersiedlungen im zerstörten Dortmund die empirische Sozialforschung heranzogen. Popitz hat dabei auch eine längere Abhandlung über »Struktur und Merkmal« (1953) verfaßt, die eine detaillierte methodologische Reflexion von im Projekt aufgetretenen Problemen der Datenerhebung und -auswertung bietet. Die Bergarbeiter-Forschungen hatten offensichtlich bis nach Amerika Eindruck gemacht, denn die Rockefeller-Stiftung stattete Popitz ab 1953 mit für damalige Verhältnisse sehr hohen Geldmitteln aus, mit denen er nach freiem Ermessen eine eigene Forschung beginnen konnte. Dadurch wurden die industriesoziologischen Untersuchungen über das »Gesellschaftsbild des Arbeiters« und »Technik und Industriearbeit«, die 1957 veröffentlicht wurden, möglich. Beide sind das Ergebnis umfassender empirischer Studien, die Popitz 1953 und 1954 in Zusammenarbeit mit Hans Paul Bahrdt, Ernst August Jüres und Hanno Kesting in einem Hüttenwerk im Ruhrgebiet durchgeführt hatten. Beide sind aus *einem* Forschungszusammenhang hervorgegangen und sollten als Einheit begriffen werden: Während »Technik und Industriearbeit« das technisch-organisatorische »Knochengerüst« des Produktionsprozesses und die damit verkoppelten typischen Arbeitsvollzüge untersucht, konzentriert sich das »Gesellschaftsbild des Arbeiters« auf die Zusammenhänge zwischen Arbeitsmustern und Bewußtseinsformen. Beide orientieren sich an Maximen der *phänomenologischen* Analyse, während methodisch im einen Fall die Beobachtung und Beschreibung und im anderen Fall das – leitfadengestützte offene – Interview im Vordergrund steht. Für das »Gesellschaftsbild« wurden 600 Arbeiter befragt, vornehmlich über ihren Berufsweg, ihre Arbeitssituation, Erfahrungen mit technischen Neuerungen und über allgemeinere Probleme wie technischen Fortschritt oder Mitbestimmung. Daraus wurde induktiv ihr »Gesellschaftsbild« erschlossen. Diesen Teil – das Zentrum der Untersuchung – hat Popitz ausgearbeitet, der auch die Fragestellung und Methodik der Untersuchung formulierte und als Anhang eine Arbeitsmonographie der Arbeitergruppe der Umwalzer schrieb. Als »Gesellschaftsbild« wurden in der Untersuchung jene den eigenen Erfahrungsbereich *überschreitenden* Deutungsmuster verstanden, mit denen der einzelne sich und »die anderen« *sozial verortet*. Welcher Zusammenhang besteht zwischen ihnen und den eigenen Erfahrungen und Kenntnissen? Differiert das »Gesellschaftsbild« in Abhängigkeit von unterschiedlichen Arbeitsbedingungen? Aus dem Material konnte Popitz sechs Typen von Gesellschaftsbildern ableiten, die aber alle – und das war das Überraschende – eine *gleiche Grundstruktur* aufwiesen: in allen wird die Gesellschaft als eine *Dichotomie* gedeutet, als ein *Oben und Unten* zwischen den Arbeitern einerseits und »den anderen«. Dabei ist das Bewußtsein, das die Arbeiter *von sich selbst* haben, durch zwei Grundmerkmale konstituiert: durch das »Kollektiv-« und das »Leistungsbewußtsein«. In Relation zu »den anderen« – »dem Kapital«, »denen da oben« – sehen sich die Arbeiter, trotz aller Differenzen der Arbeitssituation, als ein *Kollektiv*, zusammengeschlossen und getrennt von den anderen durch den *Charakter ihrer Arbeit*. Arbeit wird dabei wesentlich als *körperliche* Arbeit verstanden und diese wiederum als die Basis, auf der die ganze Gesellschaft – und insbesondere »das Kapital« – ruht.

Zu einem Klassiker der Industriesoziologie sind die beiden Werke wegen der Subtilität der phänomenologischen Analysen, der stilistischen Meisterschaft der Beiträge aller Autoren und wegen der Bedeutung ihrer Grundkategorien – wie dem Begriff des »Gesellschaftsbildes« oder dem der »sozialen Topik« – geworden. Im Bereich der Großgruppenanalyse ist in Deutschland später keinem anderen Werk mehr eine derart differenzierte und zugleich anschauliche Bewußtseinsanalyse gelungen. Natürlich sind die Einzelergebnisse heutzutage nur noch von historischem Interesse. Popitz selbst war sehr klar, daß der Produktionsprozeß sich in der absehbaren Zukunft radikal ändern würde. Dabei werde die körperliche Arbeit zu einer immer kleineren Restgröße zusammenschmelzen. Genau diese Entwicklung – und ihre Konsequenzen für das Selbstverständnis von Arbeitern – ist das zentrale Thema der Abhandlung »Zum Begriff der Klassengesellschaft« von 1958, in der noch einmal die Ergebnisse der industriesoziologischen Untersuchungen theoretisch umfassend reflektiert werden. Sie ist hier im Anhang wiederabgedruckt und wird später etwas genauer charakterisiert.

Nach 1957, nach der Habilitation in Soziologie bei Arnold Bergstraesser in Freiburg, hat sich Popitz mit der Industriesoziologie nicht mehr befaßt, aber der Impuls, der ihn von der Philosophie in dieses Gebiet geführt hatte – die Frage nach den Ursachen und Strukturen von sozialer Ungleichheit in der modernen Industriegesellschaft –, wirkte fort und motivierte eine weitere empirische Untersuchung: die 1965 publizierte Basler Studie über die »Ungleichheit der Chancen im Zugang zur höheren Schulbildung«, die auch hier im Anhang wiederabgedruckt wurde. In ihr werden subtil die verschiedenen Selektionsphasen und -prozesse untersucht, die Kindern aus sozial benachteiligten Milieus den Zugang zu höheren Bildungsinstitutionen erschweren, wird also gefragt, wodurch soziale Ungleichheit sozial »vererbt« wird. Während Popitz' Basler Zeit als Lehrstuhlinhaber für Soziologie von 1959 bis 1964 aber wuchs mehr und mehr auch das Interesse an der allgemeinen soziologischen Theorie, also jenem Theorietypus, den ich im vorhergehenden Abschnitt etwas genauer charakterisiert habe. Das begann bei Popitz mit der Normensoziologie, zu der ihn das Werk Theodor Geigers geführt hatte. Die Basler Antrittsvorlesung von 1960 über »Soziale Normen« – in diesem Band der erste normtheoretische Text – kündet davon. Die Normentheorie schob sich dann in den sechziger Jahren mehr und mehr in den Vordergrund, vor allem nach Popitz' Wechsel nach Freiburg im Jahre 1964, wo er das Soziologische Institut aufbaute. Naheliegend war natürlich der Schritt von der Norm- zur Machttheorie, mit der sich Popitz ab Ende der sechziger Jahre – die »Prozesse der Machtbildung« von 1968 bieten die klarste Markierung – immer intensiver auseinandersetzte. Norm-, Macht- und Sozialisationstheorie waren auch der Schwerpunkt seiner Lehrtätigkeit in den siebziger Jahren. Die beiden anderen Teile seines Hauptwerkes – die Technik- und die Kreativitätstheorie – standen in den letzten zwanzig Jahren seiner Lehr- und Forschungstätigkeit an erster Stelle, ohne daß freilich die Reflexion norm- und machttheoretischer Probleme abgerissen wäre. Bezeichnend für Heinrich Popitz als Person aber ist, daß die Erforschung der »Wege der Kreativität« ihn zuletzt am stärksten fesselte.

Ich beginne die Deutung der vier Teile von Popitz' Hauptwerk mit der Machttheorie, jenem Zweig seines Hauptwerkes, der am bekanntesten geworden ist.

3.2. Machttheorie

Popitz' Machttheorie ist nicht in einem großen Werk systematisch entfaltet, sondern in verschiedenen Essays niedergelegt, die in einem Zeitraum von etwa 25 Jahren – zwischen 1968 und 1992 – entstanden sind. Sie sind in den »Phänomenen der Macht« (1992) zusammengestellt. Obwohl Einzelstudien, fügen sie sich zu einer Konzeption von großer Geschlossenheit zusammen. Sie beruht auf einer Grundthese, wie sie sich sonst nirgends in der soziologischen oder philosophischen Theorie der Macht findet: Daß *alle* empirischen Machtphänomene der Gesellschaftsgeschichte sich letztlich zurückführen lassen auf *vier* nicht weiter reduzierbare *anthropologische Grundformen*, die zwingend mit der sozialen Existenz des Menschen verbunden sind.[26] Sie sind durch keine »Machtkritik« oder »Emanzipation« aus der Welt zu schaffen und begründen sogar – in einer präzise angebbaren Sequenz – die »Sozialisationserfahrungen« eines jeden Kindes.

Daß Popitz *überhaupt* eine Anthropologisierung des Machtkonzepts vornimmt, begründet er auch geistesgeschichtlich. Die Anthropologisierung beruhe – so zeigt er in einem einleitenden Aufsatz über das »Konzept Macht« – auf der *Explikation* von Sinnbestandteilen, die im Zuge der Reflexion von Macht in der europäischen Geistesgeschichte mehr und mehr zu unhintergehbaren *impliziten* Merkmalen des Begriffs geworden seien.[27] Popitz skizziert drei große Stadien in der Geschichte der Machtreflexion. In der »Idee des Politischen«, die sich in der *griechischen Antike* entfaltete, wurde im

26 Natürlich impliziert eine derartige Grundthese auch, daß jede »allgemeine« soziologische Theorie und jede Sozialisationstheorie sich zugleich als Machttheorie verstehen müßte.

27 Vgl. Popitz, *Phänomene der Macht*, S. 11 ff.

Zusammenhang mit einem ganz neuen »Könnensbewußtsein« des Menschen erstmals Macht als »*menschengemacht*« – und somit *humanisierbar* – gedacht, aber der Machtbegriff blieb hier noch ganz auf die *politische* Sphäre begrenzt. Mit den *bürgerlichen Revolutionen der Neuzeit* vertiefte sich das »Könnensbewußtsein«, das Machtkonzept wurde vor allem im Hinblick auf die Wirtschaftssphäre *erweitert,* und vor dem Hintergrund neuer Freiheits- und Gleichheitsbegriffe entstand eine ganz neue *Rechtfertigungsbedürftigkeit* von Macht. Schon in Max Webers Machtdefinition aber deutet sich an, was sich dann im ganzen *20. Jahrhundert* mehr und mehr zu Prämissen für das Denken über Macht verfestigen sollte: die *Kontextunabhängigkeit* des Machtphänomens (Macht kann soziale Beziehungen *jedweder Art* formen), ihre *Omnipräsenz* (Macht findet sich in allen Sozialbereichen in allen Gesellschaften) und die mit der Prämisse der Omnipräsenz einhergehende »*Generalisierung des Machtverdachts*«. Wenn aber Macht als kontextunabhängig und omnipräsent gedacht wird, dann wird sie implizit als ein *Grundmerkmal der conditio humana* gedacht, und dann ist es nur konsequent, diese implizite Anthropologisierung des Machtkonzepts explizit zu entfalten.

Popitz unterscheidet vier Grundformen von Macht als dem Vermögen, den »eigenen Willen auch gegen Widerstreben durchzusetzen« (Max Weber): *Aktionsmacht, instrumentelle Macht, autoritative Macht* und *datensetzende Macht.* Sie sind *anthropologische* Grundformen, weil sie in einander entsprechenden *konstitutiven Handlungsfähigkeiten* und *vitalen Abhängigkeiten* des Menschen – in Wesensmerkmalen seiner sozialen Existenz – wurzeln. *Aktionsmacht* ist unmittelbare *Verletzungsmacht,* die Fähigkeit, einem anderen in einer direkt gegen ihn gerichteten Aktion Schaden zuzufügen. Sie kann sich in einer einzigen Aktion erschöpfen, während in der *instrumentellen* Macht die Macht immer auf Dauer gestellt ist. Hier bleibt überlegenes Aktionspotential im Hintergrund und fungiert als Basis von *Drohungen und Versprechungen.* Verhalten wird gesteuert, indem die Betroffenen vor *Alternativen gestellt* werden, deren Kern die Strafandrohung für Nichtfügsamkeit ist. Instrumentelle Macht – die typische Alltagsmacht – verfällt, wenn sie unfähig ist, unbotmäßiges Handeln durch Aktionsmacht zu sanktionieren. Während instrumentelle Macht nur eine im wesentlichen *verhaltens*steuernde Kraft ist, verwandelt die *autoritative* Macht den *psy-*

chischen Kern der Person. Sie basiert auf der Verinnerlichung der Einstellungen, Perspektiven und Kriterien der Autoritätsperson, auf der Etablierung einer neuartigen *inneren Kontrollinstanz* also, die für Konformität auch außerhalb des Kontrollbereichs des Mächtigen sorgt. Schließlich noch die datensetzende Macht als *objektvermittelte* Macht. Ihr liegt der doppelte Machtcharakter technischen Handelns zugrunde, die Macht über die Natur und die in jedem neuartigen technischen Artefakt steckende Eingriffsmacht in die Lebensbedingungen anderer Menschen. Die *anthropologischen Wurzeln* dieser vier Grundformen der Macht sind die *Verletzungsfähigkeit und Verletzbarkeit* des Menschen; die *Zukunftsorientiertheit* seiner Existenz und die ihr beigegebene Sorge, welche durch die Erzeugung von Angst und Hoffnung manipulierbar ist; seine *Maßstabbedürftigkeit* und sein Bestreben, von den als maßgebend anerkannten Personen *selbst anerkannt* zu werden; und die Bestimmtheit der menschlichen Existenz durch *technische Artefakte*. »Machtbeziehungen entstehen, weil Beziehungen zwischen Menschen bestimmt sind von ihrer Verletzungskraft und Verletzungsoffenheit, von beeinflußbaren Hoffnungen und Ängsten, vom Zwang und der Kraft, Maßstäbe zu setzen, und vom Zwang und der Kraft, die Objektwelt zu verändern. [...] Wir leben eine verletzbare Existenz, angewiesen auf Artefakte, zukunftsbezogen und begründungsbedürftig in unserem Handeln. Daher müssen wir Macht erleiden«.[28] Alle vier Machtformen, die in der empirischen Wirklichkeit zumeist kombiniert auftreten, gehören *auch zur Grunderfahrung eines jeden Kindes*. Das Kind wird zuerst vor allem mit der Aktionsmacht – als hemmenden Eingriffen in körperliche Abläufe – konfrontiert, erfährt dann die Macht von Bestrafungen und Belohnungen und schließlich auch den psychischen Schmerz, der aus emotionalen Abhängigkeiten – den Fixierungen seines Anerkennungsstrebens auf bestimmte Personen – zwangsläufig mit erwächst. Und die Macht der Dingwelt bestimmt unverrückbar von Anfang an den Entscheidungs- und Handlungsspielraum seiner Existenz.[29]

28 Ebd., S. 33.

29 Der Gesamtzusammenhang von Popitz' Machtsoziologie und ihre theoretischen Prämissen sind in der soziologischen Literatur bisher noch kaum – abgesehen von ersten Ansätzen bei Hondrich (1973) und Maurer (1997) – reflektiert worden. Aber es hat in jüngerer Zeit doch einige bemerkenswerte Betrachtungen und Weiterführungen von Einzelaspekten gegeben. Vor allem Popitz' Gewaltbegriff ist wie-

Zwei dieser Machtformen, die Aktions- und die autoritative Macht, sollen im folgenden etwas näher erläutert werden.

Popitz unterscheidet drei Typen von Aktionsmacht: Aktionen zur Minderung sozialer Teilhabe, Aktionen zur materiellen Schädigung und – als ihr Zentrum – *Gewalt*aktionen. Im Gegensatz zu manchen überdehnten und konturlosen Gewaltbegriffen – beispielsweise in der Rede von »struktureller Gewalt« – wird als Gewalt nur das »physische Faktum« der willentlichen Verletzung der Körpersphäre des anderen, seiner körperlichen Integrität, begriffen. Grundlegendes Charakteristikum menschlicher Gewaltverhältnisse ist, wenn man die unglaubliche Kreativität des Menschen auf diesem Handlungsfeld bedenkt, ihre *Entgrenzung.*[30] Die Entgrenzung hat eine *zweifache anthropologische Wurzel* und kann an *drei Sachverhalten* demonstriert werden. Die beiden Wurzeln sind die *relative Instinktentbundenheit* des Menschen und die *Uferlosigkeit seiner Vorstellungskraft.* Ihr Zusammenwirken erklärt die Unmöglichkeit, Gewaltakte ein-

derholt aufgegriffen und als Basis neuartiger Überlegungen zum Gewaltphänomen genutzt worden. Das gilt in erster Linie für Schriften von Trutz von Trotha (vgl. v. a. Trotha, Trutz von, Zur Soziologie der Gewalt, in: ders., *Soziologie der Gewalt,* KZfSS Sonderheft 37/1997, S. 9-56 und ders., Gewaltforschung auf Popitzschen Wegen, in: *Mittelweg* Heft 6/2000, S. 26-36) und Wolfgang Sofsky (v. a. Sofsky, Wolfgang, *Zeiten des Schreckens. Amok–Terror–Krieg.* Frankfurt/M. 2002, S. 9-37), dessen ganze eigene Gewalttheorie gewissermaßen auf zwei Pfeilern – Heinrich Popitz und Elias Canetti – steht. Ich selbst habe bereits früher mit Hilfe Popitzscher Überlegungen eine spezifische Form von Gewalt, den Terror, in seinen wichtigsten Ausprägungen genauer beschrieben (vgl. v. a. Pohlmann, Friedrich, *Ideologie und Terror im Nationalsozialismus,* Pfaffenweiler 1992). Daß das Terrorphänomen bei Popitz selbst unterbelichtet bleibt, ist vielleicht die einzige Schwäche seiner Theorie der »Aktionsmacht«. Zu Popitz' anderen Typen der Macht gibt es in der soziologischen Diskussion bis auf Versuche bei Rainer Paris und Wolfgang Sofsky (vgl. Sofsky, Wolfgang/Paris, Rainer, *Figurationen sozialer Macht. Autorität–Stellvertretung–Koalition,* Opladen 1991 und Paris, Rainer, *Stachel und Speer. Machtstudien,* Frankfurt/M. 1998) kaum etwas. Daß übrigens nicht nur die Machttheorie im engeren Sinne, sondern auch die allgemeine soziologische Theorie von Popitz profitieren könnte, zeigt sich bei Niklas Luhmann. Luhmanns Machtbegriff erfaßt nur Popitz' Form der »instrumentellen Macht« und deutet, hierin entfernt Hannah Arendt vergleichbar, Macht und Gewalt als Gegensatzphänomene. Allerdings zeigt Luhmann auch, daß erfolgreiche Gewaltakte genetisch ein Ausgangspunkt von Macht als einem funktionierenden »Kommunikationsmedium« sein können (vgl. Luhmann, Niklas, *Macht,* Stuttgart 1988). Dies ist auch ein wichtiger Aspekt bei Popitz.

30 Vgl. Popitz, *Phänomene der Macht,* S. 48 ff.

zugrenzen auf bestimmte *Motivationen* oder auf bestimmte *Situationsmerkmale* oder auf bestimmte *Personen* als Opfer. »Der Mensch muß nie, kann aber immer gewaltsam handeln, er muß nie, kann aber immer töten – einzeln oder kollektiv – gemeinsam oder arbeitsteilig – in allen Situationen, kämpfend oder Feste feiernd – in verschiedenen Gemütszuständen, im Zorn, ohne Zorn, mit Lust, ohne Lust, schreiend oder schweigend (in Todesstille) – für alle denkbaren Zwecke – jedermann.«[31] Die Macht der Gewalt ist nicht unbegrenzt steigerungsfähig, sie erlischt mit der Tötung, und diese definitive Grenze bezeichnet auch ein Absolutum – die Machbarkeit des Todes –, das jeder Idee *vollkommener Macht* zugrunde liegt. Zugleich aber steckt in der Tötungsmacht als absoluter Macht auch eine Grenze aller Macht. Zwei Figuren verkörpern diese *Antinomie der Machtvollkommenheit*: der *Attentäter* und der *Märtyrer*. Der Attentäter demonstriert, daß das Äußerste, zu dem der Machthaber fähig ist, die Tötung, sich auch gegen ihn wenden kann – es gibt keinen vollkommenen Schutz; und der Märtyrer, das Symbol des radikal passiven Widerstandes, macht deutlich, daß der Machthaber zwar Herr über den Tod sein mag, aber nicht über das Leben.

Die Gewalterfahrung des Menschen ist die *ordnungsstiftende* Erfahrung schlechthin. Das reflektieren auch Zentralmotive der Psychoanalyse Freuds und der Staatsphilosophie von Hobbes: Gewalt läßt sich nur durch soziale Ordnungen bewältigen, die ihrerseits gewaltfähig sein müssen. Dieser *circulus vitiosus aller Gewaltbewältigung* konfrontiert mit der Frage, wie die gewaltbewältigende Gewalt ihrerseits bewältigt werden kann, eine Frage, zu der in der neuzeitlichen Staatstheorie immer ganz ähnliche Antworten (Gewaltenteilung, Demokratie etc.) entwickelt worden sind. Als *Syndrom der totalen Gewalt* bezeichnet Popitz das Zusammenwirken von drei Elementen: der *Glorifizierung* von Gewalt, der Erzeugung von Haß-, aber vor allem *Indifferenz*haltungen den potentiellen Opfern gegenüber; und schließlich der *Technisierung* des Gewaltvollzugs. Verknüpft sich das technische Gewaltpotential der Gegenwart mit der Glorifizierung und der Indifferenz, dann sind »auf einen Schlag« Ausrottungen unvorstellbaren Ausmaßes möglich.

Im Gegensatz zur Aktionsmacht braucht *autoritative Macht* keine groben Machtmittel, sie basiert auf subtilen psychischen Mecha-

31 Ebd., S. 50.

nismen, die den Abhängigen an die Autoritätsperson binden. Aus dieser psychischen Bindung kann »Gutes« oder »Schlechtes« entstehen, auch eine Bereitschaft zur Ausübung von Gewalttaten, die für die Person *außerhalb dieser Beziehung* ganz undenkbar wäre. Popitz' Autoritätskonzept geht von dem anthropologisch fundamentalen Sachverhalt aus, daß das *Selbstwertbewußtsein* des Menschen, seine *Selbst*anerkennung, auf *sozialer* Anerkennung, der inneren Repräsentation der Anerkennung durch andere, beruht. Autoritative Bindungen entstehen dann, wenn die Anerkennung durch als *überlegen anerkannte andere* zur *wichtigsten Quelle* der *Selbst*anerkennung der Person wird, bei einer *Fixierung* des Anerkennungsstrebens auf bestimmte Personen also, deren Anerkennung oder Anerkennungsentzug zum Faden wird, an dem die Selbstanerkennung zur Gänze hängt. Der Autoritätsabhängige anerkennt die Autoritätsperson besonders, weil *er von ihr* besonders anerkannt werden will. Und er will von ihr besonders anerkannt werden, weil auf dieser Anerkennung sein Selbstwertgefühl beruht. Daraus erwächst die Disposition zur *Verinnerlichung der Perspektiven und Kriterien der Autoritätsperson*, zur Übernahme ihrer »Weltsicht«, die den Abhängigen nun *sich selbst* im Sinne *ihrer Wünsche und Maximen* kontrollieren läßt. Zu einer Beziehung autoritativer *Macht* wandelt sich eine Autoritätsbeziehung immer dann, wenn die Autoritätsperson die Anerkennungsbedürftigkeit des Abhängigen bewußt dazu nutzt, sein Verhalten und seine Einstellungen durch Spendung und Entzug von Anerkennungen zu steuern. Derartiges geschieht in jeder Eltern-Kind-Beziehung.

Es gibt sehr unterschiedliche Intensitätsgrade von Autoritätsbeziehungen, in denen jeweils unterschiedliche *Vorstellungsleistungen* zum Tragen kommen. Wenn zum Beispiel die Autoritätsperson auch bei ihrer Nichtpräsenz die Vorstellungswelt durch Imagination ihrer Anerkennung und Anerkennungsentzüge gefangenhält, dann hat sich die Beziehung aus faktischen Interaktionen weitgehend gelöst, und die Fesselung der Person an die Autorität besteht in Permanenz.

Popitz hat drei Arbeiten zum Autoritätsphänomen verfaßt. In der ersten wird der gerade referierte Grundgedanke in der Auseinandersetzung mit traditionellen Autoritätskonzeptionen entfaltet;[32] die

32 Vgl. ebd., S. 104 ff.

zweite mit dem Titel »Der Wandel der sozialen Subjektivität«, die ebenfalls in den »Phänomenen der Macht« publiziert ist, skizziert historische Wandlungen des Autoritätsphänomens, besonders die Entwicklung von *institutionell vorgegebenen* Autoritäten in traditionellen Gesellschaften zu den *persönlichen* Autoritätsbeziehungen in der modernen Gesellschaft;[33] und die dritte schließlich, die nicht ganz leicht zugänglich ist,[34] analysiert subtil Autoritätswirkungen, die in *Gruppen* entstehen können. Gerade mit der gruppenspezifisch konkretisierten Form von Popitz' Autoritätskonzept lassen sich Zentralereignisse des 20. Jahrhunderts aus neuen Perspektiven betrachten.[35]

In seiner Machtsoziologie hat Popitz nicht nur die anthropologischen Grundformen der Macht entwickelt, sondern ebenso ihre Verfestigungsmechanismen, besonders ihre Transformation zur *Herrschaft* untersucht.[36]

33 Vgl. ebd., S. 132 ff.

34 Vgl. ders., Realitätsverlust in Gruppen, in: *Republik und Dritte Welt. Festschrift für Dieter Oberndörfer zum 65. Geburtstag*, Paderborn, München, Wien und Zürich 1994, S. 313 ff.

35 Die vertrackten psychischen Bindungen, die viele Menschen an die totalitären Bewegungen gekettet haben, lassen sich mit dem Autoritätskonzept besser verstehen, zum Beispiel die emotionalen Ankettungen von Kommunisten an »die Partei« oder jene Fesselung an eine charismatische Person im Nationalsozialismus, die sich hinter den Formeln vom »Glauben an den Führer« und ähnlichem verbirgt. In beiden Fällen handelt es sich um Fixierungen autoritativer Art, in denen die Anerkennung durch andere – durch eine Führerperson oder eine Gruppe – für den psychisch Gebundenen zum Faden wird, an dem sein Selbstwertgefühl zur Gänze hängt. Die Vorstellung des Verlustes dieser Anerkennung – durch »den Führer« oder »die Partei« – wird in solchen Bindungen aber wie ein Gang ins Nichts empfunden und gefürchtet, wie ein gänzliches »Aus-der-Welt-Fallen«. Und eben das macht Menschen zu Taten fähig, die für sie als Einzelpersonen jenseits jeglichen Vorstellungsvermögens sind. Die Kraft dieser Bindungen zeigen eindringlich nicht nur die Angeklagten der Moskauer Schauprozesse während des Hexensabbats der »Großen Säuberung« von 1937/38, die – zum Tode verurteilt für Dinge, die sie nicht getan hatten – mit Hochrufen auf die Partei in den Tod gingen, sondern auch jene sogenannten Renegaten des Kommunismus, die teilweise jahrzehntelang unter Selbstzweifeln litten, obwohl sie um das Ausmaß der kommunistischen Massenverbrechen wußten und von der Partei gnadenlos verfolgt wurden. Popitz selbst hat gruppenspezifische Autoritätswirkungen im modernen Terrorismus untersucht.

36 Dies geschieht in Form von Modellkonstruktionen, von denen diejenigen, die Popitz bereits 1968 als »Prozesse der Machtbildung« konzipiert hat, nicht nur wegen

»Herrschaft« wird in Fortführung von Gedanken Max Webers als *institutionalisierte* Macht definiert, und den Übergang von Macht zu Herrschaft hat Popitz manchmal an Webers Modell der *Veralltäglichung charismatischer Macht* erläutert. Ein differenziertes logisch-systematisches Modell über *Stufen der Institutionalisierung und Verfestigung* von Macht findet sich in dem letzten Aufsatz in den »Phänomenen«.[37] Das Modell wird in fünf Schritten entfaltet: von *sporadischer* zu *normierender* und dann zu *positionalisierter Macht*, der ersten Stufe von *Herrschaft*, die gesellschaftsgeschichtlich mit der Seßhaftwerdung des Menschen im Zuge der *Erfindung der Technologie der Agrikultur* einherging. Den nächsten Schritt bezeichnet die Entstehung von *Positionsgefügen von Herrschaft*, von *»Herrschaftsapparaten«*. Er war gesellschaftsgeschichtlich mit der Entwicklung der Sozialform der *Stadt* verbunden. Letzter Schritt schließlich war der Aufbau zentrierter *staatlicher Territorialherrschaft*.

3.3. Normentheorie

Gehen wir nun zur Normentheorie über. Popitz hat fünf Texte zur Normentheorie vorgelegt: »Soziale Normen« (1961), »Der Begriff der Rolle als Element der soziologischen Theorie« (1967), »Über die Präventivwirkung des Nichtwissens« (1968), »Die normative Konstruktion von Gesellschaft« (1980) und »Die Ontogenese des Selbstbewußtseins« (1982/2000). Warum Arbeiten wie die »Ontogenese des Selbstbewußtseins« oder die Rollenstudie von mir der Normentheorie zugeordnet werden, wird durch eine Skizze des inhaltlichen Zusammenhangs dieser Texte deutlich werden.

»Soziale Normen« und die »Normative Konstruktion« sind aufeinander aufbauende Versuche einer *theoretischen Gesamtdurchdringung* des Normphänomens, in ihnen wird der Rahmen festgelegt, auf den Popitz Detailuntersuchungen bezogen sehen will. Normen werden hier als *das* Basalfaktum der sozialen Existenz des Menschen begriffen, und es wird versucht, die *universalen Konstruktionsprinzipien* der sozialen Normierung herauszuarbeiten. Der Rollentext verbleibt auf der von diesen Arbeiten vorgegebenen Ebene der *allge-*

der originellen Beispiele interessant sind, an denen sie entfaltet werden, sondern vor allem auch deswegen, weil sie durchgängig systemtheoretisch aufgebaut sind.

37 Vgl. Popitz, *Phänomene der Macht*, S. 233 ff.

meinen soziologischen Theorie. Da Popitz den Rollenbegriff aus dem Normbegriff und dem Begriff der sozialen Differenzierung *ableitet,* kann er auch »Rolle« als ein Grundmerkmal von »Gesellschaft« deuten: »Soziale Rolle« ist nur eine verdichtete und spezifizierte Form dessen, was der Normbegriff bezeichnet. Die »Präventivwirkung« konzentriert sich auf eine vertiefte Analyse eines Teilaspektes sozialer Normierung, auf ihr bezeichnendstes und zugleich heikelstes Mikroelement: die *Sanktionierung.* Subtil wird erläutert, daß Normgeltungen auf Sanktionsgeltungen beruhen, daß aber eine »perfekte« Sanktionsgeltung die Norm selbst zerstört. Der Aufsatz »Zur Ontogenese des Selbstbewußtseins« scheint zunächst nichts mit dem Normphänomen zu tun zu haben, und dieser Eindruck wird noch dadurch unterstützt, daß Popitz ihn in den »Wegen der Kreativität« (2000) untergebracht hat. Tatsächlich aber ist er integraler Bestandteil der Theorie, denn er analysiert die Entstehung und die Auswirkungen von sozialer Normierung in der *Ontogenese.* Sein Untertitel »Die Erfahrung der ersten sozialen Negation« deutet übrigens auch darauf hin. Er erläutert die Auswirkungen der ersten Konfrontation des Kindes mit dem sozialen Nein, im thematischen Überschneidungsfeld von Norm-, Macht-, Spiel- und Sozialisationstheorie. In seinen letzten, noch nicht veröffentlichten und nicht zum Abschluß gebrachten Arbeiten hat sich Popitz – konsequent, wie aus meiner Skizze hervorgeht – der Frage nach der Entstehung von sozialen Normen in der *Phylogenese* zugewendet. Ein fast fertiggestellter Aufsatz »Das primäre soziale Gehäuse« deutet die Zusammenhänge an. Der Versuch ihrer Ausführung in dem letzten Vorhaben »Fundamentale Bindungen und normative Systeme in primären sozialen Gehäusen« ist Skizze geblieben.[38]

38 Bezüglich der Normsoziologie von Popitz ist die Rezeptionslage zwiespältig. Zwar ist sein Normbegriff schon frühzeitig für empirische Studien verwendet worden (vgl. z. B. Spittler, Gerd, *Norm und Sanktion*, Olten und Freiburg 1967; Treiber, Hubert, *Wie man Soldaten macht,* Düsseldorf 1973; Trotha, Trutz von, *Jugendliche Bandendelinquenz,* Stuttgart 1974 und ders., *Recht und Kriminalität,* Tübingen 1982), und noch vor relativ kurzer Zeit ist er von Hans Oswald im Hinblick auf spezifische empirische Verwendungen spezifiziert worden (vgl. Oswald, Hans, Sanktionsprozesse unter Kindern, in: ders. (Hg.), *Macht und Recht. Festschrift für Heinrich Popitz,* Opladen 1990 und Oswald, Hans/Krappmann, Lothar, *Alltag der Schulkinder,* Weinheim 1995). Hingegen ist das für die allgemeine soziologische Theorie zentrale Ziel von Popitz – die Herausarbeitung universaler Normkonstrukte – kaum weiterverfolgt worden. Das hatte sicherlich auch damit zu tun, daß

Nun einige genauere Erläuterungen.

Im Aufsatz »Soziale Normen« von 1961 steckt Popitz das Terrain ab: Die ungeheure soziokulturelle Vielfältigkeit von Norminhalten demonstriert wie nichts sonst die *soziale Plastizität* und *Produktivität* des Menschen, aber jenseits dieser Relativität lassen sich *universale Konstruktionsprinzipien* sozialer Normierung erkennen, die Grundbedingungen von sozialer Ordnung bezeichnen. Soziale Normierung beruht auf einer *dreifachen Typisierung* (von Handlungen, Situationen und Personen) und auf der *Sanktionsbereitschaft einer dritten Instanz* im Falle von Normverletzungen. Schwankungen des Sanktionen-Vollzuges – er ist der störungsempfindlichste Teil des normativen Handlungssystems – sind der Seismograph, an dem sich Veränderungen von Normstrukturen ablesen lassen. Eine spezifische Form der Personentypisierung, auf denen Normen beruhen, bezeichnet – hier knüpft Popitz an Ralph Lintons Klassiker »The Study of Man« an – der *Rollen*begriff. In allen Gesellschaften ist der einzelne Mitglied *divergenter sozialer Einheiten* und damit Träger *mehrerer sozialer Rollen*, wodurch die Möglichkeit von *Normkonflikten* als mögliche Konsequenz eines *grundlegenden Formprinzips von Vergesellschaftung* begriffen werden muß.

»Die normative Konstruktion von Gesellschaft« (1980) füllt die Umrisse, die im Aufsatz von 1961 skizziert worden waren, und es wird eine umfassende Analyse des Normphänomens aus der Perspektive der allgemeinen soziologischen Theorie vorgelegt: die *logisch-systematische Ableitung* von Normierung aus fundamentaleren sozialen Verhaltensprinzipien; die *Differenzierung* unterschiedlicher *Normtypen* (Sitten-, Rechtsnormen etc.); die Entwicklung eines Modells zur *empirischen Erfassung von Normstrukturen*; und schließlich die Bestimmung *universaler Konstrukte sozialer Normierung.* Normen, so Popitz, lassen sich aus vier Grundmerkmalen von *sozialer Verhaltensorientierung* ableiten: »Ein Verhalten, das wir als *zukünftiges Verhalten erwarten* können; ein Verhalten, das bestimmten *Verhaltensregelmäßigkeiten* entspricht; ein gesolltes, *desideratives*

eine derartige »unhistorische« Intention 1980, als die »normative Konstruktion« erschien, quer zu den damals dominanten Orientierungen in der Soziologie stand. Popitz' Anliegen ist aber jüngst von Heinz-Jürgen Niedenzu wiederaufgegriffen worden (vgl. Niedenzu, Heinz-Jürgen, Die Genese normativer Strukturen im Hominisationsprozeß, in: Meleghy, Tamás/Niedenzu, Heinz-Jürgen, *Soziale Evolution,* Österreichische Zeitschrift für Soziologie, Sonderband 7/2003, S. 198-218).

Verhalten; ein Verhalten, das mit einem *Sanktionsrisiko* bei Abweichungen verbunden ist: Offenkundig sind dies die vier Kennzeichen, die mit dem Begriff der *sozialen Norm* verbunden werden«.[39]

Welche *universalen* Konstrukte sozialer Normierung lassen sich erkennen? Popitz zeigt, daß in allen uns bekannten Gesellschaften drei *Grund*konstrukte wirkmächtig geworden sind: [40] *allgemeine* Normen und *reziproke* und *nicht-reziproke Partikular*normen. In den allgemeinen Normen wird eine spezifische *Gleichheit* aller ungeachtet ihrer empirischen Ungleichheit (zum Beispiel in generativer, geschlechtlicher, sozialer oder kognitiver Hinsicht) konstruiert. Zugleich sind in allgemeinen Normen – besonders wenn sie scharfe Kanten nach außen haben – die übergreifenden Zugehörigkeitsprinzipien zur Gruppe fixiert, spiegelt sich in ihnen die gesellschaftliche Urerfahrung des Drinnen- und Draußen-Seins. Das in den allgemeinen Normen angelegte Gleichheitsprinzip wird durch verschiedene Typen von Partikularnormen im gesellschaftlichen Binnenraum unterlaufen und modifiziert. In *nicht-reziproken* Partikularnormen werden Personen unterschiedlichen Sozialkategorien zugeordnet und in wechselseitig verschiedenen Verpflichtungen aufeinander bezogen. Derartige Normen verleihen der Idee des Andersseins, der Ungleichartigkeit Ausdruck. Hingegen sind in *reziproken* Partikularnormen Anderssein und Gleichheit miteinander verklammert, das Prinzip wechselseitig gleicher Verpflichtungen fixiert die Beziehungen zwischen Personen mit gleichem Partikularstatus (»insulare Reziprozität«). Außer diesen drei Grundkonstrukten kennt jede Gesellschaft noch *Grenz*normen, die das Prinzip des Ein- und Ausschlusses auch im gesellschaftlichen Binnenraum verankern, und Sanktionsnormen. Sie legen das für den Fall von Normbrüchen vorgesehene sanktionierende Verhalten fest. Die drei Grundkonstrukte sozialer Normierung haben eine *universale strukturelle Basis*: die *Integrationsstruktur* für die nachkommende Generation. In allen Gesellschaften wachsen Kinder in einem *primären sozialen Gehäuse* auf, das durch *allgemeine Zugehörigkeitsnormen* und durch *reziproke* und *nicht-reziproke Partikularnormen* strukturiert ist.

Das gerade Skizzierte bezeichnet die universale Konstruktion von

39 Popitz, *Die normative Konstruktion von Gesellschaft*, S. 10 f.
40 Vgl. ebd., S. 69 ff.

Gesellschaft. Wenn es zutrifft, »daß unter allen Umständen, unter denen sich Menschen vergesellschaften, diese Konstruktion herauskommt, dann weist sie [...] offenbar auf Bedingungen hin, die konstitutiv sind für die Art und Weise, in der Menschen sich sozial selbst definieren.«[41]

Theorien, die die Herausbildung menschlicher Sozialstrukturen *phylogenetisch* zu rekonstruieren versuchen, finden in Popitz' »Knochengerüst« ein hierfür genau passendes Bezugsmodell. In seiner letzten, nicht fertiggestellten Arbeit, die den Titel »Fundamentale Bindungen und normative Systeme in primären sozialen Gehäusen« tragen sollte, hat Popitz selber versucht, die sozialen Bedingungen zu entschlüsseln, die in der Phylogenese die Konstruktion der beschriebenen Grundnormen möglich machten.

In der »Normativen Konstruktion von Gesellschaft« hat Popitz das Normphänomen in seiner Gesamtheit zu analysieren versucht. Seine anderen normtheoretischen Schriften sind Verfeinerungen und Ausführungen von Einzelaspekten. Zu ihnen gehört die Arbeit über die »Soziale Rolle« von 1967. Der Rollenbegriff war seinerzeit einer der am meisten diskutierten Begriffe in der Soziologie – am publikumswirksamsten hat ihn Dahrendorf im »homo sociologicus« präsentiert –, aber erst Popitz hat ihn in den Status eines exakt definierten Grundbegriffs der allgemeinen soziologischen Theorie erhoben. »Rolle« wird aus zwei noch umfassenderen Begriffen der Soziologie, dem Normbegriff und dem Begriff der sozialen Differenzierung, abgeleitet und als eine spezifische Verknüpfung beider definiert: »Rollen« sind diejenigen Verhaltensregelmäßigkeiten, die als *normativ geforderte* einer *Position* – also einem spezifischen Aggregatzustand sozialer Differenzierung – anhaften.[42] Damit der Rollenbegriff als Kennzeichen universaler Sozialverhältnisse Anwendung finden kann, muß er zugleich von allen Sinngehalten befreit werden, die das *Rollenverhältnis* thematisieren, die subjektive Beziehung zur eigenen Rolle. Popitz macht deutlich, daß Aussagen über das Rollenverhältnis unmöglich Universalitätsanspruch erheben können. Meistens erheben sie hochreflektierte Nuancen einer modernen Subjektivität zu anthropologischen Konstanten.

In der »Präventivwirkung des Nichtwissens« (1968) nimmt Popitz

41 Ebd., S. 92.

42 Vgl. ders., *Der Begriff der sozialen Rolle als Element der soziologischen Theorie*, S. 8 ff.

den zentralen Teil von Normstrukturen – den Sanktionsbereich – gesondert unter die Lupe und demonstriert an der Fiktion einer Gesellschaft mit »perfekter« Sanktionsgeltung die Paradoxie des Strafens: Wenn eine vollkommene Verhaltenstransparenz existierte und jeder Normbruch bestraft würde, würde die Norm, die geschützt werden soll, zerstört. Deshalb müssen Grundthesen von Durkheim, Mead und Geiger modifiziert werden: Normstützend und sozial integrierend wirkt die Strafe nur, solange sie ein »Minderheitsphänomen« bleibt. Eine vollkommene Sanktionsgeltung könnte kein Normensystem aushalten, denn eine lückenlose Information über abweichendes Verhalten würde die Norm in der Gesellschaft zu Tode blamieren und das Sanktionssystem bis zum Zusammenbruch überlasten. Die Präventivwirkung der Strafe bleibt nur bestehen, solange die Generalprävention der Dunkelziffer erhalten bleibt. Dieser Gedanke läßt sich im Hinblick auf Theoreme der allgemeinen soziologischen Theorie verallgemeinern: Drei Grundbedingungen von Gesellschaft – wechselseitige Verhaltensinformation, Aufdeckung von Normbrüchen, Sanktion – würden, in den Zustand der Perfektion getrieben, Gesellschaft nicht ermöglichen, sondern aufheben. Nur im Zustand der Imperfektion sind sie Bedingungen der Möglichkeit sozialen Seins.

Der Text über die »Erfahrung der ersten sozialen Negation« (1982/2000) entfaltet die *ontogenetische* Dimension des Normphänomens. Die anthropologisch bedeutsamste Folge der *ersten* Konfrontation des Kleinkindes mit sozialen Normen und Macht ist, so wird im Anschluß an George Herbert Mead entwickelt, die Entstehung von *Selbst*-Bewußtsein. Selbst-Bewußtsein – die Reflexionsfähigkeit des Ichs auf sich selbst – entsteht in ersten Ansätzen im *Spiel*, in frühen Rollenspielen des Kindes. In der *agierenden Übernahme* der Rolle der Erwachsenen wird das Kind einer ersten Differenz der Perspektiven gewahr. Aber diesen *Spiel*erfahrungen liegen *Verbots-* und *Macht*erfahrungen zugrunde, frustrierende Erfahrungen mit einem neuartigen »Nein«. Diese Enttäuschungserfahrungen werden im frühen Rollenspiel durch *Identifikation* mit dem verbietenden Anderen verarbeitet, und diese Identifikation bezeichnet den Beginn der Verdoppelung des Ichs, der *Selbst*-Struktur. In derartigen Spielen spielt das Kind oftmals erfahrene zweiseitige Handlungsmuster zuerst vom einen und dann vom anderen Ende nach, ist also realiter »doppelt da«. Es agiert den Anderen und sich selbst zugleich, es bildet also in der praktischen Anverwandlung an den Anderen – im agierenden Hineinschlüpfen in seine Rolle – die ersten Ansätze zum Perspektivenwechsel und zur Reflexion auf sich selbst aus. Warum die Nein-Erfahrung dafür so wichtig ist, erläutert Popitz mit einer hegelianisch klingenden Gedankenfigur: »Um die ›Verdoppelung‹ des Ichs zu bewirken, bedarf es eines starken Kontrastes. Dieser Kontrast entsteht, wenn das Kind selbst als etwas Hemmendes, Verbietendes einem zu Hemmenden, zu Verbietenden in sich selbst gegenübertritt. Es macht gleichsam als ein Nein-Ich das Ja-Ich zum Objekt. So kann der Beginn des inneren Dialogs die schärfste Kontur gewinnen, die denkbar ist. Das Kind beginnt, *mit* sich zu sprechen als jemand, der *gegen* sich spricht.«[43] Zusammenfassend: Aus der *ersten Konfrontation* des Kindes mit *sozialen Normen* und *sozialer Macht* erwachsen nicht nur ein neuartiges *Kreativitätspotential im Spiel* und der Beginn der *Selbstreflexion*; daraus entspringt *auch* die erste bewußte Erfahrung eigener Selbstbestimmung und Autonomie, denn mit dem Nein verfügt es nun über ein Instrument, das ihm erlaubt, auch *gegen den Anderen* zu sprechen.

3.4. Techniktheorie

Popitz' *Techniksoziologie* ist – worauf ja schon der Typus der »datensetzenden Macht« als vierter anthropologischer Grundform der Macht hinweist – mit der Machtsoziologie eng verwoben. Popitz hat immer den potentiellen Machtcharakter »technischen Handelns« reflektiert, besonders ausführlich in dem gleichnamigen Aufsatz in den »Phänomenen der Macht«, in dem er die *kategoriale anthropologisch-soziologische Basis* seiner Techniksoziologie formuliert. Im Band »Der Aufbruch zur artifiziellen Gesellschaft« (1995) sind Popitz' wichtigste techniksoziologische Arbeiten zusammengestellt. In der ersten Studie dieses Bandes, den »Epochen der Technikgeschichte«, werden die *übergreifenden Zusammenhänge* entwickelt.[44] Hier wird mit Hilfe des Konzeptes der »*Fundamentaltechnologien*«, das Technik und Sozialstruktur miteinander verklammert, die gesamte Menschheitsgeschichte in *vier Großepochen* – Sammler-Jäger-,

43 Ders., *Wege der Kreativität*, S. 34.

44 Vgl. ders., *Der Aufbruch zur artifiziellen Gesellschaft*, S. 13 ff.

Agrikultur-, Stadt- und Industriegesellschaft – unterteilt, denen *fundamental verschiedene Modi gesellschaftlichen Seins* korrespondieren. Die folgenden Arbeiten verdichten die hier skizzierten Argumentationslinien: der Essay über »technisches Handeln mit der Hand« reflektiert die Bedeutung der Technologie des Werkzeugs – der Fundamentaltechnologie der ersten Epoche der Menschheitsgeschichte – für die Ausfaltung der psychophysischen Konstitution des Menschen in der Phylogenese, und die Studie über die »artifizielle Gesellschaft« verfolgt den Zusammenhang zwischen fundamentalen technischen und sozialstrukturellen Innovationen für die lange Entwicklung von der agrikulturellen zur Stadtgesellschaft.[45]

Nun einige genauere Hinweise. Zunächst: Was sind die anthropologischen und soziologischen Grundmerkmale technischen Handelns? Popitz entwickelt seine Überlegungen im Ausgang von drei Grundmodi menschlicher Praxis, dem *Verwenden*, *Verändern* und *Herstellen.* »Technisches Handeln ist immer absichtsvoll auf ein *Verwenden* hin angelegt. Das Hergestellte soll brauchbar sein für bestimmte Zwecke. Technisches Handeln *verändert* das Vorgefundene; es schafft eine neue, eine andere Wirklichkeit. Technisches Handeln ist ein *herstellendes* Handeln, ein gekonntes Hervorbringen, eine Kunstfertigkeit, die erlernbar, differenzierbar und steigerungsfähig ist«.[46] In diesen Modi ist der Bezug auf drei soziale Grundtatsachen enthalten: der Bezug auf *Eigentum*, der in der Verwendungsabsicht steckt; der Bezug auf *Macht*, den das Verändern enthält, und der Bezug auf *Arbeitsteilung*, auf den das Herstellen verweist.

Technisches Handeln zielt auf die Herstellung von Objekten, die – im Gegensatz zum künstlerischen Artefakt – einen praktischen Nutzen haben, immer nur *Mittel* sind, auf *längerfristige, mehrfache künftige Verwendung* hin angelegte Mittel der menschlichen Daseinsvorsorge. Die Frage nach der Entscheidungsbefugnis in bezug auf die künftige Verwendbarkeit ist mit dem Eigentumsproblem verkoppelt. Grundsätzlich gibt es hier drei Möglichkeiten, das Verwendungsrecht des Herstellers, das Verwendungsrecht der Gruppe,

45 Von der Techniksoziologie im engeren Sinn ist Popitz' Techniktheorie bisher noch gar nicht rezipiert worden. Es gibt aber einen bemerkenswerten Interpretationsversuch von Hans Oswald, der ihre Bedeutung für die allgemeine soziologische Theorie offenlegt (vgl. Oswald, Hans, Technologieanalyse als Beitrag zur allgemeinen soziologischen Theorie, in: *Soziologische Revue* 21/1998, S. 185-191).

46 Popitz, *Phänomene der Macht*, S. 160 f.

der er angehört und einen Eigentumsanspruch eines Nicht-Herstellers, der sich aus einem Eigentumsanspruch über das benutzte *Produktionsmittel* oder die *Person* des Herstellenden ableitet. Technisches Handeln ist, zweitens, wirklichkeits*veränderndes* Handeln und hat damit immer zugleich einen potentiellen Machtcharakter. Technisch handelnd kann der Mensch eine materialisierte Macht ausüben, »eine *datensetzende Macht*, in der die Wirkung des Machthabers über die Machtbetroffenen durch Objekte vermittelt ist«.[47] Und drittens ist technisches Handeln als *herstellendes* Handeln *differenzierungs-* und *fortschrittsfähig*, d. h. in seiner Effizienz steigerbar. Dieses Charakteristikum des Herstellens leitet sich aus zwei Grundbegabungen des Menschen ab, der Begabung zur *Organisation gemeinsamen Handelns* und der Begabung zur *Einsicht in die Natur der Dinge*. Die organisatorischen Grundmuster sind die Koordination *gleichartiger* Tätigkeiten und die Koordination *ungleichartiger Tätigkeiten* in der zweifachen Ausformung als *gesamtgesellschaftliche* oder *prozessuale Arbeitsteilung*. Der Wissensaspekt des Herstellens erlangt in der modern-naturwissenschaftlichen Einsicht in die Natur der Dinge seine höchste Entfaltung. Durch beides – Organisation und Wissen – wird technisches Handeln in der Geschichte zu einem *Progreß*, einem Fortschritt der Effizienz, zu dem es auf anderen Handlungsfeldern des Menschen kein Analogon gibt.

Die *Grundlinien* seiner Techniksoziologie finden sich in Popitz' Konzept der *Fundamentaltechnologien*. Fundamentaltechnologien sind Technologien, die auf einer ganz neuen Idee des Herstellen-Könnens beruhen, »der Entdeckung einer prinzipiell neuen Möglichkeit der Umwandlung des Gegebenen in Verwendbares. Es wird nicht nur Neues gemacht, sondern eine neue Ebene der Machbarkeit erschlossen«.[48] Mit jeder Fundamentaltechnologie ist eine Veränderung des Gesellschaftsgefüges im Bereich der *Grundstrukturen* verbunden. Mit dem neuartigen Artefakt entsteht ein qualitativ neuartiger Modus sozialen Seins, der das menschliche Selbstverständnis umformt, eine neue Stufe in der Anthropo-Zentrierung der Erde. Popitz unterscheidet sieben Fundamentaltechnologien: die Technologie des *Werkzeugs*, die sich in der Phylogenese entfalte-

47 Ebd., S. 167.

48 Ders., *Der Aufbruch zur artifiziellen Gesellschaft*, S. 13.

te; die drei Fundamentaltechnologien der *ersten technologischen Revolution* in der Menschheitsgeschichte, die zwischen etwa 8000 und 3000 v. Chr. entstandenen Technologien der *Agrikultur*, der *Feuerbearbeitung* und des *Städtebaus*; und die drei Fundamentaltechnologien der *zweiten* technologischen Revolution, die Technologie der *Maschine, Chemie* und *Elektrizität*. Die zentralen Technologien der Gegenwart – der mikroelektronischen Informationsverarbeitung, des Atom- und des Zellkerns – werden im Konzept nur gestreift, weil sie nach Popitz in ihren Auswirkungen noch nicht voll übersehbar seien und weil sie zum anderen mit Gefahrenpotentialen verknüpft sind, die sich im Bezugsrahmen der bisherigen Technikgeschichte nicht mehr angemessen formulieren lassen.[49] Innerhalb der Sequenz der Fundamentaltechnologien differenziert Popitz dann noch einmal bezüglich des Fundamentalitäts*grades* der Technologien. Aus den sieben Technologien ragen drei heraus – die Technologie des Werkzeugs, der Agrikultur und der Maschine. Agrikultur und Maschine sind die »*Schlüsseltechnologien*« der beiden großen »Zeitenwenden« in der Menschheitsgeschichte, die Technologien, von denen die erste und die zweite technologische Revolution den Ausgang nahm. Zusammen mit dem Werkzeug sind der bebaute Acker und die Maschine die basalen Artefakte, auf denen die drei großen Grundtypen der menschlichen Gesellschaft ruhen.

Die Fundamentaltechnologien der ersten und der zweiten technologischen Revolution folgen in einer *vergleichbaren Sequenz* aufeinander: »Beide beginnen mit einer epochalen Innovation von Produktionsmitteln. Die Agrikultur nutzt selbsttätige Naturprozesse; die Maschinentechnologie erfindet einen artifiziellen Prozeß, der eine Selbsttätigkeit eigener Art erreicht: In beiden Technologien läßt der Mensch »die Dinge« für sich arbeiten. Die Schlüsseltechnologien werden jeweils durch Technologien ersetzt, die ein neues, spezifisch technisch brauchbares Material herstellen. Die dritten Technologien – die Großbautechnologie der Städte und die Elektrizität – scheinen zunächst weit auseinander zu liegen. Doch auch ihnen ist ein wesentlicher Grundzug gemein. Im Städtebau schafft sich der Mensch ein eingegrenztes artifizielles Lebensgehäuse, gleichsam ein technisches Gesamtkunstwerk, in dem zahlreiche technische Gestaltungen integriert sind. Ähnlich faßt das Netzwerk der Elektrizi-

49 Vgl. ebd., S. 16.

tät den Lebensraum des Menschen zu einem artifiziellen Lebens-Gehäuse zusammen, einem Gehäuse, in dem sich technisch alles mit allem vermittelt. Dieses neue Lebens-Gehäuse ist freilich nicht mehr eingegrenzt, es ist mauerlos, ausgreifend, in immer neue Räume expandierend«.[50]

Die fundamentalen Technologien sind von fundamentalen sozialen Veränderungen – »*gesellschaftlichen Korrelaten*« – begleitet. Einige dieser Korrelate haben universale geschichtliche Bedeutung. »Sie setzen sich *systeminvariant* durch, erweisen sich als geschichtlich *dauerhaft* und breiten sich *weltweit* aus«.[51] In den »Epochen« legt Popitz lediglich die Umrisse dieser gesellschaftlichen Korrelate frei, die dann in den anderen Arbeiten des Bandes konkretisiert werden.[52]

Der fulminante Aufsatz über »technisches Handeln mit der Hand« präsentiert zunächst im Ausgang von einer Gehlen-Kritik und im Rückgang auf Gedanken von Aristoteles eine subtile Theorie der sensomotorischen Leistungsvielfalt der Hand als des zentralen Organs und Mediums des handlungsoffenen Weltbezugs des Menschen; und er begründet dann die Annahme, daß technisches Handeln mit der Hand – Herstellung und Verwendung von Werkzeugen – maßgeblich an der Entfaltung der psychophysischen Konstitution des Menschen in der Phylogenese beteiligt war. Popitz' Schlüsselbegriff ist hier der Begriff des »*organisch-technischen Regelkreises*«, des sich selbst regulierenden Zusammenhanges von Hand, Auge und Gehirn im Herstellungs- und Verwendungsprozeß von Werkzeugen.[53] Die Reflexion ihres Zusammenwirkens im Sinne eines Systems von »Arbeitsmittel« (Hand), »Sensor« (Auge) und »Regler« (Gehirn) macht die These plausibel, daß technisches Handeln als ein »*Agens der menschlichen Phylogenese* zu begreifen (ist), als bewegendes Element in der Hervorbringung des Menschen«.[54] Überspitzt formuliert: Das »Korrelat« der ersten Fundamentaltechnologie des Menschen ist der Mensch selbst.

In der Sequenz der drei folgenden Fundamentaltechnologien (Agrikultur, Feuerbearbeitung und Städtebau) entstanden dann

50 Ebd., S. 38 f.

51 Ebd., S. 36.

52 Diese Konkretisierung betrifft nur die ersten vier Fundamentaltechnologien, bezüglich der Technologien der Industriegesellschaft findet sich keine weitergehende Ausführung.

53 Vgl. ders., *Der Aufbruch zur artifiziellen Gesellschaft*, S. 71 ff.

jene sozialen Grundkonstruktionen, die »Gesellschaft« bis in die Gegenwart prägen. Mit der *Agrikultur* ist die Konstruktion von *sozialen Kontinuitäten* eines ganz neuen Gepräges verkoppelt: [55] der *Kontinuität von Arbeit* – langfristiger mühseliger Arbeit in einem veränderten Horizont der Zeit; *intergenerativer Kontinuität* – einer neuartigen Form von Abstammungskontinuität; und drittens der *Kontinuität der Objektbindung*, kristallisiert in der Idee der Vererbung des Bodens in der internen Generationenfolge der Gruppe. Die sozialen Korrelate der *Technologien der Feuerbearbeitung* – Keramik und Metallurgie – bestehen in Differenzierungen *interne*r Arbeitsteilungen und in der Hervorbringung der ersten fundamentalen *gesamtgesellschaftlichen Arbeitsteilung* in der Geschichte, der Arbeitsteilung zwischen Bauern und Handwerkern. Indem nunmehr zwei grundverschiedene Produktionstypen aufeinander bezogen und voneinander abhängig werden, zerbricht die Gemeinsamkeit der dörflichen Lebenswelt. Das Auseinanderdriften der Gesellschaft beginnt.[56] In der *Stadt* differenziert sich gesamtgesellschaftliche Arbeitsteilung zu einem neuen Strukturtypus aus, der die Dimension der Trennung von *körperlicher* und *nicht-körperlicher Arbeit* umfaßt. Mit diesem Strukturtypus ist die Entstehung von drei *neuen sozialen Medien* verknüpft: des *Marktes*, des *Geldes* und der *Schrift*.[57] Aber das *zentrale* soziale Korrelat der städtischen Großbautechnologie war die Konstituierung *verwalteter Macht*, der Aufbau von *Herrschaftsapparaten*.[58] So entstehen in der Sequenz der Fundamentaltechnologien der ersten technologischen Revolution – im Zuge eines dreistufigen *Artifizierungsprozesses von Natur* – *artefaktische Sozialstrukturen* eines neuen Typus,[59] die seitdem die Grundkonstruktion von »Gesellschaft« bestimmen.

3.5. Theorie der Kreativität

Die Essays über das Erkunden, Gestalten, Sinnstiften und Spielen in Popitz' letztem Werk, den »Wegen der Kreativität« (2000), be-

54 Ebd., S. 73.
55 Vgl. ebd., S. 84 ff.
56 Vgl. ebd., S. 101 ff.
57 Vgl. ebd., S. 104 ff.
58 Vgl. ebd., S. 107 ff.
59 Vgl. ebd., S. 134 ff.

zeichnen in gewisser Hinsicht einen thematischen Kontrapunkt zur Macht- und Normtheorie, denn in ihnen werden nicht gesellschaftliche »Zwangsphänomene« reflektiert, sondern die individuelle und soziale Produktivität des Menschen, sein Selbsttranszendierungspotential.

Erkunden, Gestalten, Sinnstiften und Spielen sind für Popitz eigenständige, *nicht voneinander ableitbare* Formen des menschlichen Vermögens, Urheber zu sein. »*Erkunden*« meint eine Handlungsform, deren Ziel ein neues Wissen ist. Dieses Wissen-Wollen kann sich auf die dingliche oder soziale Umwelt, aber natürlich auch auf das Subjekt selbst beziehen. Voraussetzung und integraler Bestandteil des Erkundens ist ein spezifisch *sachliches* Dialogverhältnis zu den Objekten, auf die es sich bezieht, ein *fragendes* Sich-Einlassen auf ihre Eigenschaften und Funktionsmerkmale, dessen Ziel – das Wissen-Wollen – keineswegs mit einem Haben- oder Verwenden-Wollen unmittelbar kurzgeschlossen ist. Das Erkunden ist gleichsam theoretischer Natur, seine Grundmotivation ist die kognitive Erhellung des Unbekannten. Durch Erkunden – durch Suchen, Probieren, Fragen, Entdecken, Erfinden – erlangen wir ein neues Wissen, verändern unser Bild der Realität. Das Erkunden ist somit Inbegriff der *Subjektivierungskraft* des Menschen, seiner Fähigkeit, Realitäten in *sich* hineinzubilden. Hingegen manifestiert sich im *Gestalten* das Vermögen des Menschen, Vorstellungen gewissermaßen aus sich herauszusetzen und in die *Welt* einzubilden, also die menschliche Kraft zur *Objektivierung*.[60] Unter »Gestalten« versteht Popitz die *intendierte Vergegenständlichung von Vorgestelltem*, die Herstellung von *Artefakten* technischer oder künstlerischer Art, wobei zum künstlerischen Gestalten selbstverständlich auch die Formung von Tönen und Worten gehört. Anzumerken ist, daß sich im *technischen und künstlerischen* Artefakt zwei *qualitativ verschiedene* Weisen des menschlichen Welt- und Selbstverhältnisses manifestieren, denn die Technik soll einen praktischen Nutzen haben, während das Kunstwerk seinen Wert in sich selbst – seinem Sein – findet. Aber beide haben zu ihrer gemeinsamen Basis das menschliche Vermögen, etwas *ins Werk zu setzen*.[61] Die *sinnstiftende* Potenz des Menschen kristallisiert sich für Popitz, soweit sie über individu-

60 Vgl. ders., *Wege der Kreativität*, S. 3 ff.
61 Vgl. ebd., S. 4.

elle Sinnsuche hinausgeht, in den religiösen Glaubenssystemen, »den großen Weltphantasien«. Ihnen ist gemeinsam, »daß sie menschliches Handeln zu etwas Nicht-Menschlichem in Beziehung setzen, zu numinosen Kräften. Religiöse Erfahrung ist die Erfahrung eines Außerhalb, eines Außerhalb, das den Menschen überlegen ist, aber doch nicht vollständig entzogen – erreichbar durch Magie, Opfer, Gebet, Askese, Meditation«.[62] In Prozessen der Säkularisierung wurden religiöse Glaubenssysteme in Frage gestellt von den modernen Wissenschaften und der Philosophie, die Sinnstiftung neuen Typs hervorbringen. Wie sich im Gestalten die *Objektivierungskraft* des Menschen manifestiert und im Erkunden seine *Subjektivierungskraft*, so im Sinnstiften seine *Transzendierungskraft*. »Die Welt erscheint dem Menschen als zu Erkundendes, zu Gestaltendes, sinnhaft zu Deutendes. Das sind gleich-ursprüngliche Weisen des humanen Weltverhältnisses«.[63]

Vom Erkunden, Gestalten und Sinnstiften unterscheidet sich das *Spielen* dadurch, daß es nichts Bleibendes hervorbringt, weder ein Werk noch ein neues Wissen. »Spielen« ist eine Handlungsform des Menschen, die – Motive und Strukturen der Alltagswirklichkeit außer Kraft setzend – ihren Sinn in sich selbst findet.

Die *gemeinsame anthropologische Wurzel* dieser vier Kreativitätsformen ist die *menschliche Vorstellungskraft*, die zusammen mit dem *Wahrnehmungs-* und *Denk*vermögen eine der drei Erkenntnispotenzen des Mensch ist, klar getrennt von der Wahrnehmung, aber mit fließenden Übergängen zum Denken.[64] *Kreativ* wird die Vorstellungskraft, die Popitz subtil in ihrer Phänomenalität und soziokulturellen Prägung beschreibt, als *Phantasie*. Phantasie ist eine spezifische Form der Vorstellungskraft, das *vorstellende Eindringen ins Unbekannte*, ins Verborgene. Natürlich sind die »Wege der Phantasie« beim Erkunden, Gestalten, Sinnstiften und Spielen sehr verschieden und erwachsen aus einer jeweils anderen »Haltung zur Welt«, aber in allen diesen Kreativitätsformen weist die Phantasie doch *ein* gemeinsames Grundmerkmal auf: die *allozentrische* Hinwendung zum unbekannten Anderen, das begierdefreie Sich-einlassen-Können des Menschen auf den »Eigensinn des Andersseienden«.[65] »Zur

62 Ebd., S. 96.
63 Ebd., S. 94.
64 Vgl. ebd., S. 84 ff.
65 Ebd., S. 99.

Anthropologie, zur Logik des Anthropos gehört die Begabung zur nichtanthropomorphen Weltsicht, die Begabung zur Allozentrik. Es ist vor allem diese Begabung, die den Menschen über das Vorgefundene hinausträgt. Weil er fähig ist, das Anderssein [...] des Außer-ihm-Seienden zu ergründen, weil er diese dezentrierende Wende vollziehen kann, ist er in der Lage, nicht im Gegebenen unterzugehen und die Welt im Licht des Anders-Möglichen zu sehen«.[66] Die Kreation neuer Wirklichkeiten geht auf das »allozentrische« Überschreiten des Wirklichen in der Phantasie zurück.

Popitz hat seine Arbeiten zur Kreativität nicht abschließen können. Ausgearbeitet sind das Erkunden, Spielen und religiöse Sinnstiften, hingegen ist das Gestalten Skizze geblieben. Besonders am Erkunden hat er die »doppelte« anthropologische Fragestellung ausgearbeitet, die er für jede der Kreativitätsformen verfolgt hat: die *ontogenetische* Dimension – in welchen Formen und Schritten entfalten sich die Kreativitätspotentiale des Menschen in der Kindheit? – und die *gesellschafts- und kulturgeschichtliche*, die Frage nach den Formen und Entwicklungen der Kreativität in der Geschichte.[67]

Etwas genauer charakterisieren aber möchte ich noch seinen Text über das *Spielen*, der ein kleines wissenschaftlich-künstlerisches Meisterwerk ist.

Das Spiel ist in der professionalisierten Sozialwissenschaft der Gegenwart ein weitgehend vernachlässigtes Thema. Diese Aussage gilt auch für die Entwicklungspsychologie und Pädagogik, denn bei genauerer Betrachtung zeigt sich, daß die Spieltheorien dieser Disziplinen nur selten um ein Verständnis des Spiels als einer menschlichen Aktivität eigener Art bemüht sind. Was sie meistens interessiert, ist, was Spiele *bewirken* – welche Funktionen sie bei Kindern für den Erwerb motorischer, sozialer oder kognitiver Kompetenzen haben –, aber nicht, was die Besonderheiten von Spielen *sind.* Ge-

66 Ebd., S. 100.

67 Popitz' Konzeption von Kreativitätstheorie, 2000 erschienen, ist in der Soziologie bisher noch nicht aufgegriffen worden. Sie ist aber gerade für die allgemeine soziologische Theorie auch deswegen relevant, weil sie sich auch als Beitrag zur Beantwortung einer ihrer zentralen Fragen versteht: der Frage nach der Herausbildung von sozialer Handlungsfähigkeit. Diese Frage, die beim Aufsatz über das »Soziale Nein« im Vordergrund steht, bestimmt gleichermaßen die Schriften über die Kreativitätstypen. Indem Popitz vornehmlich der Ausfaltung von Kreativität in der Ontogenese nachgeht, zeichnet er die Schritte nach, in denen sich soziale Handlungsfähigkeit in einem spezifischen Bereich entwickelt.

nau diese Perspektive aber war für die Spieltheorien des deutschen Idealismus und der philosophischen Anthropologie – ich erwähne nur Schillers »ästhetische Erziehung des Menschengeschlechts« oder Huizingas »Homo ludens« – bestimmend. Sie versuchten, das Spiel in seiner der Alltagswirklichkeit entgegengesetzten Andersartigkeit zu deuten, und begriffen die »andere Wirklichkeit« des Spiels auch immer als einen Schlüssel für anthropologische Deutungen des Mensch-Seins. An diese Tradition knüpft Popitz an. Auch ihm geht es darum, das »Andere« der Spielwirklichkeit zu erfassen; und auch er will – dabei an Mead und Piaget anknüpfend – die große anthropologische Bedeutung des Spiels sichtbar machen, und zwar durch den Aufweis, daß in der Ontogenese grundlegende humane Kompetenzen aus Erfahrungen entstehen, die »nur in bestimmten Spielen erworben werden können«.[68] Die Konzeption von Popitz' Spieltheorie zeichnet sich durch zwei Grundmerkmale aus: sie zielt auf einen »Begriff« des Spiels, der *alle* Spieltypen umfaßt und alle Grunddimensionen von Spielen in sich enthält; und sie begreift sich als Teil einer soziologischen Anthropologie der Kreativität, die den besonderen Charakter des Spielens *nicht nur* im Vergleich zur *Alltagswirklichkeit*, sondern auch zu den *anderen Grundformen menschlicher Kreativität* herausarbeitet.

Popitz unterscheidet drei Grundtypen des Spiels: Funktionsspiele, Phantasiespiele und Regelspiele. Ihnen allen eignet eine fast jederzeit mögliche, *alltäglich* mögliche Erfahrung des *Außeralltäglichen*, die auf vier Dimensionen beschrieben werden kann: als eine spezifische Spiel*stimmung*, als eine spezifische Struktur von *Handlungsabläufen*, als ein Bündel spezifischer *Motivationen* und als *Entwurf einer anderen Wirklichkeit.*

Das für Spiele charakteristische *Stimmungs*spektrum – »gelassene Heiterkeit, rauschhaftes Hingerissensein, ruhiges Versinken im Spielfluß, Vergnügen am Austricksen des Gegners«[69] – kann nur deswegen entstehen, weil Spielen eine *freiwillige* Tätigkeit ist, nur möglich im »entspannten Feld« eines machtfreien Raums. Der *Handlungs*ablauf von Spielen kombiniert vier grundlegende Strukturmerkmale: die Wiederholung, die Modifikation, ein dialogisches Element und die Ungewißheit. Besonders wichtig ist das dialogische

68 Ders., *Wege der Kreativität*, S. 50.
69 Ebd., S. 57.

Element – die Hin- und Herbewegung zwischen dem Spielenden und einem »Etwas, das auch mit dem Spielenden spielt«[70] –, das erst die Ungewißheit möglich macht. Es gibt sechs Grundmotive, die in Spielen immer wiederkehren: Freude am Können, Reiz am Vermögen, die Welt nach eigener Façon interpretieren zu können, Gewinnen-Wollen, das Glück aufs Spiel zu setzen, die Lust an der Verwandlung und den Rausch. Diese Motive lassen sich zu zwei Grundmustern zusammenfassen: Zum *Mehr-sein-* und zum *Anders-sein-Wollen.* »In beiden Fällen wird [...] ein Ist-Zustand transzendiert, das Gewöhnliche überwunden. [...] Spiele wählen Motive aus, die diese Erfahrung des Überschreitens einer Grenze artikulieren«.[71] In Spielen werden *einerseits Stücke der Lebensrealität außer Kraft gesetzt* – zum Beispiel wird in Regelspielen das Zentralprinzip jeder Vergesellschaftung, die wechselseitige Voraussehbarkeit von Handeln, aufgehoben –, aber es wird zugleich eine *innovative Konstruktion von Realität* kreiert. Der Reiz vieler Spiele besteht darin, daß sie eine im Vergleich zum Alltag »verkehrte« Normstruktur aufweisen: sie fordern, was der Alltag verbietet, und verbieten, was der Alltag fordert. Das Spiel ist beides, »Überwindung und Erfindung von Realität, befreiend und kreativ«.[72] Freilich ist diese Kreativität *flüchtig,* denn das Spiel bringt nichts Bleibendes hervor, aber eben dies ist die »eigentümliche, die eigentümlich bezaubernde Dimension des Spielens: daß der Mensch unproduktiv kreativ sein kann«.[73]

4. Das Werk von Heinrich Popitz und die Soziologie der Gegenwart

Überblickt man die internen Argumentationsfiguren und die Verbindungen zwischen Popitz' Schriften zur Normen-, Macht-, Technik- und Kreativitätstheorie, dann werden die Umrisse einer soziologisch-anthropologischen Gesamtkonzeption erkennbar. Alle vier Werkteile bearbeiten *Basalphänomene* menschlicher Vergesellschaftung. Ohne Norm- und Machtstrukturen, ein technisches Artefakt-

70 Ebd., S. 64.
71 Ebd., S. 73.
72 Ebd., S. 79.
73 Ebd., S. 81.

gerippe und das Erkunden, Gestalten, Sinnstiften und Spielen als den vier Handlungstypen der Kreativität ist menschliche Vergesellschaftung nicht denkbar. Warum diese Phänomene auf Kernbereiche des Sozialen verweisen und was ihre Entwicklung sowohl erzwingt als auch ermöglicht, läßt sich nur anthropologisch begründen, und derartige Begründungen werden von Popitz auch in jedem Werkteil versucht. In jeweils unterschiedlichen Akzentuierungen wird dabei immer wieder Ähnliches hervorgehoben: die relative Reduktion des Instinkts beim des Menschen, seine Sprachfähigkeit, die Uferlosigkeit seiner Vorstellungskraft und seine Körperintelligenz, d. h. die Variabilität und Formungsfähigkeit seiner Sensomotorik. In der Norm- und Machttheorie demonstriert Popitz nicht nur die Universalität von Norm- und Machtphänomenen, sondern er zeigt auch ihre *universalen Grundstrukturen* auf: Jede Gesellschaft kennt allgemeine Normen und reziproke und nicht-reziproke Partikularnormen, und sie kennt auch – mindestens in Ansätzen – die vierfache Ausprägung des Machtphänomens, also Aktionsmacht, instrumentelle Macht, autoritative Macht und datensetzende Macht. Somit bezeichnen diese Norm- und Machtkonstrukte das soziale »Knochengerüst« menschlicher Vergesellschaftung. Thesen eines ähnlich umfassenden Charakters sind natürlich für den Bereich der Techniktheorie nicht denkbar, aber immerhin lassen sich auch hier gewissermaßen »abgemilderte« Universalitätsannahmen finden. Sie sind Bestandteil des Konzepts der Fundamentaltechnologien, mit Hilfe dessen sich in der Gesellschaftsgeschichte drei aufeinander aufbauende Grundtypen der Gesellschaft unterscheiden lassen. Jeder dieser Typen basiert auf einem spezifischen Syndrom von Technologien, und wo immer dieses sich durchsetzt, setzt sich korrelativ auch ein spezifisches Bündel sozialer Grundstrukturen durch. Und da in der Gesellschaftsgeschichte keine fundamentale Technologie verlorengeht, bilden sich kumulative Prozesse, so daß in der modernen Gesellschaft alle zentralen Innovationen der Technikgeschichte samt der zugehörigen Sozialstrukturen versammelt sind. In der Kreativitätstheorie werden nicht universale *Strukturen* unter die Lupe genommen, sondern spezifische *Handlungstypen*, die für die soziale Existenz des Menschen konstitutiv sind, allerdings nicht in jedem Gesellschaftssystem gleiche Ausbildungschancen bekommen. Sie sorgen dafür, daß gesellschaftliches Leben weder im Vorgegebenen noch im Nur-Nützlichen erstarrt und sich immer wieder neu sinnstiftend auf sich selbst bezieht.[74]

Eine intensive Rezeption von Popitz' Werk steht noch aus, und viele jüngere Soziologen können kaum noch mit dem Namen etwas verbinden. Das hat damit zu tun, daß Popitz sich soziologischen Tagesmoden fern gehalten hat und auch nicht den Ehrgeiz besaß, »schulbildend« zu wirken. Popitz ist noch zu entdecken, und von dieser Entdeckung wird die deutsche Gegenwartssoziologie nur profitieren können. Was man von ihm zunächst, noch vor allen inhaltlichen Anregungen, lernen kann, sind Kriterien für eine anspruchsvolle soziologische Sprache – jargonfrei, knapp, für jeden Gedanken den treffendsten Ausdruck suchend, um höchstmögliche Verständlichkeit bemüht (und eine die Wirklichkeit des Alltäglichen verfremdende) und immer zugleich fachübergreifende – Sichtweise, die dessen Fragilität und Voraussetzungsreichtum enthüllt. Popitz hat der Gegenwartssoziologie kein Theorieangebot hinterlassen, das, erkenntnistheoretisch und methodologisch in sich geschlossen, ein neues Paradigma in der Soziologie begründen könnte, wie das beispielsweise bei Luhmanns Systemtheorie der Fall war. Das wird seine Schriften vor Simplifikationen bewahren, aber auch ihren Verbreitungsgrad begrenzen. Aber Popitz hat in seinen vier Theorien Kriterien für die Bestimmung der *Kernbereiche allgemeiner soziologischer Theorie* entwickelt, an denen sich jeder, der sich mit diesem Theorietypus beschäftigt, orientieren sollte; und er hat grundsätzlicher und subtiler als viele andere in der deutschen Nachkriegssoziologie – Simmels Gedanken über die Bedingungen der Möglichkeit von Gesellschaft weiterdenkend – die entsprechenden sozialen Basalphänomene und -strukturen offengelegt. Da seine Konzeption von allgemeiner soziologischer Theorie *anthropologisch* eingebettet ist – mit Arnold Gehlen und Konrad Lorenz an exponierten Stellen –, kann sie Theoriebedürfnissen, die in der gegenwärtigen Kultursoziologie im Zusammenhang mit der Wiederbesinnung auf Thesen der philosophischen und biologischen Anthropologie stärker geworden sind, Wege weisen. Aber nicht nur die

74 Es ist evident, daß dieser Zusammenhang von Struktur- und Handlungstheorie in – freilich nirgends explizit gemachten – philosophisch-anthropologischen Grundannahmen verwurzelt ist, Annahmen über die unaufhebbare »Doppelseitigkeit« der sozialen Existenz des Menschen, seine Geformtheit durch vorgegebene Sozialstrukturen und seine soziale Produktivität.

allgemeine soziologische Theorie, auch wichtige soziologische Einzelinteressen könnten von Popitz' Werk profitieren. Ich gebe einige Hinweise. Da Popitz' *Norm*theorie nicht nur grundlegende theoretische Ziele verfolgt, sondern auch die Intention, *empirische* Untersuchungen voranzutreiben, können sich hier entsprechende Interessen vielfältig bedienen. Popitz hat beispielsweise ein empirisch anwendbares Modell über den *Normwandel als Kern sozialen Wandels* entwickelt, mit dem der Begriff des »sozialen Wandels« aus dem Bereich des Ungefähren, in dem er oftmals anzutreffen ist, herausgehoben und präzis konturiert werden kann. Von Popitz' *Macht*soziologie ist in der Literatur bisher nur der Typus der Aktionsmacht (Gewalt) stärker reflektiert worden. Da seine vier Typen im Ausgang von Mikrostrukturen gewonnen sind, die sich erst in ihrer Ausprägung als »Herrschaft« – Herrschaft als verdichtete und institutionalisierte Form der Macht – makrostrukturell verfestigen, können sich auch von ihr ganz unterschiedliche Theoriebedürfnisse inspirieren lassen. So läßt sich auf der Basis seiner vier Formen der Macht ein ausdifferenzierter – Max Weber weiterführender – Herrschaftsbegriff entwickeln, der von Relevanz für den Grundlagenbereich der politischen Soziologie ist, während mikrotheoretische Erkenntnisinteressen über die Funktionsweise »sanfter« Machtmechanismen vor allem von Popitz' Autoritätsmodell lernen könnten, das in der Kleingruppenforschung bisher noch weitgehend unbeachtet geblieben ist.[75] Wichtig für den grundlagentheoretischen Bereich auch der Techniksoziologie ist Popitz' Konzept der *Fundamentaltechnologien*, das dort bisher noch gar nicht reflektiert worden ist. Es bietet ein überzeugendes Modell der Verknüpfung technischen und sozialen Wandels, das auch eine evolutionstheoretische Perspektive enthält. Die Essays über die Kreativität schließlich verstehen sich auch als Beiträge zur Beantwortung der Frage nach der *Entstehung sozialer Handlungsfähigkeit.* Das ist in der Schrift über das »soziale Nein« explizit herausgehoben und wird auch durch die ontogenetische Ebene, die bei allen im Vordergrund steht – wie entwickelt sich der jeweilige Kreativitätstypus beim Kind? – verdeutlicht. Die Zentralfrage der allgemeinen soziologischen Theorie nach der Entstehung von sozialer Handlungsfähigkeit in bezug auf die Ontogenese präzisiert

75 Popitz selbst hat übrigens in einer noch unveröffentlichten Schrift damit das Milgram-Experiment neu interpretiert.

und mittels der Unterscheidung der Kreativitätstypen in subtilen Überlegungen beantwortet zu haben ist eine der kreativen Leistungen dieses Theoretikers, der ein Meister der kleinen Form war. Popitz hat in den vier Teilen seines Werkes Einsichten entwickelt, die für die soziologische Theorie zentral sind. Wer – in der Nachfolge Georg Simmels – der Frage nachgeht, was Gesellschaft möglich macht, kommt an diesem Werk nicht vorbei. In jedem seiner Teile gibt es Schriften, die in den Bestand der klassischen Texte des Fachs eingehen werden.

5. Zur Textauswahl

Heinrich Popitz hat vor seinem Tod an einer Studie über die Entstehung sozialer Normen in der Phylogenese gearbeitet. Er hatte vor, diese Arbeit – und eine andere noch unveröffentlichte – zusammen mit seinen bereits publizierten normtheoretischen Schriften, die größtenteils nur noch schwer zugänglich waren, in einem Sammelband herauszugeben.[76] Ähnlich war er auch mit seinen Schriften aus dem Bereich der Macht-, Technik- und Kreativitätstheorie verfahren: Neuere Arbeiten wurden mit älteren in einem neuen Band zusammengestellt, so daß man in *einem* Band *alle* seine Gedanken zu dem Thema finden konnte.

Popitz hat sein Vorhaben zur Normentheorie nicht mehr ausführen können. Ich habe seine Intention aufgegriffen und sie im vorliegenden Band in einer etwas modifizierten Form verwirklicht.[77] Der Band sammelt Popitz' Arbeiten zur Normentheorie,[78] fügt ihnen aber Texte aus dem Nachlaß und – in einem Anhang – frühe Texte zu anderen Themen hinzu, die teilweise gar nicht mehr verfügbar waren, aber noch immer soziologisches Interesse verdienen.

76 Nur das Buch über die »Normative Struktur der Gesellschaft« sollte nicht neu herausgegeben werden.

77 Wie immer bei derartigen Vorhaben machten Probleme bezüglich der Publikationsrechte keine vollständige Verwirklichung der Intention des Autor möglich.

78 Darunter ist auch die noch nicht publizierte über das »Primäre soziale Gehäuse«. Popitz' letzte Studie über »Fundamentale Bindungen und normative Systeme in primären sozialen Systemen« ist so unvollständig geblieben, daß sie nicht veröffentlicht werden kann.

Die Auswahl der normentheoretischen Schriften beginnt mit dem Text »Soziale Normen« von 1961, Popitz' erster Auseinandersetzung mit dem Normphänomen. Ihm schließt sich dann das erste und das letzte Kapitel aus »Die normative Struktur der Gesellschaft« (1980) an. Diese drei Texte bieten, wie bereits ausführlich dargestellt, eine ganz grundsätzliche theoretische Reflexion des Normenproblems. Der erste führt aus der Perspektive der allgemeinen soziologischen Theorie in die Thematik ein, der zweite entfaltet die dort skizzierten Argumentationslinien und versucht zugleich – das ist seine Hauptintention – eine Ableitung des Normphänomens aus noch grundlegenderen Dimensionen sozialer Verhaltensorientierung, während der dritte die universalen Konstrukte sozialer Normierung – das »Knochengerüst« menschlicher Gesellschaften – herausarbeitet.

Diesen Grundlagentexten folgt »Der Begriff der sozialen Rolle als Element der soziologischen Theorie« (1967). Auch diese Abhandlung verbleibt auf der von den drei ersten Texten vorgegebenen Ebene allgemeiner soziologischer Theorie und entwickelt den Rollenbegriff im Ausgang vom Normbegriff und dem Begriff der sozialen Differenzierung. »Rollen« werden – wie Normen – als Universalphänomene sozialer Ordnungen beschrieben. Der sich anschließende Aufsatz über die »Präventivwirkung des Nichtwissens« (1968) durchleuchtet dann den Sanktionsbereich als Zentrum des Normphänomens. Alle diese Texte gehören eng zusammen und bieten eine umfassende Reflexion der zentralen Aspekte sozialer Normierung.

Die beiden nächsten Aufsätze zielen nicht mehr unmittelbar auf das Normphänomen, befinden sich aber thematisch dazu in enger Nachbarschaft. Der Text über den »Realitätsverlust in Gruppen« (1994) argumentiert im Überschneidungsbereich von Norm- und Machttheorie. Eine der vier Grundformen der Macht, die autoritative Macht, wird genauer im Hinblick auf die Machtphänomene beschrieben, die sie im Inneren von Gruppen entfalten kann. Popitz zeigt am Beispiel von Sekten und terroristischen Gruppen, daß autoritative Macht als Gruppenmacht intern zu Normstrukturen führen kann, die den Realitätsverlust der Mitglieder bewirken und sie zu Verhaltensweisen befähigen, die für sie als Einzelpersonen undenkbar wären. Schließlich noch der Text »Das primäre soziale Gehäuse«, der hier zum erstenmal veröffentlicht wird. Popitz hat ihn als »noch nicht fertig« aufgefaßt, seine Veröffentlichung läßt sich aber trotzdem rechtfertigen. Er befaßt sich mit der frühesten Vergesellschaftungsform des Menschen in der Phylogenese. Diese wird als ein aus acht Grundmerkmalen bestehendes Syndrom bestimmt, ein Syndrom, das sich auch später in allen menschlichen Gesellschaftsformationen durchgehalten hat. Die Normproblematik hat Popitz in diesem Aufsatz nur angedeutet. Sie sollte in einer Arbeit über »Fundamentale Bindungen und normative Systeme in primären sozialen Gehäusen« im Zentrum stehen, die aber über Stichpunkte nicht hinausgekommen ist. Diese lassen aber immerhin einen ganz engen geplanten Zusammenhang zur Schrift über das »primäre soziale Gehäuse« erkennen. Popitz wollte aufzeigen, wie in der Phylogenese im »primären sozialen Gehäuse« des Menschen allgemeine und partikulare Normen – die Umrisse der späteren universalen Konstrukte – entstanden sind.

Während alle gerade skizzierten Texte in einem mehr oder weniger engen Zusammenhang zum Normphänomen stehen, sind in einem Anhang noch einige frühe Texte thematisch recht unterschiedlichen Charakters veröffentlicht, die nur noch schwer zugänglich waren. Sie lassen sich der Normthematik – und auch den anderen drei Hauptteilen des Werks – nicht direkt zuordnen, bieten aber weitere interessante Einblicke in Popitz' Denken und sind auch heute noch soziologisch anregend. Es sind dies ein Vortragstext über den Wiederbeginn der Soziologie in Deutschland nach dem Kriege, ein Aufsatz über den »Begriff der Klassengesellschaft« von 1958, ein kurzer Vortrag auf einem Symposium zum Gedenken an Theodor Geiger von 1993 und zwei Schriften über das deutsche Bildungssystem: eine empirische Studie über »Die Ungleichheit der Chancen im Zugang zur höheren Schulbildung« und ein hochschulpolitischer Text von 1965 zur Studienreform, den man allen, die gegenwärtig die Universität reformieren wollen, zur Lektüre empfehlen sollte.

Der kurze Vortrag über den Wiederbeginn der Soziologie in Deutschland nach dem Kriege, gehalten auf dem Soziologentag 1998 in Freiburg, kombiniert Autobiographisches mit Zeittypischem. Popitz, Jahrgang 1925, ordnet sich selbst einer »Generation am Rande« zu, der Generation derjenigen, die den Krieg noch als junge Soldaten, Schüler oder Flakhelfer miterlebt hatten. Diese Generation von Soziologen, zu der unter anderem auch Dahrendorf oder Hans Paul Bahrdt gehörte, unterschied sich, so Popitz, im geistigen Habitus stark von der Generation der Älteren, die ihrerseits in zwei klar getrennte Gruppen zerfiel: Diejenigen, die aus der Vertreibung zurückgekehrt waren (v. a. Adorno, König, Plessner) und die Hiergebliebenen (v. a. Gehlen und Schelsky). Zwischen diesen beiden Gruppen gab es »Kommunikationsblockaden«, eine »sterile Kontaktlosigkeit«. Popitz kam, wie er schildert, nicht als Soziologe zur Soziologie – das Fach war ja an den Universitäten noch gar nicht etabliert; sondern es war ein – auch durch Kindheitserfahrungen genährtes – ganz unmittelbares Interesse an der Lebens- und Arbeitssituation von Industriearbeitern, die philosophische Prägung durch die Entfremdungstheorie von Marx und auch der Zufall, die ihn in die Industriesoziologie – zunächst zur Sozialforschungsstelle Dortmund zur Mitarbeit an Studien über die Wohnwünsche von Bergarbeitern – führten.[79] Etwas überspitzt formuliert er, daß er, wie andere aus der jungen Soziologengeneration, erst »entdeckte, daß es so etwas wie Soziologie gab, als wir sie betrieben«. Das hatte im Vergleich zur Gegenwart Vorteile und Nachteile. Zu den Vorteilen gehörte sicherlich eine durch Fachborniertheiten noch nicht getrübte *Offenheit*, während die damalige Unvertrautheit der Öffentlichkeit mit soziologischen Begriffen und Deutungen ambivalent beurteilt wird. Das zeigt der Ausblick auf die Gegenwart am Schluß des Vortrages. Popitz ist skeptisch gegenüber einem Anspruch für »die« Soziologie als »angewandter Aufklärung«. Bei diesem wohltönenden Wort werde leicht vergessen, daß die Soziologie gegenwärtig nicht »einer von soziologischen Konzeptionen unberührten Gesellschaft (gegenüberstehe), sondern daß das gesellschaftliche Bewußtsein, auf das sie einredet, selbst zu einem erheblichen Teil ein Produkt soziologischer Belehrungen, Moden und Mythologien ist. Es scheint gelegentlich so, als laufe sie aufklärend einem Aufklärungsbedarf hinterher, den sie selbst geschaffen hat.«

Der Aufsatz »Zum Begriff der Klassengesellschaft« ist unmittel-

79 Im Zusammenhang mit diesen empirischen Studien ist 1953 auch eine sehr differenzierte methodologische Abhandlung über Auswertungs- und Interpretationsprobleme bei soziologischen Erhebungen erschienen, die ich nur deswegen nicht mit aufgenommen habe, weil sie nur für Methodologie-Spezialisten von größerem Interesse ist. Vgl. Popitz, Heinrich, Struktur und Merkmal. Zur Auswertung und Interpretation soziologischer Erhebungen, in: *Zeitschrift für die gesamte Staatswissenschaft*, 109. Band, Heft 2/1953, S. 306-325.

bar im Anschluß an die empirische Untersuchung über »Das Gesellschaftsbild des Arbeiters« entstanden. Er demonstriert zunächst Popitz' Fähigkeit zur Verknüpfung von empirischer Forschung und theoretischer Reflexion. Das überraschende Ergebnis der empirischen Untersuchung in der Hüttenindustrie – daß Industriearbeiter typischerweise die Gesellschaft als eine gesellschaftliche *Dichotomie* sehen, als aufgespalten in zwei gegensätzliche, prinzipiell voneinander getrennte Teile – wird auf Marx' Begriff der Klassengesellschaft, sein dichotomisches Zweiklassenschema, bezogen, das, wie Popitz anmerkt, bereits zu Marx' Zeit empirisch verfehlt war. Popitz zeigt dann auf, daß die Dichotomie, die das Arbeiterbewußtsein bestimmt, nicht auf die Kluft zwischen Besitz und Nichtbesitz von Produktionsmitteln bezogen ist, sondern auf die weit fundamentalere von *körperlicher* und *nichtkörperlicher* Arbeit (das breite Spektrum von »geistiger« über disponierende zu einfacher Bürotätigkeit umfassend). Was *diese* Kluft für das Selbstverständnis und den Lebensstil der beiden Kategorien von Arbeitenden – und den Begriff der Klassengesellschaft – bedeutet, wird subtil erläutert. Die zunehmende Automatisierung der Produktion, so Popitz, wird körperliche Arbeit im industriellen Bereich weitgehend reduzieren, wodurch der Begriff der Klassengesellschaft weiter an Kontur verlieren wird. Was im Aufsatz prognostiziert wird, ist im Produktionsprozeß der Gegenwart schon seit langem Wirklichkeit geworden. So wird einem bei der Lektüre auch bewußt, wie tiefgehend sich in den letzten fünfzig Jahren die Strukturen der Arbeitswelt verändert haben.

Der sich anschließende kurze Vortrag über Theodor Geiger von 1992 ist nicht nur biographisch aufschlußreich – Popitz schildert seine Begegnungen mit Schriften Geigers und seine Prägung durch sie –, sondern auch deshalb, weil Popitz hier anhand von Geigers Normkonzeption erläutert, wie er sich produktive soziologische Theorie vorstellt. Geiger, so Popitz, »geht weit über Max Weber hinaus. In der Rechtssoziologie ist es ihm gelungen, ein Begriffsnetz von hoher Abstraktheit so zu formulieren, daß jede Aussage, die sich dieser Begriffe bedient, im Prinzip eine gradualisierende Behauptung formuliert. Dieses Begriffsnetz ist nicht irgendein klassifizierendes Briefmarkenalbum. Es ist der Versuch, das Knochengerüst jeder Gesellschaft, ihre normative Struktur, zu erfassen [...]. Um dies auf dem notwendigen hohen Abstraktionsniveau so zu erreichen, daß ein empirisch-quantifizierender Bezug erhalten bleibt, bedurfte es Begriffe von ganz ungewöhnlicher Präzision. Die Geigerschen Konzepte von Norm und Sanktion sind meines Erachtens die randschärfsten Grundbegriffe, die bisher in der Soziologie vorgeschlagen worden sind.« Geiger, so Popitz weiter, habe zur Überwindung des »Erzübels der Soziologie«, des »Schismas von Theorie und empirischer Forschung beigetragen« und eine von ganz wenigen Konzeptionen entwickelt, die sich als »fortsetzungsfähig erwiesen« hätten.

Die empirische Studie über die »Ungleichheit der Chancen im Zugang zur höheren Schulbildung« (1965) zeigt die hohen Barrieren auf, die für Kinder aus der »Grundschicht« (vornehmlich Arbeiter- und Bauernkinder) noch bis Mitte der sechziger Jahre in Deutschland und der Schweiz den Zugang zum Gymnasium und die Erlangung der Hochschulreife fast ausschlossen. Zwar gehört die hier demonstrierte soziale Zusammensetzung der höheren Schulen in Deutschland schon lange der Vergangenheit an, aber mir erscheint der Aufsatz doch noch immer lesenswert wegen Popitz' vorbildlicher Deutung der verschiedenen Stufen und Phasen der sozialen Selektion, die diese Ungleichheit bewirkten. Man erhält theoretische Gesichtspunkte, die für Analysen der »sozialen Vererbung« von Strukturen sozialer Ungleichheit auch heute noch nutzbringend sind. Schließlich der hochschulpolitische Aufsatz zur Studienreform, der auf einen 1965 an der Universität Basel gehaltenen Vortrag zurückgeht und 1966 in einer Zeitung veröffentlicht worden ist. Dieser Aufsatz ist gegenwärtig so aktuell wie seinerzeit, denn er macht überdeutlich klar, woran es heute den Konzeptionen zur Hochschulreform vor allem fehlt: an Pragmatismus und an einer *Bildungsidee.* Popitz warnt im Aufsatz zunächst vor falschen Allgemeinheitsansprüchen von Reformkonzepten – Reformen müssen *fächerspezifisch* entwickelt werden – und umreißt dann das Problem der *Überfüllung* als wichtigsten Ausgangspunkt jeder Reflexion über Neugestaltungen des Studiums. Das von ihm konstatierte Paradox beschreibt genauso die gegenwärtige Situation: »Wir sind in der paradoxen Lage, daß wir uns dringend darum bemühen müssen, die Zahl der Studenten noch zu vermehren [...]. Wir stehen also vor der Aufgabe, das Problem, das wir lösen wollen, gleichzeitig noch zu verschärfen.« Verbesserungen des Dozenten-Studenten-Verhältnisses angesichts dieses Dilemmas werden vor allem möglich, indem man klug ein Prinzip verwirklicht: das Lernen durch Lehren. Frühzeitig müssen die Studenten behutsam selber in die Lehre einbezogen werden in Veranstaltungsformen, die die Kritikfähigkeit aller durch Institutionalisierung *agonaler* Formen fördern. Ohne eine *Bildungsidee* freilich fehlt allen organisatorischen und pädagogischen Vorschlägen das Fundament. Was Popitz entwickelt, läßt sich als eine auf die Gegenwartsverhältnisse bezogene Umformulierung des Humboldtschen Bildungsideals verstehen, durch das die deutsche Universität ihre weltweit bewunderte Vorbildfunktion bekommen hatte. Bildung heute kann nicht mehr die klassische Allgemeinbildung sein. Heutzutage überwindet man am ehesten die Spezialisten-Einseitigkeit, indem man sich zum *Zweifach*-Spezialisten ausbildet, am besten in einem geistes- und einem naturwissenschaftlichen Fach. »Die Konzentration auf zwei stark auseinanderliegende Zentren gibt [...] eine ungewöhnlich große Möglichkeit und gewiß auch ungewöhnlich starke Impulse, nach Verbindungslinien zu suchen, Kontakte, Konfrontationen herzustellen, die Fähigkeit auszubilden, die Dinge von zwei Seiten zu sehen, und das eben ist das Gegenteil von Einseitigkeit«. Daß die Universität und die Wissenschaft einen humanistischen Bezugspunkt brauchen, hat Heinrich Popitz als Forscher und Lehrer vorgelebt.

Heinrich Popitz
Soziale Normen

Soziale Normen

Die Normgebundenheit des sozialen Verhaltens ist eine einfache, ja triviale Alltagserfahrung: Wir geraten ständig an Kreuzungen, die mit grünen und roten Signalen versehen sind, – in soziale Situationen, die offenbar bereits von anderen entdeckt, fixiert, vorgeformt sind. Es steht uns nicht frei, diese Vorgeformtheit, diese Besetzung von Situationen mit positiv und negativ bewerteten Alternativlösungen ohne weiteres zu ignorieren. Wenn wir uns um die grünen und roten Lichter nicht scheren, wird unser Verhalten dennoch *von anderen als eine Antwort* auf diese Signale interpretiert, – auch wenn es gar nicht in unserer Absicht lag, uns eine Frage stellen zu lassen. So können wir in einer ersten Annäherung sagen: die Normgebundenheit sozialen Verhaltens bedeutet, daß soziale Situationen mit bestimmten Alternativen belastet sind, die auf irgendwelchen Verabredungen zu beruhen scheinen; Verabredungen, von denen man nicht recht weiß, wer sie eigentlich getroffen hat; Verabredungen, die wir nicht aus der Welt schaffen, wenn wir sie von Fall zu Fall nicht akzeptieren. Sie sind irgendwie so auf Dauerhaftigkeit angelegt, daß sie vom Einzelnen nicht beliebig außer Kraft gesetzt werden können.

Dieses eigenartige Phänomen ist das Thema der folgenden Überlegungen. Ich möchte Ihnen einiges vom Ansatz des soziologischen Denkens und von den Grundbegriffen der soziologischen Forschung zu zeigen versuchen, indem ich nach Kennzeichen der sozialen Normgebundenheit frage, die in allen uns bekannten Kulturen aufweisbar sind und daher die Analyse der verschiedensten sozialen Ordnungen zu leiten vermögen.*

Daß Menschen ihr Verhalten sozial binden, sozial *verbindlich* machen, ist eine höchst merkwürdige Leistung. Wie bringen wir diese Leistung eigentlich zustande?

Eine erste Antwort führt uns nicht sehr weit, ist aber Vorausset-

* Ich lege hiermit meine Antrittsvorlesung an der Universität Basel, gehalten am 15. November 1960, in unveränderter Form vor. Sie setzt, dem Anlaß entsprechend, keine soziologischen Vorkenntnisse voraus. Mein Ziel war es, wie im Text formuliert, »unter dem Vielen, was uns im sozialen Leben selbstverständlich erscheint, einige derjenigen Selbstverständlichkeiten darzustellen, die es wirklich sind«. Die hinzugefügten Anmerkungen geben einige weiterführende Hinweise

zung jeder weiteren sinnvollen Eingrenzung der Fragestellung. Wir müssen uns darauf besinnen, daß die Art und Weise der Gestaltung, der Formung des sozialen Lebens dem Menschen ebensowenig vorgegeben ist wie die Art und Weise der Naturgestaltung. Vergesellschaftung ist stets ein Artificium.

Selbstverständlich sind viele soziale Verhaltensgebote und -verbote eng mit *biologischen Bedingtheiten* verknüpft, wie dem Unterschied der Geschlechter, Geburt, Kindheit, Altern und Tod. Aber der Kulturvergleich zeigt uns, daß auch diese biologischen Bedingtheiten in den einzelnen Kulturen völlig verschiedenartig sozial überformt werden. So werden z. B. in jeder Kultur in einigen typischen, häufig wiederkehrenden Situationen verschiedenartige Verhaltensgebote an Männer und an Frauen gestellt. Der Unterschied der Geschlechter kommt also auch in der Formulierung von Sozialnormen irgendwie zum Ausdruck. Vergleicht man jedoch die etwa den Frauen zugeschriebenen Sozialnormen in den uns bekannten Kulturen miteinander, so erweist es sich als äußerst schwierig, universal gültige Gemeinsamkeiten, »wesenseigene« Verhaltenskonstanten zu finden. Der biologische Unterschied der Geschlechter ist im Hinblick auf das jeweils gebotene Verhalten offensichtlich nicht mehr als ein Startpunkt, ein Ansatzpunkt, von dem aus sich in jeder Kultur eine besondere Reihe von »Wesensunterschieden« entwickelt. Jede dieser kulturspezifischen Varianten erscheint uns, von außen her gesehen, als mehr oder minder willkürlich – oder besser: als künstlich.

Ebenso zeigt das Verhältnis zu Geburt, Altern und Tod eine nahezu uferlose Variabilität. In den Haltungen zu so vitalen Problemen wie Selbstmord, Krieg und dem Verhältnis zu Verstorbenen läßt sich – soweit ich sehe – kein allgemein-menschlicher Fundus finden, der in allen Kulturen in sozial gebotenen Verhaltensweisen zum Ausdruck käme. Der Verkehr mit den Verstorbenen kann für die gesamte soziale Ordnung konstitutiv sein; an den Tod können sich Verpflichtungen knüpfen, die das ganze Leben formen – wir können ihn aber auch sozial zu ignorieren versuchen.

Eine universal gültige Norm scheint am ehesten das Inzest-Tabu zu sein. Aber auch das Inzest-Tabu ist nicht nur *übertretbar* (sonst wäre es ein Naturgesetz, keine Norm), sondern auch als normative Verhaltensforderung *suspendierbar*.[1]

1 Zur Frage der Universalität des Inzest-Tabus vgl. Murdock, George Peter, *Social*

Statt vieler weiterer Beispiele sei daran erinnert, wie alt und ehrwürdig die Einsicht in die Relativität der sozialen Verhaltensgebote ist. Herodot erzählt folgende Anekdote: »Darius berief während seiner Herrschaft die anwesenden Hellenen zu sich und stellte an sie die Frage: um welchen Preis sie ihre gestorbenen Väter würden aufessen wollen. Sie erklärten, um keinen Preis täten sie dies. Darauf berief Darius die Inder, welche Kalatier genannt werden und ihre Eltern verzehren (der sogenannte Endokannibalismus), und fragte sie in Gegenwart der Hellenen, welche durch einen Dolmetscher alles, was gesprochen wurde, vernahmen: um welchen Preis sie es wohl über sich bringen würden, ihre gestorbenen Väter (nach hellenischer Sitte) im Feuer zu verbrennen. Da schrien sie laut auf und baten ihn, doch nicht mit solchen Dingen zu kommen.« Herodot schließt mit der Bemerkung: »So ist es nun einmal Sitte, und Pindar scheint mir recht zu haben, wenn er in einem seiner Gedichte behauptet: die Sitte sei König über alles«.[2]

Warum eine bestimmte Verhaltensnorm in einer bestimmten Kultur unter bestimmten Bedingungen »nun einmal Sitte« ist – das ist natürlich Gegenstand soziologischer Erklärungsversuche aller Art. Hier aber ist zunächst festzuhalten, daß die Frage nach den Kennzeichen der normativen Gebundenheit sozialen Handelns nicht befriedigend zu beantworten ist, indem man nach sozialen Normen sucht, die in ihrer *inhaltlichen Bestimmtheit* universal gültig sind.

Wir können diese Kulturbedingtheit und »Relativität« sozialer Normen von zwei verschiedenen Seiten her umschreiben als *soziale Plastizität* des Menschen – seine Formbarkeit, seine Reagibilität auf die verschiedensten Ordnungs-Entwürfe – und als *soziale Produktivität*: die Gestaltungskraft und Phantasie, mit der Menschen die Ordnungen ihres sozialen Lebens entwerfen, biologische Gegebenheiten interpretieren, Bedingungen umformen und sich selbst

Structure, New York 1949, S. 284 ff. Murdock gelangt zu einigen bemerkenswert klaren und eindeutigen Verallgemeinerungen, die aber auf einem begrenzten Material beruhen. Gegenbeispiele gegen die Thesen Murdocks finden sich z. B. bei Thurnwald, Richard, *Die menschliche Gesellschaft in ihren ethno-soziologischen Grundlagen*, Bd. II, Berlin/Leipzig 1932, S. 162 f.

2 Herodot, III, 38, zitiert in der Übersetzung von J. Chr. F. Bähr (Berlin o. J.). Herodot mißversteht offensichtlich den Sinn des nomos-Begriffs bei Pindar. – Zum sog. Endokannibalismus vgl. Herodot, I, 216 und III, 99.

in ihrem Verhalten stilisieren. Beide Phänomene fordern sich wechselseitig heraus. Die Frage, die die soziale Plastizität stellt, ist zwingend – ein Zwang zur *Gestaltung*. Und die Antwort, die gegeben werden muß, ist produktiv nicht nur im Sinne der Wahl innerhalb eines Spielraums von Möglichkeiten, sondern vor allem als Entscheidung, durch die der Mensch sich selbst festlegt und formt, sich sozial selbst definiert. Dieses Sich-selbst-Feststellen des Menschen beruht stets auf einer *normativen* Entscheidung: es bleibt also stets imperativ, eine Forderung – man könnte auch sagen: eine Hoffnung.

Hier aber bietet sich nun ein Ansatzpunkt, der zwar als eine nicht weiter diskutable Selbstverständlichkeit erscheinen mag, von dem sich aber einige universal gültige Merkmale der sozialen Normgebundenheit ableiten lassen. Es handelt sich um eine Bedingung, die jenseits aller kulturspezifischen Variationen in der »Tatsache Gesellschaft« selbst beschlossen liegt: das Sich-selbst-Feststellen des Menschen als soziales Wesen, von dem wir sprachen, ist dem Gegenseitigkeitsprinzip unterworfen – also ein *Sich-gegenseitig-Feststellen*.

Soziale Normen begrenzen offenbar die Willkür in der Beziehung von Menschen zueinander. Sie bewirken, daß Menschen sich mit einiger Sicherheit und Dauerhaftigkeit aufeinander einstellen können. Diese Einstellung aufeinander wäre aber nicht möglich, ohne daß wir das Handeln der jeweils Anderen in oft wiederkehrenden, typischen Situationen voraussehen, also mit Regelmäßigkeiten rechnen können.[3] Die Wirksamkeit der Normgebundenheit sozialen Handelns wäre damit umschrieben als eine Art »Konstruktion« regelmäßiger und wechselseitig voraussehbarer Handlungsabläufe. Es ist nun diese wechselseitige Voraussehbarkeit, diese Einstellung aufeinander, oder einfach: diese Gegenseitigkeit, die bestimmten »Konstruktionsprinzipien« unterliegt und die uns daher einige Teilantworten auf die Frage erlaubt, von der wir ausgingen: die Frage, wie es Menschen eigentlich machen, ihr soziales Verhalten normativ zu binden.

Ich möchte – um der Übersichtlichkeit willen – fünf solcher Teilantworten unterscheiden.

3 Die Bedeutung der Voraussehbarkeit sozialen Handelns betont insbes. Geiger, Theodor, Vorstudien zu einer Soziologie des Rechts, in: *Acta Jutlandica* XIX, 2, Aarhus/Kopenhagen 1947, S. 14f., 57f.

Erstens. – »Dieses Tier darf niemand jagen« – »In dieser Situation, darfst Du Deines Nachbarn Behausung betreten, in jener nicht« – »Ein Kind muß abends frühzeitig zu Bett gehen«: Das sind formulierte Normen verschiedener Art. Gemeinsam ist ihnen, daß sie Handlungen und Situationen *typisieren.* Für das Kind, das abends ins Bett soll, ist die Situation heute ganz anders als gestern oder vorgestern. Für die Eltern ist sie anders als für das Kind; für den Beobachter anders als für die Beteiligten. Die Markierung bestimmter Handlungen als »verbindlich« setzt jedoch voraus, daß wir Kriterien gefunden haben, die subjektiv *verschiedenartige* Handlungen und Situationen *gleich oder zumindest vergleichbar machen.* Diese Kriterien stellen eine Auswahl bestimmter Handlungen und Situations-Merkmale dar, die von jeder Generation neu erlernt werden muß. Das Kunststück der Erziehung besteht ja nicht zuletzt darin, einen bestimmten Bestand von typisierten Situationen gegen die Fülle der subjektiv-individuellen Situationserlebnisse des Kindes zur Geltung zu bringen.

Es sei also hier zunächst festgehalten, daß *jede* normative Interpretation von Handlungen und Situationen die soziale Relevanz der individuellen Erlebnissphäre begrenzt. (*Jede* normative Interpretation: also nicht nur die an Rechtssatzungen orientierte.) Stets schaffen Normen eine artifizielle Kommunikationsebene zwischen Menschen, auf der nicht alles »gilt«, was wir erleben, fühlen, wahrzunehmen glauben.[4] Keine psychologische oder phänomenologische oder soziologische Schuldtheorie kann die Möglichkeit, ja Wahrscheinlichkeit subjektiver Ungerechtigkeiten aus der Welt schaffen, die mit dieser Grundbedingung aller sozialen Normsetzung gegeben ist: Soziale Normen können nicht gelten, ohne daß allgemein verbindliche Typisierungen von Handlungen und Situationen als geltend anerkannt und durchgesetzt werden – und zwar, wie wir sehen werden, Typisierungen besonderer Art.

Zweitens. – Der Satz: »Dieses Tier darf *niemand* jagen« ist eine formulierte Norm, die sich offenbar an *alle* Mitglieder eines bestimmten Universums geordneter Beziehungen wendet. Der Satz

4 Die Gleichheit bzw. Vergleichbarkeit von sozialen Situationen ist also nicht, wie gelegentlich unterstellt wird, eine methodische Fiktion des Soziologen, der soziale Ordnungen interpretiert; sondern eine Abstraktionsleistung, die stets vollzogen werden muß, wo Menschen ihr Handeln in verbindlicher Form voraussehbar machen. Soziale Ordnungen beruhen auf Abstraktionsleistungen dieser Art.

»Ein Kind muß abends frühzeitig zu Bett gehen« bezieht sich ausdrücklich auf einige Mitglieder, die Kinder. Andere Normen sind speziell an die »Väter«, »Mütter«, »Medizinmänner«, »Werkmeister« adressiert. Soziale Normen schließen also nicht nur Typisierungen von Situationen und Handlungen, sondern auch von Personen ein. Sie wenden sich an einen bestimmten Menschen, *insofern* er Vater, Medizinmann oder Staatsbürger ist. Und zwar erstrecken sich diese Typisierungen nicht nur auf die jeweils Handelnden, sondern auch auf diejenigen, die mit einer bestimmten Handlung »gemeint«, von ihr betroffen werden. Welche Verhaltenserwartungen an ein Kind gestellt werden, hängt auch wesentlich davon ab, ob sich seine Handlung auf die Eltern oder die Spielkameraden oder die Lehrer bezieht.

All das erscheint uns selbstverständlich. Es ist auch selbstverständlich, wenn man als gegeben voraussetzt, daß soziale Gruppen nicht ein Wirrwarr uniformer Teilchen, sondern ein in sich differenziertes Gefüge von Rechten und Pflichten darstellen. Was wir festhalten wollen, ist lediglich eine Bedingung dieser Möglichkeit: soziale Normen können eine *Differenzierung verschiedener Personenkategorien* mitsetzen – verschiedener »sozialer Rollen«, wie wir seit Ralph Linton sagen.[5] Diese Differenzierung ist nicht beliebig, sofern sie zu einem geordneten Zusammenleben führen soll. Vielmehr müssen sich die einzelnen sozialen Rollen wechselseitig implizieren: Der Familienvater hat bestimmte Verpflichtungen zu erfüllen, die z. B. speziell auf Kinder bezogen sind, und erwartet seinerseits wieder eine entsprechende Antwort des Kindes in der Erfüllung von Verhaltensgeboten. Ferner müssen die einzelnen Verpflichtungen *eines* Menschen aufeinander abgestimmt, also z. B. die Verpflichtungen des Vaters und Ehemanns (wenigstens im Prinzip) miteinander vereinbar sein. Und schließlich müssen sich die speziellen Sozialnormen so ergänzen, daß sich ein lebensfähiges Ganzes, ein »arbeitsfähiges« Gefüge verschiedenartiger Leistungen ergibt. Aus dieser wechselseitigen Implikation, dem Aufeinander-Abgestelltsein und dem Sich-Ergänzen spezieller Verhaltensgebote, entstehen die Normstrukturen verschiedener sozialer Einheiten: etwa einer Schulklasse im Unterschied zu einem Verein, eines Industriebetriebes im

5 Linton, R., *The Study of Man*, New York 1936. Neue Gesichtspunkte entwickelt: Dahrendorf, Ralf, *Homo Sociologicus. Ein Versuch zur Geschichte, Bedeutung und Kritik der Kategorie der sozialen Rolle*, Köln/Opladen 1959. Dort auch weitere Literatur.

Unterschied zur Familie, der patriarchalischen Großfamilie im Unterschied zur modernen städtischen Kleinfamilie.

Wir haben heute die wohl höchste Rationalisierung solcher Verteilung und Zusammensetzung von Verhaltensgeboten in der modernen Bürokratie erreicht – wenigstens ihrem Anspruch, ihrem »Entwurf« nach.[6] Auch die besonders ausgefeilte bürokratische Systematik von Kompetenzen beruht aber auf Prinzipien, die wir in ihrem Grundriß überall dort nachweisen können, wo Menschen ihr Zusammenleben zu ordnen versuchen. Stets finden wir eine Art »Arbeitsteilung« von Verhaltensgeboten und Verboten, die sich als jeweils besonderes Gefüge sozialer Rollen beschreiben läßt.

Drittens. – Wir sprachen von Normstrukturen – einem Gefüge aufeinander bezogener sozialer Rollen –, die soziale Einheiten (Gruppen, Kollektive) kennzeichnen. Aus der alltäglichen Erfahrung ist uns geläufig, daß der Einzelne mehreren sozialen Einheiten zugehört, Träger mehrerer sozialer Rollen ist.[7] Diese Vielfalt der Zugehörigkeiten wird oft sogar als ein spezifisch modernes Phänomen gedeutet: als Konsequenz des modernen Pluralismus, der Aufspaltung von Privatheit und Öffentlichkeit, des »Institutionenzerfalls« oder anderer Heimsuchungen, die der Zeitkritiker gerne für sich und seine Zeitgenossen in Anspruch nimmt. Es handelt sich aber keineswegs um ein spezifisch modernes Phänomen. Wir können vielmehr die empirisch überprüfbare These wagen: Jeder Mensch – mit Ausnahme des sehr kleinen Kindes, das noch völlig in der Familie aufgeht, und natürlich mit Ausnahme von Eremitentum u.

6 Vgl. hierzu Merton, Robert K., Bureaucratic Structure and Personality, in: *Social Theory and Social Structure*, Glencoe ²1957, S. 211 f.

7 Leider hat sich eine einheitliche Terminologie und Klassifikation sozialer Gebilde noch nicht durchgesetzt. Ich gebrauche hier »soziale Einheit« (*social unit*) als Oberbegriff für soziale Gruppen und Kollektive. – Dabei möchte ich auf das in der Regel angeführte Begriffsmerkmal des »Wir-Bewußtseins«, »Solidaritäts-Empfindens« oder dgl. verzichten. Es genügt m. E., soziale Einheiten als Gefüge aufeinander bezogener sozialer Rollen zu kennzeichnen. Hiermit ist das Verbindende – die Unterscheidung von »innen« und »außen« – bereits zureichend formuliert. Und zwar nicht nur auf Grund der Bezogenheit der sozialen Rollen aufeinander. Vielmehr steckt in jeder sozialen Rolle bereits eine »Zugehörigkeitshypothese«, die »Mitglieder« im Unterschied zu »Nichtmitgliedern« verbindet und die erst die Formulierung partikularer Rechte und Pflichten legitimiert. (Die Zugehörigkeit zu einem Staatsverband, die Zugehörigkeit zu einer Kernfamilie ist in der Formulierung der sozialen Rolle »Staatsbürger«, »Familienvater« mitgesetzt.)

dgl. –, *jeder Mensch in allen Kulturen, die wir kennen, ist Mitglied mehrerer sozialer Einheiten.* Selbst in australischen Hordenkulturen, in denen sich die lokale Einheit mit der Großfamilie deckt, werden zumindest noch Verwandtschaftsbeziehungen realisiert, die sich auf andere lokale Einheiten ausdehnen. Wir finden also auch hier – im Extremfall – *wenigstens* zwei soziale Einheiten, denen der Einzelne verpflichtet ist – selbst wenn man die Kernfamilie nicht als gesonderte Funktionseinheit betrachtet.

Das geläufige Bild, das dem Einzelnen »die Gesellschaft« gegenüberstellt, ist also irreführend. Der Einzelne ist stets – wenn wir diesen Ausdruck einmal gebrauchen wollen – Mitglied *mehrerer* Gesellschaften. Überall, wo Menschen Ordnungen des Zusammenlebens entwerfen, ergibt sich eine Vielheit sich übergreifender und überschneidender sozialer Einheiten – ein immer wiederkehrendes Formprinzip der Vergesellschaftung. Die Frage, warum dies eigentlich so ist, scheint mir bisher noch nicht befriedigend beantwortet, ja vielleicht noch nicht einmal zureichend eindeutig formuliert worden zu sein.

Ich muß mich darauf beschränken, auf *eine* Konsequenz aufmerksam zu machen. Die Vielheit sich überschneidender und übergreifender Verpflichtungen bedeutet, daß die *Möglichkeit eines Normenkonfliktes* prinzipiell in der *Struktur sozialer Ordnungen* angelegt ist. Es bedarf durchaus nicht unbedingt einer »Wertkrise«, um für den Einzelnen oder für Gruppen Situationen entstehen zu lassen, die von verschiedenen Zugehörigkeitserwartungen verschieden interpretiert werden. Eine latente Interessenkonkurrenz sozialer Einheiten finden wir in allen Kulturen – auch in jenen, die wir für besonders homogen zu halten pflegen.

Vielleicht besteht aber ein Zusammenhang zwischen dem Grade der Unhomogenität der verschiedenen sozialen Verpflichtungen und dem Grade, in dem sich der Einzelne überhaupt als individuelle Existenz bewußt wird. Vielleicht muß die latente Konkurrenz und Konfliktmöglichkeit der sich im Einzelnen überschneidenden Normstrukturen manifest werden, bevor wir die sozialen Bindungen als eine Dimension des menschlichen Lebens reflektieren können und die Distanz der spezifisch individuellen Reflexion auf uns selbst gewinnen. Das hieße, daß eine mittelbare Beziehung besteht zwischen dem Bewußtwerden der Individualität und jenem Formprinzip der Vergesellschaftung, das wir als prinzipielle Vielheit sozialer Einheiten beschrieben haben.

Viertens. – Wir haben bisher davon gesprochen, daß soziale Normen Handlungen und Situationen typisieren; daß Normstrukturen entstehen, welche die Mitglieder einer sozialen Einheit durch ein bestimmtes Beziehungsnetz (von Rechten und Pflichten) miteinander verbinden; daß der Einzelne als Mitglied mehrerer sozialer Einheiten stets Schnittpunkt mehrerer Normstrukturen ist. Es bleibt nun zu fragen, woran man denn eigentlich die »Existenz« von Normen erkennt. Wenn der Begriff der sozialen Normen im Rahmen der Soziologie Bedeutung haben soll, müssen sich empirische Anhaltspunkte für die *Geltung* von Normen finden lassen. Ich habe diese Frage bisher zurückgestellt, weil sie uns zu einem weiteren, vierten Phänomen führt, das nach dem bisher Gesagten besser verständlich zu machen ist.

Die Geltung von Normen kann offenbar nicht einfach mit erwarteten Verhaltensregelmäßigkeiten aller Art gleichgesetzt werden. Es gibt viele erwartete Regelmäßigkeiten – z. B. den Brauch, zu bestimmter Zeit zu Mittag zu essen –, die keineswegs den Charakter der Verbindlichkeit haben. Man kann es ohne weiteres auch anders machen. Von der Geltung einer Norm wollen wir erst dann sprechen, wenn ein Abweichen von solchen erwarteten Regelmäßigkeiten *Sanktionen* gegen den Abweicher auslöst, etwa demonstrative Mißbilligung, Repressalien, Diskriminierung, Strafen. In diesen Fällen *folgen* also auf die abweichende Handlung eines Einzelnen oder Mehrerer *weitere Handlungen* anderer Menschen, die auf jene Abweichung in bestimmter Weise Bezug haben.

Die Grenze zwischen einem Brauch und einer sozialen Norm – einer (verbindlichen) Sitte etwa – läßt sich allerdings nur dann eindeutig ziehen, wenn Präzedenzfälle vorliegen. Nicht nur für den Soziologen, sondern auch für den Handelnden selbst, insbesondere für den Fremden, kann es durchaus in der Schwebe bleiben, ob ein allgemein übliches Verhalten als verbindlich betrachtet wird oder nicht: jedenfalls solange, bis eine Abweichung stattfindet und die Reaktion beobachtet werden kann.

Wer aber sind die »Anderen«, denen wir eben unterstellt haben, daß sie Sanktionen vollziehen? Können wir einfach sagen: diejenigen, die von einer abweichenden Handlung unmittelbar betroffen werden, denen sie schadet, Nachteile bringt? Das wäre vergleichsweise eindeutig, aber allzu vereinfachend. Denn dann müßten wir *jeden* Akt privater Vergeltung als Vollzug einer Sanktion gegen einen

Normbrecher interpretieren. Wer Normbrecher ist, entschiede immer gerade derjenige, der aus irgendeinem Grunde auf Vergeltung sinnt.

Wir kommen also nicht aus ohne den berühmten Dritten. Nennen wir ihn, Theodor Geiger folgend, die »Gruppenöffentlichkeit«.[8] Solange der durch ein abweichendes Verhalten Geschädigte *auf sich allein angewiesen* ist, bleibt seine Reaktion ebenso Privatsache wie das abweichende Verhalten selbst. Erst die Unterstützung durch die anderen, die Gruppenöffentlichkeit, verleiht ihr den Charakter einer Sanktion. Die ersten Spuren einer solchen Unterstützung zeigen sich, wenn die Gruppenöffentlichkeit das abweichende Verhalten *demonstrativ mißbilligt*, dem Betroffenen dagegen einen Vergeltungsakt zubilligt, der vom üblichen Verhalten abweicht, d. h. sich nur als Reaktion auf ein angetanes Unrecht rechtfertigt. Das ethnographische Material, aber auch die alltägliche Beobachtung zeigen uns nun zahlreiche Übergänge von der demonstrativen Mißbilligung bis zur handgreiflichen *Beteiligung* der Gruppenöffentlichkeit an der Sanktion (etwa in Form des sozialen Boykotts) und von hier aus wieder bis zur vollständigen Übernahme des Sanktionen-Vollzuges durch die Gruppenöffentlichkeit. Der letztere Fall setzt allerdings in der Regel bereits die Existenz bestimmter Autoritäten voraus, die die Gruppenöffentlichkeit repräsentieren (des »Anführers« in Spielgruppen, des Familienvaters, bestimmter Vorgesetzter, der »opinion leaders« usw.). Von Rechtsnormen sprechen wir, wenn sich solche Autoritäten zu einer Zentralinstanz ausbilden, die eine angebbare Reihe von sozialen Normen kraft *alleiniger* Sanktionsgewalt schützen.

Es soll uns hier aber nicht auf die Abgrenzung dieses Sonderfalles sozialer Normen, der Rechtsnormen, ankommen. (Man kann den »Schwellenwert« terminologisch natürlich früher oder später ansetzen.) Wichtig ist in unserem Zusammenhang die Einsicht, daß es auch ohne bzw. jenseits der Rechtsnormen eine *empirisch aufweisbare* soziale Normgebundenheit gibt.

Welches Verhalten normativen Charakter hat, wird nicht unbedingt durch verbale Verständigung entschieden; dementsprechend sind soziale Normen auch nicht durch Meinungsbefragungen zu ermitteln. Die soziologischen Kriterien liegen allein in den Handlun-

8 Geiger, *Vorstudien*, S. 33.

gen der Beteiligten. Ob erwartete Regelmäßigkeiten des sozialen Verhaltens normativ interpretiert werden, läßt sich nur an der Reaktion der jeweils »Anderen«, der Gruppenöffentlichkeit und eventuell ihrer Autoritäten und Instanzen ablesen.[9] Entscheidend ist, ob bestimmte Verhaltensweisen gegen offenkundige Abweichungen geschützt werden – und zwar *nicht nur durch diejenigen, die eventuell unmittelbar Schaden erleiden*. Entsprechend ist der *Grad der Geltung* sozialer Normen auch nicht allein von ihrer Befolgung abhängig, sondern (ebenso) auch vom Grad der Bereitschaft, die entsprechenden Schutzfunktionen zu vollziehen; von der Bereitschaft, den Anspruch auf dauerhafte Verbindlichkeit gegen den Normbruch durchzusetzen. Die Normgebundenheit verwirklicht sich also nicht nur in einem Handeln, das zum Ausdruck bringt: »Dies galt und gilt heute«, sondern auch in einer Reaktion, die besagt: »Dies soll in Zukunft wieder gelten«.

Alles, was wir bisher über normatives Verhalten und Normstrukturen gesagt haben, muß also gleichsam in einer *Verdoppelung* gesehen werden. Jeder sozialen Verpflichtung eines Menschen entsprechen Schutzfunktionen anderer. Auch diese Schutzfunktionen sind an die Differenzierung sozialer Rollen und an bestimmte Zugehörigkeitserwartungen geknüpft. Durch die Art, in der wir sie ausüben, in der wir Sanktionen vollziehen, wirken wir ebenso an der Aufrechterhaltung von Normstrukturen mit wie an ihrer Veränderung.

Warum auch an der Veränderung? Wir haben bisher lediglich festgestellt, daß sich die Herausbildung sozialer Normen am Vollzug von Sanktionen erkennen läßt: ein eingespieltes, als üblich erwartetes Verhalten wird als verbindlich geforderte Norm erkennbar, sobald eine Abweichung Sanktionen hervorruft. Ein entsprechender Vorgang läßt sich nun auch beobachten, wenn eine normative For-

9 Die Analysen der Reaktionen auf Normbrüche (und auch im weiteren Sinne: der Präventive gegen Normbrüche) gruppieren sich um das Stichwort »soziale Kontrolle«. Einen wichtigen Beitrag zur Theorie der sozialen Kontrolle gibt Homans, George Caspar, *The Human Group*, New York, 1950. Dt.: *Theorie der sozialen Gruppe*, Köln/Opladen 1960. (»Die spezifischen Kontrollen, das heißt die zwischen Nichtbefolgung einer Norm durch einen Menschen und den verschiedenen Folgen jener Nichtbefolgung bestehenden Beziehungen, sind nicht mehr und nicht weniger als die alten, diesmal differential betrachteten Beziehungen der gegenseitigen Abhängigkeit.« S. 283.)

derung abklingt, ein bestimmtes Verhalten den Charakter der Verbindlichkeit verliert: Abweichungen werden – zunächst zögernd – hingenommen, lösen immer seltener Sanktionen aus, bis sie nach einem Übergangsstadium der Unsicherheit schließlich freigegeben werden. (Anschauliche Beispiele für diesen Prozeß der »Freigabe« ehemals normativ gebundener Verhaltensformen bieten die sogenannten Emanzipationsbewegungen, wie die Emanzipation der Frauen, bestimmter Sozialschichten, Volksgruppen und Völker.)

Schwankungen des Sanktionen-Vollzuges können uns also als Seismograph dienen, an dem sich Veränderungen der Normstrukturen ablesen lassen. Aber damit erschöpft sich nicht die Bedeutung dieses Phänomens. Der Sanktionen-Vollzug zeigt nicht nur Veränderungen an, er ist selbst der labilste, störungsempfindlichste Teil des normativen Handlungssystems. Und zwar vor allem deshalb, weil er in der Regel zwar selbst eine normative Verpflichtung, aber eine normative Verpflichtung geringeren Grades ist. Der primäre Rechtsbruch wird im allgemeinen schärfer verurteilt als die Verletzung der entsprechenden Anzeigepflicht, das unmoralische Verhalten schärfer als der Mangel an Entrüstung. Auch dieses Nicht-Reagieren *kann* natürlich wieder Gegenstand von Sanktionen werden. Man wird aber – etwas schematisch vereinfachend – sagen können, daß der Verbindlichkeitsgrad solcher sekundären oder tertiären Reaktionen sukzessive abnimmt. Der Verzicht auf Sanktionen trägt zwar ebenso zur Veränderung von Normstrukturen bei wie der primäre Normbruch. Aber er ist gewöhnlich ungefährlicher, bequemer, oft auch weniger sichtbar. Daher pflegt bei der Mehrheit der Beteiligten das Abklingen der Geltung einer Norm darin zum Ausdruck zu kommen, daß sie auf Übertretungen nicht mehr reagieren, also handeln, indem sie gar nichts tun. Hier setzt z. B. die (bewußte oder unbewußte) Taktik an, mit der sich Gewaltherrschaften etablieren. Die Mehrheit der Bevölkerung wird zunächst nicht zum Bruch primärer Normen verleitet, sondern demoralisiert, indem man sie am Vollzug von Sanktionen gegen den Normbruch zu hindern versucht – ihr also das Reagieren überhaupt abgewöhnt. Der Prozeß der Demoralisierung greift zunächst die Bereitschaft an, die dauerhafte Verbindlichkeit einer Norm gegen den Normbruch zur Geltung zu bringen. Die Bereitschaft zur *Aktion* wird vorbereitet durch den Verzicht auf die *Reaktion*. Das ist gemeint, wenn wir den Sanktionenvollzug als den labilsten, störungsempfindlichsten Teil des normativen Handlungsysstems bezeichnen.

Fünftens. – Soziale Normen sind tradierbar. Jede Erziehung hat das Ziel, bestimmte Normeninhalte von einer Generation auf die andere weiterzugeben. Das gelingt oft höchst mangelhaft. *Daß* es aber gelingen *kann* und wohl nie *vollkommen* mißlingt, ist eine Bedingung der Möglichkeit jeder Kontinuität sozialer Lebensformen und Verhaltensmaßstäbe.

Stellen wir wiederum die Frage: *warum* kann das gelingen? Auch diesmal läuft die Antwort auf eine Binsenwahrheit hinaus. Aber darum geht es ja hier gerade: unter dem vielen, was uns im sozialen Leben selbstverständlich erscheint, einige derjenigen Selbstverständlichkeiten zu finden, die es wirklich sind. Wie also kann Erziehung das Ziel erreichen, soziale Normen zu tradieren?

Die Vererbung löst dieses Problem nicht. Eine »Übernahme« bestimmter Normen kann offenbar nur dann erfolgen, wenn das Kind die Verhaltenserwartungen, die an es gestellt werden, nicht nur befolgt, sondern eben: *über-nimmt,* d. h. die Ansprüche, die von außen an es herantreten, zu Ansprüchen an sich selbst macht. Das setzt keineswegs eine reflektierte Morallehre voraus. Das »Sollen« kann durchaus an bestimmte Handlungen und bestimmte Situationen gebunden bleiben. Wir unterstellen auch nicht, daß die Befolgung sozialer Verpflichtungen sich stets auf moralische Motive zurückführen ließe. Persönliche Interessen, Furcht vor Sanktionen und ähnliches werden häufig mitspielen, oft sogar ausschlaggebend sein. Darüber hinaus aber kann eben die Vorstellung, daß ein bestimmtes Tun oder Lassen »an sich« verbindlich sei, Handlungsmotiv des Menschen werden. Und diese Vorstellung des an sich Verbindlichen ist lehrbar und lernbar. Nur daher hat es Sinn zu sagen, daß der Mensch das Wesen ist, das *sollen kann.*

Das allgemeinste und gleichzeitig wohl wichtigste Kennzeichen dieser Lernbarkeit von Sollansprüchen scheint mir nun darin zu liegen, daß wir Verpflichtungen *habitualisieren* können. Oder, um es bildhafter auszudrücken: Sollansprüche können aus einer Zumutung von außen zu einer »Selbstverständlichkeit von innen« werden. Ebendiese Umsetzung ermöglicht, daß wir Sollansprüche befolgen, ohne sie zu reflektieren, – was jede Alltagserfahrung bestätigt. Es wäre daher falsch gefragt, wenn wir jedes Phänomen der Normgebundenheit *entweder* auf Eigeninteressen *oder* auf bewußte Norm-

Orientiertheit – oder auf eine Mischung von beidem zurückzuführen versuchten. Und es ist ebenso irreführend, Gewohnheiten und Normgebundenheit alternativ gegenüberzustellen. Gewohnheit ist häufig »gelerntes Sollen«. Und umgekehrt: daß Sollansprüche lernbar und insbesondere habitualisierbar sind, drückt sich ebendarin aus, daß sie den Charakter des »Ohnehin«, des Unproblematischen, des Sich-von-selbst-Anbietenden erhalten können. Sie können zu einer Antwort werden, der keine Frage mehr vorauszugehen braucht.

Ich möchte hier abbrechen und mit einer allgemeinen Überlegung über die Art der Fragestellung schließen, die ich ein Stück weit verfolgt habe. Um weiterzugehen, wären vor allem analoge Untersuchungen der Über- und Unterordnungsphänomene des menschlichen Zusammenlebens notwendig, des Einflusses, der Macht, der Herrschaft und schließlich: der Gewalt – jenes schwer ergründbaren Phänomens, in dem sich im Extremfall der höchste Grad von Realität im vital-physischen Sinne mit dem höchsten Grad an Abstraktheit im sozialen Sinne verbinden kann.

Die Fragestellung, um die es hier geht, ist diejenige nach den Bedingungen der Möglichkeit menschlichen Zusammenlebens. Wie ist, um die Wendung Durkheims zu gebrauchen, die »Tatsache Gesellschaft« möglich? Wie ist es möglich, daß Menschen sich mit einiger Sicherheit und Dauerhaftigkeit aufeinander einstellen können?

Ich halte diese Frage für beantwortbar. Und zwar deshalb, weil Menschen nicht *zueinander* kommen können, ohne einen *Prozeß der Formung dieses »Zueinander«* auszulösen.[10] Der Gestaltungsprozeß der Formung des Zueinander aber geht ein oder besser: geht durch Verfestigungen, Gehäuse, Kristallisationen, Institutionalisierungen hindurch. Es gibt *Bedingungen* dieser Formung des Zueinanders, Konstruktionsprinzipien der »Gehäuse« des menschlichen Zusammenlebens, die wir mitsetzen und mitsetzen müssen, wenn

10 Dies ist bekanntlich der Grundgedanke der Soziologie Georg Simmels, dem ich mich hier auch in der Formulierung anschließe; vgl. *Soziologie 4*, Berlin 1958, S. 5. Über die Mißverständnisse, die mit der Abstempelung der Leistungen Simmels als spezifisch »formaler« Soziologie verbunden sind: Tenbruck, Friedrich H.: Georg Simmel in: *Kölner Zeitschrift für Soziologie und Sozialpsychologie*, X, 1958, S. 587-614.

wir dem Chaos des Beziehungslosen ein Stück Land abgewinnen. Diese Bedingungen lassen sich finden – und zwar hinter den Geläufigkeiten und Trivialitäten des Alltags, die uns den Blick auf das Unabdingbare im sozialen Leben eher zu verstellen als zu schärfen pflegen.

Gewiß kann man menschliches Zusammenleben ebenso als unvollständige »Integration« wie als unvollständige »Desintegration« beschreiben. Unsere Fragestellung unterstellt keineswegs die Existenz einer »absoluten Ordnung«, die ebenso eine Fiktion ist wie die alte Formel des Krieges aller gegen alle. Sie bezieht sich, um dies noch einmal zu verdeutlichen, auf jene Leistungen der sozialen Produktivität des Menschen, die unser Zusammenleben um einen Teilstrich über das Willkürliche, Zufällige, Unvorhersehbare erheben. Wir können nicht wissen, wo die Grenzen der Fähigkeit des Menschen liegen, sich selbst sozial zu definieren. Aber wir können, glaube ich, wissen, welche Bedingungen aller Erfahrung nach mitgesetzt werden müssen, wenn Menschen sich »sozial feststellen«.

Verhaltensorientierung und Verhaltensnormierung

1. Verhaltensorientierung – Verhaltensnormierung

»Gesellschaft« – was wir mit diesem Begriff alles meinen und meinen könnten, ist uferlos. Mindestens aber unterstellen wir, daß mehrere Menschen aufeinander bezogen sind, indem sie ihr Verhalten aneinander orientieren. Ebenso meinen wir mit Vergesellschaftung als Prozeß mindestens auch, daß mehrere Menschen ihr Verhalten irgendwann aneinander zu orientieren beginnen und daß diese Orientierung sukzessive intensiver und umfassender wird.

Ich »orientiere« mein Verhalten an einem andern, heißt nicht, daß ich tue, was der andere will. Aber ich treffe die Entscheidung über das, was ich tue oder lasse »in Rücksicht« auf die Existenz, auf das vergangene oder zukünftige Verhalten des anderen, und lasse mich mehr oder minder von dieser Rücksicht bestimmen. Das scheint ein relativ einfacher Sachverhalt zu sein. Aber, etwas genauer besehen, ist dieses »Orientieren« von Menschen aneinander ein immens voraussetzungsreicher und verwickelter Vorgang. Man denke nur an die Fähigkeit, die Perspektiven eines anderen zu übernehmen und die Welt, einschließlich sich selbst, mit den Augen dieses anderen zu sehen.

Dieses und manch anderes Phänomen der Verhaltensorientierung lasse ich im folgenden außer acht. Ich konzentriere mich auf vier Aspekte der Verhaltensorientierung, an denen sich die Verknüpfung von Verhaltensorientierung und Verhaltensnormierung dartun läßt.

(1) Wir orientieren unser Verhalten nicht nur an einem bereits vollzogenen Verhalten anderer: Dies hat der andere getan, also tue ich jenes. Wir warten das Tun und Lassen des anderen nicht immer ab, um dann darauf zu antworten. Wir richten uns vielmehr wesentlich auch nach dem *erwarteten zukünftigen Verhalten* anderer. Wir orientieren uns an etwas, was noch gar nicht passiert ist, oder – dies soll hier eingeschlossen sein – an etwas, von dem wir noch nicht wissen können, ob es schon passiert ist. Verhaltensorientierung bedeutet also nicht nur Orientierung an »vollendeten Tatsachen«, an etwas

sichtbar Evidentem, sondern auch Orientierung aufgrund von Erwartungen, Vermutungen, Hypothesen.

Die Notwendigkeit solcher Zukunftsorientierung im täglichen Leben kann man sich leicht klarmachen. Nur wenige Handlungen lassen sich ausschließlich als Reaktionen auf vollendete Tatsachen deuten oder als vollkommen solipsistisch, sinnerfüllend ausschließlich im Rückbezug auf die Aktion selbst. Das meiste, was wir tun – das Erhabenste wie das Gemeinste – gewinnt seinen Sinn erst durch den Bezug auf erwartete zukünftige Handlungen anderer. Es hat nur Sinn, auf die Straßenbahn zu warten, wenn man unterstellen kann – nun, zum Beispiel: daß sie anhalten wird. Die Prognose über das Verhalten des Trambahnfahrers ist die Prämisse unseres Wartens. Erweisen sich solche Prämissen als falsch, machen sie rückwirkend unser eigenes Verhalten »falsch«. Bleiben die korrespondierenden Handlungen anderer aus, laufen unsere eigenen Handlungen ins Leere.

Stellen wir uns eine Gesellschaft vor, in der jedes Mitglied nur dann agiert, wenn es seine Aktion als eine Antwort auf bereits vollzogenes Handeln anderer ausrichten kann. A handelt nur reaktiv auf B, B nur auf C usw. Man kann dieses Modell so komplex konstruieren, wie man will, es kommt heraus, daß zu einem bestimmten Zeitpunkt immer nur einer agiert und die anderen abwarten, was dieser eine tun wird bzw. was diejenigen, die noch vor ihm drankommen, demnächst tun werden. Das wäre eine schlangestehende Gesellschaft. Agiert wird jeweils nur am Kopf der Schlange. Wenn niemand wagt, sich auf Hypothesen zu verlassen über das, was der andere tun wird, dann müssen alle ihre Aktivitäten so lange stornieren, bis der jeweilige Vordermann seinen Part gespielt hat. Offensichtlich wäre dies eine außerordentlich langsame Gesellschaft.

Kehren wir zu Gesellschaften zurück, wie wir sie kennen: Wir leben ständig in der Voraussicht auf noch nicht vollzogene Handlungen anderer, die wir voraussehen und *voraussetzen*. Diese in der Zukunft erwarteten Handlungen anderer sind Teil unserer jeweils gegenwärtigen sozialen Realität. Sie sind Prämissen dessen, was wir *jetzt* tun. Und umgekehrt sind unsere zukünftigen Handlungen Bestandteil der Unterstellungen, auf denen das gegenwärtige Verhalten anderer beruht. Was wir voraussichtlich, was wir vermutlich tun werden, ist für andere als Prämisse ihrer jetzigen Entscheidungen bereits bare Münze. Jede Gesellschaft lebt auf Kredit.

Bedingung dieses Sich-Verlassens auf zukünftiges Verhalten anderer ist Vertrauen. Wo Vertrauen fehlt, sind nur sehr begrenzte, rudimentäre Vergesellschaftungen möglich. Im Extremfall völligen Mißtrauens müssen sich die Interaktionen der Partner auf strikt kontrollierbare Gleichzeitigkeit der korrespondierenden Handlungen beschränken. Ein Beispiel ist die Schwarzmarktsituation. Ich muß in der rechten Hand meine Ware so lange festhalten, bis ich mit der Linken die Ware des andern ergriffen habe. Wir ziehen beide gleichzeitig und lassen gleichzeitig los. Dies jedenfalls ist der Typus der Interaktion, der noch möglich ist, wenn man sich nahezu nichts mehr wechselseitig kreditiert. Ähnliche Schwierigkeiten beherrschen die internationalen Abrüstungsverhandlungen. Jede Seite glaubt auf vollkommener und strikt kontrollierter Gleichzeitigkeit bestehen zu müssen. Ungleichzeitigkeit gilt als lebensgefährlich. Der fehlende Kredit zwingt zur Beschränkung auf sehr rudimentäre Koordinationen, die technisch Gleichzeitigkeit erlauben.

Ich fasse zusammen. Wenn wir Gesellschaft als Konglomerat wechselseitiger Verhaltensorientierungen beschreiben, setzen wir voraus, daß diese Orientierung wesentlich auch das erwartete zukünftige Verhalten der jeweils anderen einbezieht. Das wiederum setzt voraus, daß man einigermaßen enttäuschungsgesicherte Erwartungen aufbauen kann, also Vertrauen, Kredit hat. Ist dies nicht möglich, bleiben die Handlungsbezüge gleichsam auf Schrumpfformen der Vergesellschaftung beschränkt. Gesellschaftliche Bezüge von einiger Intensität und Extensität erfordern, daß man mit »Außenständen« rechnen kann: Das noch ausstehende Handeln der jeweils anderen muß eine Voraussetzung gegenwärtiger Handlungen sein können.

(2) Wie können wir unser Verhalten wechselseitig voraussehen? Indem wir es wechselseitig voraussehbar machen. Wir machen unser Verhalten voraussehbar, indem wir es Regelmäßigkeiten unterwerfen. Verhaltensorientierung als Verhaltenserwartung beruht im wesentlichen auf der Möglichkeit, mit *Verhaltensregelmäßigkeiten* rechnen zu können, also damit, daß sich in bestimmten Situationen ein bestimmtes Verhalten gleichartig wiederholt. »Unser Verhältnis zur Welt ist an einem einzigen Faden aufgehängt, der Regelmäßigkeit der Erfahrung« (Pirandello). Speziell auch unser Verhältnis zum Handeln anderer.

Das Vertrauen, das so wesentlich für jede engere Koordination des Verhaltens ist, meint zunächst und vor allem auch dies: darauf vertrauen, daß der andere sich an erwartbare Regelmäßigkeiten hält. Wenn er dies ausnahmsweise einmal nicht tut, kann er es mir wenigstens vorher mitteilen, damit ich mich auch auf die Abweichung einrichten kann. (Die ausdrückliche Verständigung, die Mitteilung ist wesentlich auch eine Methode, Voraussehbarkeit in Ausnahmesituationen herzustellen.)

Wie Verhaltensorientierung weitgehend auf Voraussicht beruht, so beruht Voraussicht im gesellschaftlichen Alltag auf Verhaltensregelmäßigkeiten, mit denen man vertrauensvoll rechnen kann. Solche Verhaltensregelmäßigkeiten aber fallen nicht vom Himmel, nur wenige sind dem Menschen mit verläßlicher Sicherheit angeboren. Die Regelmäßigkeit menschlichen Verhaltens ist überwiegend nicht von Natur aus fixiert, sondern artifiziell. Sie ist ein Konstrukt – nicht einfach »der Gesellschaft«, wohl aber jeweils bestimmter Gesellschaften. Wir produzieren diese Konstrukte, auf die wir uns in unserem Verhalten festlegen und festgelegt werden, jeweils neu und in scheinbar unendlichen Variationen.

Daß erwartbare Verhaltensregelmäßigkeiten überwiegend Konstrukte bestimmter Gesellschaften sind, bedeutet auch, daß hier nicht Gleichartigkeiten im photographischen Sinne oder gar Identitäten gemeint sein können. Es ist ja offenkundig, daß wir uns auch in stereotyp wiederkehrenden Konstellationen, etwa bei Begrüßungen oder beim Einkaufen oder im Straßenverkehr, nicht jedesmal exakt gleich verhalten. Aber wir tun in wesentlichen Punkten so ziemlich das gleiche. Was nun die »wesentlichen Punkte« sind, was als »so ziemlich das gleiche« gilt, auf welche Merkmale der Situation und des Verhaltens es ankommt, das zu entscheiden, dies entschieden zu haben gehört zur gesellschaftlichen Konstruktion sozialer Verhaltensregelmäßigkeiten.

Die Konstruktion sozialer Verhaltensregelmäßigkeiten bedeutet also eine *Gleichsetzung* von Verhaltensabläufen in *gleichgesetzten* Situationen. Solche Gleichsetzungen beruhen auf Abstraktionen, auf der Heraustrennung bestimmter Merkmale aus einem Kontinuum von Umständen und Aktionen. (Entscheidend für die Situation »Kreuzung« und »Linksabbiegen« ist nicht, ob es regnet oder die Sonne scheint, ob ich mir eine Zigarette anzünde oder es sein lasse, wohl aber z. B., ob ich den Blinker bediene oder es vergesse.)

Zusammenfassend: Soziale Verhaltensregelmäßigkeiten sind ein Konstrukt, das auf einer sozialen Verabredung über bestimmte Abstraktionen beruht. Wir lernen diese Abstraktionen im gleichen Zuge verstehen, in dem wir lernen, worauf es in bestimmten Situationen sozial ankommt.

Übrigens sind soziale Verabredungen über Abstraktionen dieser Art keineswegs nur eine Sache konventionellen, kollektiv standardisierten Verhaltens. Auch die Selbstdarstellung von Individualität rechnet letztlich damit, daß andere verstehen, welches Verhalten in welchen Situationen von dieser einen, besonderen Persönlichkeit erwartet werden darf. Und auch die Erwartung solcher besonderen Verhaltensregelmäßigkeiten kann sich nicht bilden, wenn nicht eine Verständigung darüber zustande kommt, worauf es bei der Gleichsetzung von Verhaltensabläufen ankommt, – mögen die Abstraktionen, die solche Gleichsetzungen konstituieren, noch so subtil sein.

Freilich kann die Bindung der Aktionen an bestimmte Verhaltensregelmäßigkeiten in verschiedenen sozialen Lebensbereichen verschieden streng sein. Alle Gesellschaften, die wir kennen, scheinen auch einen Freiraum extremer Entbindung von Verhaltensregelmäßigkeiten zu haben, einen Bereich, in dem sich die Akteure sogar wechselseitig konzidieren, daß sie ihr Verhalten möglichst unvoraussehbar machen dürfen: den Freiraum der Spiele, speziell der Wettspiele. Auch im Wettspiel gelten zunächst Regeln, Grenzen des Freiraums. Aber innerhalb dieser Grenzen ist es erlaubt – das gehört zur spezifischen Ratio des agonalen Spiels –, den anderen in die Irre zu führen. Dabei bauen sich auch im Spiel aus Zweckmäßigkeit und Gewohnheit bestimmte Verhaltensregelmäßigkeiten auf, mit denen die Kontrahenten wechselseitig zu rechnen beginnen. Aber gerade dies, daß sich Erwartungen an ein bestimmtes Verhalten binden, bietet die Chance, den anderen durch plötzliche Abweichungen hereinzulegen. Darauf beruht die Strategie des Bluffens, des »Auf-dem-falschen-Fuß-Erwischens«, darauf beruht der Witz des Spiels. Wir spielen mit der Voraussehbarkeit, mit den Erwartungen der anderen, mit Verhaltensregelmäßigkeiten. Wir spielen mit Grundkategorien der Vergesellschaftung.

Das aber bezeichnet unleidlicherweise gerade den gesellschaftlichen Ernstfall, die Alltäglichkeit der Verhaltensorientierung: daß wir nicht spielen dürfen. Nicht spielen mit den Erwartungen der anderen, und das heißt: nicht spielen mit dem Angebot von – sozial konstruierten – Verhaltensregelmäßigkeiten, das anderen die Orientierung an unserem Tun und Lassen ermöglicht.

(3) Verhaltensorientierungen, so haben wir bisher überlegt, schließen in Vergesellschaftungen von einiger Intensität stets auch Orientierungen am erwarteten zukünftigen Verhalten anderer ein, beruhen also auf Hypothesen. Diese Hypothesen gewinnen eine mehr oder minder große Sicherheit durch die Möglichkeit, mit Verhaltensregelmäßigkeiten rechnen zu können. Aber »rechnen« wir nur mit Verhaltensregelmäßigkeiten? Was passiert, wenn wir uns verrechnet haben? Wenn der andere etwas ganz anderes tut, als wir unterstellt haben? Wir sind meist nicht nur überrascht. Wir sind enttäuscht, verstimmt, verärgert, verbittert, wütend oder – falls etwas Befürchtetes nicht eintritt – erleichtert. Wir reagieren enttäuscht oder erleichtert, weil wir an dem erwarteten Verhalten interessiert waren.

Dieses Interesse zeigt sich nicht erst post festum. Versteht sich unser Interesse an einem bestimmten Verhalten anderer nicht von selbst, kann es nicht als bekannt vorausgesetzt werden, dann geben wir es dem anderen, wenn irgend möglich, rechtzeitig zu verstehen. Wir signalisieren die Hoffnungen und Befürchtungen, die wir mit bestimmten Verhaltenserwartungen verbinden. Wir signalisieren sie verbal, gestisch, mimisch, als Bitten, Wünsche, Forderungen, als Drohungen und Versprechungen.

In beiden, in den enttäuschten oder erleichterten Reaktionen und in den Aufforderungssignalen, tut sich kund, daß wir mit einem erwarteten Verhalten nicht nur im Sinne einer rein kognitiven Orientierung »rechnen«. Wir kalkulieren nicht nur bestimmte Verhaltensweisen als Wahrscheinlichkeiten ein. Unsere Verhaltenserwartungen sind, um es in einem Wort zusammenzufassen, *desiderative Erwartungen.*

Das versteht sich eigentlich von selbst. Schließlich ist unser gesamtes Verhältnis zur Realität, in der wir leben – die Art, wie wir uns Realität zurechtlegen – von Wünschen und Befürchtungen geleitet. Besonders menschliches Verhalten, das in irgendeiner Weise in unsere Lebenswelt hineinreicht, können wir kaum registrieren, ohne es zugleich an Maßstäben der Wünschbarkeit zu messen. Diese Maßstäbe reflektieren natürlich nicht nur individuelle Präferenzen, sondern wesentlich auch allgemeine gesellschaftliche Werte, Glaubensgewißheiten, moralische Prinzipien, Legitimitätsvorstellungen, Leistungsideale. Das Gewünschte wird gleichsam beschwert durch das Gewicht des sozialen Sollens.

Wenn wir von »desiderativen Erwartungen« sprechen, so konstatieren wir eigentlich nur, daß sich dieser höchst allgemeine Tatbestand speziell auch auf die Erwartungen, die unsere Verhaltensorientierungen aktuell bestimmen, überträgt. Es ergibt sich freilich in diesem speziellen Fall eine Verschärfung, und zwar aus zwei naheliegenden Gründen.

Erstens sind wir natürlich an einem Verhalten, das unsere eigenen Entscheidungen und Entscheidungsmöglichkeiten mitbestimmt, das uns also unmittelbar betrifft, besonders interessiert. Befürchtungen und Wünsche werden hier virulent, Wertungen werden emotionalisiert, moralische Appelle unmittelbar herausgefordert. Zweitens haben wir, soweit wir uns am erwarteten zukünftigen Verhalten orientieren, bereits selbst bestimmte Handlungen investiert. Diese Handlungen verlieren, wie bereits besprochen, ihren Sinn, wenn die Erwartungen – als Prämissen unserer Handlungen – nicht zutreffen. Sie verlieren nicht nur ihren Sinn, sie laufen nicht nur ins Leere, sondern sie erweisen sich eventuell auch als destruktiv. Ich gehe bankrott, wenn ein Käufer, für den ich eine Ware hergestellt habe, sie nicht abnimmt. Meine Orientierung an einem Verkehrsteilnehmer, der die Regeln nicht einhält, erweist sich als lebensgefährlich. Stellt sich heraus, daß ich mich auf den Freund nicht verlassen kann, wird mir rückwirkend vieles obsolet, was ich selbst getan habe.

Der desiderative Charakter von Verhaltenserwartungen kann also sowohl durch den unmittelbaren Wert bestimmt sein, den das Verhalten anderer für uns haben kann, wie auch durch den mittelbaren Wert, den das Verhalten anderer dadurch gewinnt, daß wir es unseren eigenen Handlungen zugrunde gelegt haben. Im ersten Fall ist die direkte Betroffenheit durch ein fremdes Verhalten ausschlaggebend; der zweite ergibt sich erst aus der Tatsache, daß wir aufgrund einer Erwartung selbst etwas getan haben.

Beide Fälle werden meist ineinandergreifen. Sie können aber auch unabhängig voneinander Bedeutung gewinnen. So kann die Entwertung des eigenen Handelns sogar dann eine Rolle spielen, wenn wir dem erwarteten Verhalten des anderen kaum einen Wert zugeschrieben haben. Verabrede ich ein Treffen und gehe ich zum

Treffpunkt, dann will ich natürlich, daß der andere auch kommt. An dem verabredeten Treffen mag mir wenig gelegen sein, es ist mir nur aufgeschwätzt worden. Aber ich lege Wert darauf, daß ich durch einen Erwartungsirrtum nicht zu einer zwecklosen Handlung verleitet werde. Wenn der andere nicht kommt, ärgert mich nicht primär, daß er nicht gekommen ist, sondern daß ich gekommen bin, obwohl er nicht da ist.

Halten wir fest: Die Erwartungen, die Verhaltensorientierungen bestimmen, sind überwiegend mehr als ein bloßes Wahrscheinlichkeitskalkül. Wir wollen, was wir erwarten, oder wir befürchten es. Verhaltenserwartungen sind meist desiderativ. Sie sind verbunden mit Wertungen, Wünschen, Forderungen.

(4) Wir beschreiben zwei Handlungen, wenn wir sagen, daß *A* sich in seinem Verhalten am zukünftig erwarteten Verhalten von *B* orientiert und daß *B* ihn enttäuscht. Diese beiden Handlungen sind natürlich nur ein kleiner Ausschnitt aus eventuell langen Handlungssequenzen. Man könnte solche Sequenzen weiterverfolgen. Zumindest eine weitere Frage aber sollten wir noch stellen, weil sie für den Charakter vieler Verhaltensorientierungen bedeutsam ist: Was tut *A*, wenn *B* ihn enttäuscht? *A* wird zweifellos oft seine Enttäuschung so zum Ausdruck bringen, daß *B* davon erfährt. Das kann zunächst in Form einer bloßen Mitteilung geschehen. Die Mitteilung kann sich zur Klage verschärfen, die Klage zur Anklage, die Anklage schließlich zu handfesten physischen oder materiellen Gegenreaktionen. Erreicht die Anklage bzw. die Gegenreaktion eine gewisse Schärfe und Eindeutigkeit – die genaue Abgrenzung muß uns hier nicht interessieren –, sprechen wir von Sanktionen. *A* reagiert auf die ihn enttäuschende Handlung von *B* mit einer *Sanktion* gegen *B*.

Die Sanktion bringt die Ablehnung des Verhaltens von *B* zum Ausdruck. Sie hat oft auch den Zweck, einen angerichteten Verlust rückgängig zu machen oder auszugleichen. Häufig wird sie auch die Wahrscheinlichkeit einer Wiederholung der enttäuschenden Handlung von *B* reduzieren.

Diese dritte mögliche Handlung in unserer Sequenz, die Sanktion, ist nicht nur irgend etwas, was gelegentlich auch mal passieren kann. Vielmehr ist die Wahrscheinlichkeit einer sanktionierenden Reaktion von *A* im Fall der Enttäuschung, seine *Sanktionsbereit-*

schaft, häufig ein wesentliches Element seiner Verhaltensorientierung. *A* handelt, sich an *B* orientierend, unter der Prämisse, daß *B* etwas Bestimmtes tun wird, *und zugleich* unter dem Vorzeichen, daß er sich eine eventuelle Abweichung von *B* nicht gefallen lassen wird. Dieses Vorzeichen kann sich mit dem desiderativen Charakter der Verhaltenserwartung verbinden. »Ich will, daß du so handelst« kann offensichtlich auch heißen: »Du wirst nicht folgenlos anders handeln.« Das klingt nach imperativer Härte und finsterer Entschlossenheit. Doch solche Imperative stecken in den Verhaltensorientierungen der harmlosesten Routinebeziehungen. Sie stecken auch in den engsten menschlichen Bindungen.

In beiden Beziehungstypen ist es meist nicht nötig, eine Sanktionsbereitschaft ausdrücklich als Sanktionsdrohung zu artikulieren. Sie versteht sich von selbst und bestimmt »wortlos« die Verhaltensentscheidung von *B*, wie unbewußt und wie umweghaft auch immer, ebenso wie die Verhaltensorientierung von *A*.

Der Vollzug von Sanktionen und vielleicht erst recht das Signalisieren von Sanktionsbereitschaft, die Sanktionsdrohung, sind zweifellos Machtfragen. Aber nicht nur der Stärkere kann mit Sanktionen drohen, sondern häufig auch der Schwächere, – und sei es nur mit passivem Widerstand, mit einer Reduktion seiner Dienstwilligkeit. Wenn es nötig wird, weil es sich nicht von selbst versteht, läßt sich in der Regel auch von unten nach oben »irgendwie zu verstehen geben«, daß man bestimmte Erwartungsenttäuschungen nicht reaktionslos hinnehmen wird. Da wir alle, schon aus Altersgründen, irgendwann einmal der Schwächere und irgendwann der Stärkere sind, beherrschen wir ein listenreiches System verdeckter Verständigung über die Imperative des Schwächeren.

Natürlich gibt es Machtbeziehungen – und es gibt die »Übermacht der Verhältnisse« –, die jede Gegenreaktion und vor allem auch jede Ankündigung einer Gegenreaktion praktisch ausschließen. Aber wo in einer Beziehung noch ein Gran Freiwilligkeit und Bewegungsfreiheit enthalten ist, gibt es auch Enttäuschungsreaktionen, gibt es Sanktionsbereitschaft. Diese Sanktionsbereitschaft wird dann in jeden einigermaßen bedeutsamen Akt der Verhaltensorientierung eingehen. Soweit wir frei handeln können, können wir auch negativ reagieren. Soweit wir negativ reagieren können, bestimmt diese spezifische Chance – die ja auch eine Chance des Schadenersatzes und der Abschreckung ist – auch die Bindungen mit, die wir eingehen, wenn wir unser Verhalten am Verhalten anderer orientieren.

Nicht in jedem Fall orientieren wir uns an einem noch nicht vollzogenen, an einem *erwarteten zukünftigen Verhalten* anderer. Aber Vergesellschaftung von einiger Intensität setzt voraus, daß wir auch und wesentlich auch in der Voraussicht auf zukünftiges Verhalten anderer handeln können. Nicht in jedem Fall orientieren wir uns an *Verhaltensregelmäßigkeiten*, mit denen wir vertraut sind. Aber wenn dies nicht möglich wäre – wenn jede Voraussicht neu kalkuliert werden müßte –, wäre es unmöglich, im sozialen Zusammenleben Selbstverständlichkeiten zu begründen, die unsere Verhaltensentscheidungen entlasten. Nicht in jedem Fall ist unsere Verhaltenserwartung *desiderativ*. Vor allem dann nicht, wenn die Entscheidung über unser eigenes Verhalten nur geringfügig von der Orientierung an fremdem Verhalten abhängt und weitgehend von unabhängigen Präferenzen bestimmt ist. Aber eine gesellschaftliche Bindung, in der uns etwas wichtig ist, in der wir und andere etwas wollen, ist ohne dieses voluntaristische Moment der Verhaltensorientierung nicht denkbar. Nicht in jedem Fall ist Verhaltensorientierung mit *Sanktionsbereitschaft* verknüpft. Aber die Entschiedenheit zur Reaktion auf Enttäuschungen kann nur in einer Gesellschaft von interesselosen Wesen oder von Engeln oder von Sklaven fehlen.

Ein Verhalten, das wir als *zukünftiges Verhalten* erwarten können; ein Verhalten, das bestimmten *Verhaltensregelmäßigkeiten* entspricht; ein gesolltes, *desideratives* Verhalten; ein Verhalten, das mit einem *Sanktionsrisiko* bei Abweichungen verbunden ist: Offenkundig sind dies die vier Kennzeichen, die im allgemeinen mit dem Begriff der *sozialen Norm* verbunden werden. Wir haben diese vier Kennzeichen einzeln besprochen, aber es liegt auf der Hand, daß sie miteinander verbunden sind und in dieser Verbindung die Orientierung des Verhaltens am Verhalten anderer weitgehend bestimmen.

Am Beginn dieser Überlegungen stand die Feststellung, daß der Begriff der Gesellschaft – was immer wir sonst damit meinen mögen – mindestens auch eine wechselseitige Verhaltensorientierung der beteiligten Akteure unterstellt. Verhaltensorientierung aber schließt Verhaltensnormierung ein. Indem wir das, was wir tun, an erwarteten Verhaltensregelmäßigkeiten anderer ausrichten und diese Orientierung desiderative und sanktionsbereite Dringlichkeit gewinnt, normieren wir das Verhalten anderer, normieren wir unser Verhalten wechselseitig. Wenn dies evident ist, können wir auch sagen: Der Begriff der Gesellschaft unterstellt stets eine *Verhaltensnormierung* der handelnden Personen. Oder mit Durkheim: Jede Gesellschaft ist eine moralische, eine moralisierende Gesellschaft.

Daß dies so ist, läßt sich aus den Merkmalen der Verhaltensorientierung ableiten.

2. Bemerkung zur Definition

Es gibt natürlich zahlreiche Normdefinitionen. Gemeinsam ist allen Vorschlägen, soweit ich sehe, daß sie sich in irgendeiner Form auf die vier besprochenen Phänomene oder auf einige dieser Phänomene beziehen. Besonders viele Varianten bieten sich bei der Fassung der »desiderativen Erwartungen« an. So werden häufig weitere Eingrenzungen gefordert: etwa die Beschränkung auf Erwartungen, über die in einem bestimmten sozialen Bereich ein Consensus besteht; oder die Beschränkung auf Erwartungen, denen bestimmte soziale Werte zugeordnet werden können. Hier besteht kein Grund, diese möglichen Varianten durchzugehen und ihre relativen Vorzüge und Nachteile zu diskutieren. Für die eigene definitorische Entscheidung ist zu überlegen, auf welche der vier besprochenen Phänomene wir unsere Begriffsmerkmale beziehen wollen. Denn es ist offenkundig unpraktisch, den Normbegriff an vier Merkmale zu binden. Das würde uns bei jeder Verwendung des Begriffs zu dem Nachweis verpflichten, daß alle vier Voraussetzungen für seine Anwendung vorliegen. Damit würden wir uns eine Beweislast oder doch Demonstrationslast aufbürden, der wir in zahlreichen Fällen aus Mangel an Informationen nicht gewachsen wären. Der Begriff würde so unbeweglich werden, daß er für empirisch orientierte Argumentationen – geschweige denn empirische Forschungen – kaum noch brauchbar wäre.

Ich reduziere die (Nominal-)Definition der Norm auf die Merkmale »Verhaltensregelmäßigkeiten« und »Sanktionen«. (Hier ist der Vollzug von Sanktionen gemeint, nicht Sanktionsbereitschaft oder Sanktionsdrohung.) Die Anwendung des Begriffs soll also *unabhängig von dem Nachweis* möglich sein, daß diese Verhaltensregelmäßigkeiten tatsächlich von einem bestimmten Personenkreis zukünftig erwartet werden und daß sie desiderativ erwartet werden (oder gar bestimmten Werten entsprechen, die alle Beteiligten anerkennen).

Worauf diese Entscheidung beruht, dürfte klar sein: auf dem Prinzip, die definitorische Fassung von Phänomenen an möglichst äußerliche, relativ zugängliche klar erfaßbare Merkmale zu binden.

Was für dieses Prinzip der »größtmöglichen Äußerlichkeit« spricht, ist seit Durkheim oft wiederholt worden. Mich bestimmt vor allem das Bemühen, eine Begriffssprache zu finden, die den Brückenschlag zwischen allgemeiner soziologischer Theorie und empirischen Forschungen fördert.

Verhaltensregelmäßigkeiten und der Vollzug von Sanktionen sind als Handlungen bestimmter Art relativ klar abgrenzbar und relativ eindeutig erfaßbar. Oft wird schon die bloße Beobachtung genügen. Vielleicht kann man sogar sagen, daß ein so gefaßter Begriff der sozialen Norm zu den prägnantesten soziologischen Grundbegriffen gehört, die denkbar sind.

Wir schalten aus unseren Fragestellungen die »innere Realität« der Norm keineswegs aus. Das Verhältnis von sanktionsbekräftigten Verhaltensregelmäßigkeiten, von Normen, zu diesen inneren Realitäten – zu Erwartungen, Sollforderungen, Wertvorstellungen, Motiven – ist freilich in unserer Definition nicht von vornherein fixiert. Es bleibt als ein variables Verhältnis offen für die verschiedensten Fragen. Zum Beispiel: Entsprechen in einer bestimmten Gesellschaft bestimmte faktisch normierte Verhaltensweisen den proklamierten Werten? Ist es überhaupt sinnvoll, einzelne Werte und Normen in einen deduktiven Zusammenhang zu bringen, – unter welchen Umständen, in welchen Kulturen? Frägt jede Kultur, wie es uns geläufig ist, nach dem »Wert hinter der Norm?« Werden normierte Verhaltensweisen immer auch subjektiv erwartet, werden sie stets »desiderativ« erwartet? Von wem? Wovon hängt es ab, ob normierte Verhaltensweisen von Sollvorstellungen ganzer Gruppen getragen werden? Und selbstverständlich: Wie kommt Normkonformität, wie kommt abweichendes Verhalten zustande, welche Motivationen spielen unter welchen Bedingungen welche Rolle?

Der Bezugspunkt solcher Fragestellungen sind Normen im hier definierten Sinne. Damit ist über die Fragerichtung, die Fragetendenz eine Entscheidung gefallen. An den normbezogenen »inneren

Realitäten« interessiert uns vor allem ihr Verhaltensbezug, ihre Verhaltensrelevanz. Was tragen sie dazu bei, daß etwas so und nicht anders *getan* wird?

Zu dieser Fragetendenz trägt wohl auch eine Präferenz bei, die über methodische Begründungen hinausgeht: Gesellschaft interessiert hier vornehmlich als etwas, was passiert, im Zusammenhang mit der Tatsache, daß Gesellschaft etwas ist, das Zähne hat, die beißen können.

3. Die Fragestellung

Allgemeine soziologische Theorie, so wie sie hier verstanden wird, bezieht sich nicht auf eine bestimmte Gesellschaft, sondern auf »Gesellschaft«. Dies geschieht in dem gleichen Sinne, in dem die Biologie nicht nur spezifische Organismen erforscht, sondern auch Theorien über »den« Organismus entwickelt oder die Linguistik sich nicht nur für einzelne Sprachen, sondern auch für die Struktur »der« Sprache interessiert. »Gesellschaft« als Thema meint hier, wie der Vergleich bereits nahelegt, nicht irgendein Ding an sich, sondern den Bezug auf alle Gesellschaften, die wir kennen (selbstverständlich einschließlich der Naturvölkerkulturen), und damit auf Gesellschaft, »so, wie wir sie kennen«. Allgemeine soziologische Theorie versucht, Gesichtspunkte zu finden – und in Grundbegriffen zu formulieren –, die auf das Gemeinsame in der Verschiedenartigkeit historischer Gesellschaften, auf das Wiederkehrende im Wandel der Erscheinungen abzielen. Sie schafft so auf höchster Abstraktionsstufe eine Vergleichsebene für die Charakteristik spezifischer Sozialstrukturen, – nicht anders wie eine Theorie der »industriellen Gesellschaften« auf niedrigerer Abstraktionsstufe eine Vergleichsebene vorschlägt für die Charakteristik der besonderen Sozialstrukturen etwa der USA und der UdSSR.

Man kann nun den Bezug auf das Gemeinsame aller Gesellschaften, die wir kennen, in der Form eines *Problems* formulieren, das sich in jeder Gesellschaft notwendig ergibt. (Etwa die »Reduktion von Komplexität«). Die Art, wie dieses Problem gelöst wird, charakterisiert dann die Besonderheit bestimmter Gesellschaften. Auch ich gehe von einem solchen Grundproblem aus: dem Problem der Normierung sozialen Verhaltens. Aber es soll der Versuch gemacht werden, den Universalitätsanspruch, der in der Formulierung des Problems liegt, zu konkretisieren. Der Schlüsselbegriff der sozialen Norm und die mit ihm zusammenhängenden Grundbegriffe sollen so gefaßt werden, daß sie als Prädikate in *widerlegungsfähige Universalitätsthesen* eingesetzt werden können.

Die einfachste dieser Thesen lautet: »In allen Gesellschaften gibt es soziale Normen.« Damit wird behauptet (im Sinne einer Negation eines sogenannten ›universellen Es-gibt-Satzes‹): Es gibt keine Gesellschaften, in denen sich keine sozialen Normen entwickelt haben. Der Satz wäre also durch ein Gegenbeispiel widerlegt. Die Widerlegungsfähigkeit solcher Sätze – die Chance, die Abwesenheit bestimmter Phänomene nachzuweisen – hängt natürlich von der Präzision und Greifbarkeit der benutzten Begriffe ab.

Wesentlich scheint mir, daß durch dieses Verfahren empirische Kriterien auch in die Überlegungen zur allgemeinen soziologischen Theorie eingeführt werden. Der Anspruch eines universalen Bezugs soll beim Wort genommen werden können.

Wie immer aber der Bezug auf das Gemeinsame aller Gesellschaften formuliert wird, es ist in jedem Fall sinnvoll, einen Schritt weiterzugehen und zu versuchen, die Fruchtbarkeit der entwickelten Gesichtspunkte für die Charakteristik besonderer Sozialstrukturen ausdrücklich zu demonstrieren. Die notwendigerweise höchst abstrakten Überlegungen sollten sich so explizieren lassen, daß ihr analytischer Wert einsichtig wird.

Ist damit die Intention einer allgemeinen soziologischen Theorie ausreichend charakterisiert? Zielt die Formulierung von Grundbegriffen wirklich nur darauf ab, eine Vergleichsebene für die Charakteristik spezifischer Sozialstrukturen zu konzipieren? Grundbegriffe, so haben wir gesagt, sollen das Gemeinsame aus der Verschiedenartigkeit historischer Gesellschaften herausheben. Ist mit diesem Gemeinsamen aber nicht zugleich etwas Fundamentales gemeint, so etwas wie »Grundbedingungen« oder wie »Elemente« der Vergesellschaftung? Natürlich. Das Vokabular soziologischer Grundbegriffe »hält uns die grundlegenden Tatbestände jeder Gesellschaft vor Augen« (Tenbruck) oder versucht es zu tun. Allgemeine soziologische Theorie ist, ausgesprochen oder unausgesprochen, von der Idee geleitet, die fundamentalen Prinzipien menschlicher Vergesellschaftung zu ergründen. Zu ergründen also, um es weniger trocken zu sagen, was die Gesellschaft im Innersten zusammenhält oder, vielleicht noch anspruchsvoller, was sie im Innersten bewegt.

Wie sich eine solche Intention methodisch rechtfertigen läßt und ob dies überhaupt möglich ist, sei hier dahingestellt. Aber da ich diese Intention oder Illusion auch teile, sollen im folgenden die Grundgedanken kurz zusammengefaßt werden, die mich leiten oder verleiten, eine Idee dieser Art zu verfolgen.

(1) Jedes Auf-Dauer-Stellen menschlichen Zueinanders impliziert einen Prozeß des Feststellens, des Sich-gegenseitig-Feststellens. Verhalten wird standardisiert. Solche Standardisierungen werden ausgebaut zu Gehäusen des menschlichen Zusammenlebens, die unabhängig von den vergesellschafteten Individuen und ihren Intentionen erfaßbar sind.

(2) Von den begrifflichen Abstraktionen, mit denen man Objektivationen des menschlichen Zusammenlebens zu begreifen versucht, scheint mir die Abstraktion, die im Begriff der Norm zusammengefaßt ist, die eindeutigste und zugleich die umfassendste. Nicht alle Standardisierungen des Verhaltens haben normatives Gewicht. Aber sie gewinnen mit einiger Wahrscheinlichkeit normatives Gewicht, sobald sie für das Zusammenleben bedeutsam und zugleich gefährdet, also schutzbedürftig sind. Normen durchdringen die alltägliche Existenz des Menschen. Normen strukturieren auch die großen Bezüge menschlicher Vergesellschaftungen, die umfassenden Institutionen und Verbände. Normen heben sich schließlich durch die »Beschwerung« mit Sanktionen besonders prägnant ab aus dem Kontinuum sozialer Verhaltensweisen.

(3) Norm*inhalte* sind offensichtlich nur in einem geringen Ausmaß biologisch fixiert. Das gilt auch von der Normierung besonders körpernaher, körperbestimmter Verhaltensweisen: der Beziehung der Geschlechter, der Altersgruppen, dem Verhältnis zum Tod. Auch hier finden sich eklatante Unterschiede zwischen verschiedenen Kulturen. Die entsprechende Relativitätserfahrung ist alt. Sie beginnt mit Herodot. Dennoch führten die ethnosoziologischen Bestandsaufnahmen dieses Jahrhunderts zu einer neuen Überraschungswelle, an die einige Zitate erinnern sollen:

»Eine der wichtigsten und weitreichendsten Schlußfolgerungen, zu denen die Anthropologie des 20. Jahrhunderts geführt hat, ist die Relativität kulturbedingter Werte und die immense Variabilität, die sich in den spezifischen kulturellen Formen der verschiedensten menschlichen Gesellschaften findet.« (Hallowell) Der Kulturvergleich »hält dem Menschen einen großen Spiegel vor, in dem er sich selbst in seiner unermeßlichen Variabilität erblickt«. (Kluckhohn) »Es ist die wundervolle Flexibilität kultureller Verhaltensmuster, die sie zum Meisterstück der Natur machen.« (Wissler) »Die unerhörte Anpassungsfähigkeit des Menschen« ist »die vielleicht bedeutendste Einsicht, zu der die moderne Anthropologie gelangt ist« (Hoebel).[1] Diese Erfahrung führt bei Lévi-Strauss dazu, das Inzest-Tabu, in dem er die einzige universale Norm sieht, als einzigartige Verbindung der biologischen und der kulturellen Existenz des Menschen zu interpretieren. Als *Norm* sei das Inzest-Tabu der Kultur zuzuordnen, als *universale* Norm aber der Natur. Denn alles Universale sei beim Menschen naturbedingt, und alles kulturell Geschaffene per se relativ.[2]

Halten wir zunächst fest, was sich offenkundig aus dieser Variabilität der Norminhalte ergibt: Menschliches Verhalten ist in immens verschiedener Weise *normierbar*; wie man von einer »Weltoffenheit« gesprochen hat, so kann man auch von einer »Normierungsoffenheit« des Menschen sprechen. Der Mensch ist aber auch, von der aktiven Seite her gesehen, in höchst variabler Weise *normierungsfähig*; er kann die inhaltlich verschiedensten Selbstfestlegungen entwerfen.

Da Normen nicht nur Verhaltensweisen bestimmen, sondern auch die Antriebsstruktur, die Bedürfnisse, Zielsetzungen und Motivationen, weist der Variabilitäts-Befund in einem umfassenderen Sinne auf eine generelle Formbarkeit und Formungsfähigkeit des Menschen hin.

Normierung, Formung sind Produkte gesellschaftlicher Gestaltungen, soziale Selbstdefinitionen des Menschen. Die Variabilität dieser sozialen Selbstdefinitionen bringt ein drittes, analoges Begriffspaar zum Ausdruck: In den unermeßlich verschiedenartigen

1 Hallowell, A. Irving, *Culture and Experience*, London, Bombay, Karachi 1955, S. 235; Kluckhohn, Clyde, *Mirror of Man*, New York 1949, S. 11; Wissler, Clark in: Fried, Morton A., *Readings in Anthropology*, Bd. II, New York 1959, S. 37; Hoebel, E. Adamson, *Das Recht der Naturvölker*, Olten, Freiburg i. Br., S. 19.

2 Lévi-Strauss, Claude, *Les Structures élémentaires de la parenté*, Paris 1949.

Objektivationen von Vergesellschaftungsprozessen zeigt sich die *soziale Plastizität* und *soziale Produktivität* des Menschen. Wir sind in den Zwängen des sozialen Zusammenlebens in unglaublicher Weise prägbar, knetbar, modifizierbar, und wir können die unglaublichsten sozialen Prägeformen des homo sapiens kreieren.

(4) Wie normierungsoffen Menschen auch immer sein mögen, – ist es notwendig, *daß* wir unser Zusammenleben durch Normierungen stabilisieren? Sind Menschen *normierungsbedürftig*? Sind wir einem *Normierungszwang* unterworfen?

Von einer immensen Normierbarkeit und Normierungsfähigkeit kann man in einem rein beschreibenden Sinne sprechen. Die Behauptung einer Unumgänglichkeit von Normierungen (in auf Dauer gestellten Vergesellschaftungen) erfordert eine anthropologische Argumentation.

Anthropologische Argumentationen gruppieren ihre Argumente in der Regel um drei Phänomene: Die relative Instinktentbundenheit des Menschen (bzw. positiv: seine Weltoffenheit und Lernfähigkeit), Selbstbewußtsein und Sprache. Nun wäre es sicher irrig, aus diesen Phänomenen die zwingende Normativität der sozialen Existenz des Menschen *ableiten* zu wollen, – so als sei Selbstbewußtsein oder Sprache etwas Primäres, aus dem sich Normativität als ein Phänomen zweiter Ordnung ergäbe (»sozialanthropologische« Merkmale als Anhängsel der »eigentlich« anthropologischen). Aber es läßt sich, wie mir scheint, mit hoher Plausibilität zeigen, daß ein zwingender *Zusammenhang* besteht zwischen einem Normierungszwang und denjenigen Phänomenen, die wir traditionell als anthropologische Kennzeichen verstehen, Instinktentbundenheit, Selbstbewußtsein, Sprache. Solange wir diese Kennzeichen als nicht wegdenkbar aus der Existenz des Menschen betrachten, so lange müssen wir auch einen Zwang, eine unumgängliche Bedürftigkeit unterstellen, soziales Verhalten zu normieren.[3] Zwang, soziales Verhalten zu normieren, heißt: Zwang, Verhalten als Verhaltensregelmäßigkeit zu standardisieren, und zwar so, daß diese Standardisierungen einerseits durch soziale Imperative festgestellt, stabilisiert sind und andererseits übertretbar und veränderbar bleiben.

3 Neuerdings: Trotha, Trutz von, Exzentrische Positionalität, Norm und Abweichung. Sozialphilosophisch-soziologische Überlegungen über die Universalität von Norm und Abweichung, in: *ARSP*, 1978/3 ff.

(5) Der Inhalt, das *Was* sozialer Normen ist hochgradig variabel; zwingend ist, *daß* Menschen ihr Verhalten normieren. Wir können hinzufügen: Dieser Normierungszwang, so scheint es, ist ein Zwang *bestimmter* Art. *Wie* Menschen die Leistung sozialer Normierung vollbringen, ist nicht beliebig, sondern offenbar bestimmten Gesetzmäßigkeiten unterworfen. Gesetzmäßigkeiten, die sich darin kundtun, daß sich Normierungen unter den verschiedensten Bedingungen in immer gleichen Formen objektivieren. Das »Gehäuse« menschlichen Zusammenlebens ist gleichsam aus immer gleichen Bauteilen zusammengesetzt.

Diese Bausteine können wir als *Konstrukte sozialer Normierung* bestimmen, – Formierungen sozialer Normierung, die sich als Regelungsprinzipien begrifflich erfassen und als Verhaltensmuster bestimmter Art nachweisen lassen. In ihnen gewinnt die normative Konstruktion aller Vergesellschaftung Gestalt.

Es sind diese Konstrukte sozialer Normierung, auf die sich die früher erwähnten Universalitätsthesen beziehen. Wir behaupten, daß sie als Regelungsprinzipien in allen Gesellschaften wirken und daß sich folglich die entsprechenden Verhaltensmuster universal nachweisen lassen.

Offen bleibt, ob sich diese Konstrukte als »Normierungszwänge *bestimmter* Art« in anthropologische oder in geschichtsphilosophisch-evolutionistische Begründungszusammenhänge bringen lassen.

Universale Konstrukte sozialer Normierung

1. Gesellschaft

In diesem Kapitel sollen Thesen formuliert werden, die für alle uns bekannten Gesellschaften gelten. Diese Thesen sollen empirisch überprüfbar sein. Wir dürfen daher »Gesellschaft« nicht als Feld-, Wald- und Wiesenbegriff gebrauchen. Es muß klar sein, auf was sich Einwände beziehen können.

Für eine genauere Bestimmung ist zweierlei zu bedenken.

Erstens müssen wir »Gesellschaft« als *umgrenzbares* soziales Gebilde, als erkennbare Einheit bestimmen.

Zweitens sollten wir sehr lockere, sporadische soziale Gruppierungen ausschließen. Die Konstrukte sozialer Normierung, deren Universalität wir postulieren wollen, stecken wohl im Keim, in Ansätzen, Vorformen, auch in den unverbindlichsten menschlichen Interaktionen. Sie prägen sich aber erst in sozialen Interdependenzen deutlicher aus, die einen gewissen *Intensitätsgrad* erreicht haben. (Daß eine soziale Interdependenz »intensiv« ist, zeigt sich unter anderem daran, daß der einzelne nur noch wenig Sinnvolles tun kann, ohne bestimmte Handlungen der anderen zu unterstellen.)

»Gesellschaft« – das ist also die Intention – soll ein als Einheit umgrenzbares soziales Gebilde mit einem gewissen Intensitätsgrad sozialer Interdependenz heißen. Wie läßt sich diese Intention präzisieren?

Zur Erfüllung der ersten Bedingung genügt das Kriterium, das wir schon zur Definition sozialer Einheiten herangezogen haben: Es muß sich um Gruppierungen handeln, die »nach außen geschlossen« sind. Die Zugehörigkeit zu solchen Gruppierungen ist an bestimmte Bedingungen geknüpft, entweder an Merkmale, die der Person zugeschrieben werden (wie Geschlecht, Verwandtschaft, Nationalität, Religionszugehörigkeit), oder an bestimmte Leistungen, die besonders erbracht werden müssen, z. B. an materielle Beiträge, an geistige oder physische Qualifikationen. Mit einer Schließung nach außen werden Grenzlinien gezogen, die nicht ohne weiteres überschritten werden können.

Als zweite Bedingung führen wir ein, daß diese sozialen Einheiten sich wenigstens zum Teil biologisch selbst rekrutieren, die Nachkommen in ihren Kreis aufnehmen und sich so biologisch und sozial fortzusetzen versuchen.[1] Eine soziale Einheit dieser Art gewinnt nicht nur eventuell von außen neue Mitglieder, die bestimmte Bedingungen erfüllen, z. B. durch Einheirat; sie hat es mit einem sehr besonderen Phänomen des Aufnehmens zu tun: der Integration »endogener Neuankömmlinge«. Das erfordert eine enorme Konzentration von Leistungen und sozialer Aufmerksamkeit. In solchen Einheiten ist daher ein Intensitätsgrad sozialer Interdependenz, der für unsere Zwecke ausreicht, mit Sicherheit zu unterstellen.

»Gesellschaft« nennen wir also jede nach außen geschlossene soziale Gruppe, die sich wenigstens zum Teil biologisch selbst rekrutiert und die Neugeborenen sozial integriert.

Nach dieser Definition können auch kleinere soziale Einheiten wie Familienverbände, Sippen, Stämme als Gesellschaften bezeichnet werden. Man kann die Grenzlinien aber auch ausdehnen und den Gesellschaftsbegriff z. B. auf politische Verbände oder auf Kulturen im ethnosoziologischen Sinne beziehen.

2. Allgemeine Normen

Gesellschaften im definierten Sinne sind Vergesellschaftungen von hoher Intensität, die auf Dauer hin angelegt sind. Solche Gebilde unterliegen mit Sicherheit einem Normierungszwang. Als Universalitätsthese formuliert: In allen Gesellschaften gibt es soziale Normen.

Diese grundlegende Behauptung läßt sich differenzieren. Denn es entstehen unter den verschiedensten gesellschaftlichen Bedingungen stets bestimmte Konstrukte sozialer Normierung, die sich hinreichend eindeutig als besondere Verhaltensphänomene abgrenzen lassen.

Das erste dieser Konstrukte sozialer Normierung, deren Universalität wir postulieren, ist das Konstrukt »allgemeine Normen«:

1 Ähnlich Aberle, F. u. a., The Functional Prerequisites of a Society, in: *Ethics* 1950/2, S. 101.

(Allgemein sind Normen, die für alle Mitglieder einer Gesellschaft gelten.)

Zum Beispiel: »Niemand darf die überirdischen Mächte beleidigen.« – »Niemand darf gemeinsames Gut zerstören, Eigentum anderer entwenden.« – »Niemand darf ein Mitglied der eigenen Gesellschaft physisch verletzen (von definierten Ausnahmen abgesehen).« – »Alle müssen jedem anderen Mitglied beistehen, das von Fremden angegriffen wird.«

Daß die Erfüllung allgemeiner Normen Kindern erst von einem bestimmten Alter ab zugemutet werden kann, soll ihrer Allgemeinheit im hier verstandenen Sinne keinen Abbruch tun. Schwieriger einzuordnen sind bestimmte Ausklammerungen, etwa die Ausklammerung der Inhaber sakraler Positionen aus sonst allgemeinen Normierungen. Ein Einwand gegen diese These würde sich allerdings nur ergeben, wenn es in einer Gesellschaft *keine* Norm gäbe, von der die Inhaber solcher Positionen nicht auch betroffen wären. Selbstverständlich wird im Fall von Normbrüchen die Wahrscheinlichkeit einer Sanktion vom Status des Normbrechers abhängen. Sanktionsverzichte werden sich häufen, wenn der Abweicher über hohes Prestige oder starke Machtmittel verfügt. Das tangiert aber lediglich den Geltungsgrad einer Norm, genauer: den Grad der Sanktionsgeltung.

Das Bedeutende dieser Niemand-und-alle-, Keiner-und-jeder-Normen liegt in der Konstruktion einer alle Mitglieder umfassenden Gleichheit. Diese Normen abstrahieren von den besonderen Merkmalen der einzelnen Mitglieder, auch von Merkmalen, die sonst eine maßgebende Rolle spielen. Sie *setzen* die Mitglieder gleich. Die bloße Zugehörigkeit – die Zugehörigkeit zur Sippe, zum Stamm, zum Volk – gewinnt einen Eigenwert, der alle Differenzen überschattet. Dieser Eigenwert verleiht auch dem Geringsten als einem, der doch wenigstens dazugehört, eine gewisse Würde. Alle, die das gleiche sollen und das gleiche dürfen, verbindet insofern eine fundamentale Gemeinsamkeit, eine Gemeinsamkeit als »Rechtssubjekt«, eine Gemeinsamkeit im Status des Normadressaten, wie begrenzt, wie unvollkommen auch immer sie realisiert sein mag.

Jede Gesellschaft kennt diese Idee der Gleichheit, jede Gesellschaft hat ihr Gestalt gegeben. Überall, wo Menschen sich dauerhaft vergesellschaften und nach außen abgrenzen, haben sie Binnenräume entwickelt, in denen bestimmte normative Verpflichtungen Gleichheit als Gemeinsamkeit, Gemeinsamkeit als Gleichheit manifestieren. Diese Abstraktion »von allem anderen« muß offenbar geleistet werden können, kann offenbar geleistet werden, wo Menschen normative Gehäuse des Zusammenlebens bewerkstelligen.

Allgemeine Normen können scharfe Kanten haben. Gelten sie *nur* für Mitglieder, so verstärken die Grenzen ihres Geltungsbereichs die wie immer sonst markierten Grenzen einer sozialen Einheit nach außen. Sie verstärken die Mauern, hinter denen die Nichtzugehörigkeit beginnt. Was drinnen für *alle* gilt, gilt jenseits der Mauern für keinen. Der Außenstehende ist demnach derjenige, bei dem gerade das Allgemeinste, das allen Gemeinsame, zu gelten aufhört.

3. Normative Partikularisierung

2.0 In allen Gesellschaften gibt es partikulare Normen.

(Partikular sind Normen, die ein bestimmtes Verhalten lediglich für eine Teilkategorie der Mitglieder einer Gesellschaft verpflichtend machen.)

Das Gefüge gesellschaftlicher Normen differenziert sich so – es fächert sich stets so auf –, daß mehrere Adressatenkategorien mit jeweils verschiedenen Verpflichtungen entstehen. Es bildet sich das Konstrukt der partikularen Norm heraus. Die partikulare Norm trennt auf; sie fixiert ein Nicht-Gemeinsames der Mitglieder; sie konstatiert Ungleichartigkeit und damit in aller Regel wohl auch offene oder verdeckte Ungleichrangigkeit. In Abwandlung des Kommentars zur ersten These können wir sagen: Überall, wo Menschen sich dauerhaft vergesellschaften und nach außen abgrenzen, haben sie Binnenräume entwickelt, in denen bestimmte normative Verpflichtungen Ungleichartigkeit als Nicht-Gemeinsamkeit, Nicht-Gemeinsamkeit als Ungleichartigkeit manifestieren. Diese Abstraktion auf *bestimmte* Unterschiede (keineswegs auf alle physischen oder psychischen Differenzen der Mitglieder) muß offenbar geleistet werden können, kann offenbar geleistet werden, wo Menschen normative Gehäuse des Zusammenlebens bewerkstelligen.

Keineswegs alle physischen und psychischen Differenzen werden, wie gesagt, normativ fixiert. Aber es gibt zwei Differenzen, die in allen Gesellschaften eine normative Partikularisierung herausfordern: die biologisch vorgegebenen Unterschiede des Geschlechts und des Alters. Frauen haben wenigstens zum Teil andere Verpflichtungen als Männer, Erwachsene andere als Kinder. Die jeweiligen Partikularnormen reflektieren freilich nicht einfach die biologischen Unterschiede, sie überformen sie auf höchst verschiedene Weise. Was immer dabei herauskommt, – diese biologischen Gegebenheiten sind offensichtlich ein zwingendes Thema normativer Partikularisierungen.

Partikulare Normen trennen auf; sie sind aber zugleich so verknüpfbar, daß sich aus ihnen bestimmte Beziehungsstrukturen, normative Koordinationen des gesellschaftlichen Zusammenlebens, entwickeln lassen.

2.1 In allen Gesellschaften gibt es Normverklammerungen verschiedener Personenkategorien durch nicht-reziproke Partikularnormen.

Dieses Koordinationsprinzip beruht auf einer Reihe konstruktiver Elemente, die einzeln zu bezeichnen sind.

(a) Zunächst ist zu wiederholen: Das Gefüge sozialer Normen differenziert sich stets so, daß mehrere Adressaten-Kategorien mit jeweils verschiedenen Verpflichtungen entstehen. Damit ist gesagt, daß die Differenzierung sich auf Kategorien von Personen (mit gleichen, gleichgesetzten Merkmalen), nicht auf einzelne Personen bezieht. (Dem widerspricht nicht, daß es Adressaten-Kategorien gibt, die den Charakter von »Ein-Mann-Positionen« haben.) Die Auffächerung der Mitglieder einer Gesellschaft durch Partikularnormen ist also gleichsam eine gebremste Differenzierung; eine Differenzierung, die nicht bis zur Trennung aller einzelnen Individuen vordringt. Daran wird die These 2.2 anknüpfen.

(b) Adressaten-Kategorien, die durch die Differenzierung sozialer Normen entstehen, sind jeweils durch *mehrere* Partikularnormen – durch »Bündelungen« partikularer Normen – gekennzeichnet. Es bilden sich bestimmte Teilmengen partikularer Normen, die als homogen gelten, als so zusammengehörig oder doch wenigstens so vereinbar, daß sie von den gleichen Akteuren bewältigt werden können. Sie definieren als bestimmte Sinneinheiten (als die besonderen

Verpflichtungen, die der Frau oder dem Mann »zukommen«) einen besonderen normativen Status.

(c) Verschiedene Personenkategorien werden dadurch untereinander verbunden, daß jede zugleich als Adressat und Benefiziar partikularer Normen gegenüber der anderen fungiert. Die Verpflichtungen und Ansprüche dieser Personenkategorien definieren sich also wechselseitig. (Bestimmte Partikularnormen der Frau / des Mannes gelten nur im Hinblick auf den anderen als Benefiziar, bestimmte Ansprüche nur im Hinblick auf den anderen als Adressaten.) Aus diesen Normverklammerungen ergeben sich die Beziehungen und Beziehungsgefüge, die man Rollenstrukturen nennt.

(d) Die Verklammerung verschiedener Personenkategorien durch partikulare Normen *kann* reziproke Normen einschließen. (Etwa eine wechselseitige Pflicht der Eheleute zu besonderem Beistand, die über allgemein-normative Beistandspflichten aller Mitglieder hinausgeht: Jeder hat die gleiche besondere Pflicht gegenüber dem anderen.) Dies ist eine mögliche zusätzliche Verbindung. Das dominante Konstruktionsprinzip der normativen Verklammerung verschiedener Personenkategorien aber ist die Verklammerung durch *nicht reziproke* Partikularnormen. (Die Personenkategorie *A* hat andere Pflichten gegenüber *B*, als diese gegenüber *A* hat: Väter haben andere Pflichten gegenüber Kindern als Kinder gegenüber Vätern.)

Eine Verklammerung durch nicht reziproke Partikularnormen stellt eine Verbindung zwischen Personen durch die wechselseitige Bezogenheit ungleichartiger Normen her; durch ungleichartige, aber doch in irgendeiner Weise zueinander passende, aufeinander abgestimmte, sich ergänzende Normen. Das Problem, das sich hier stellt, ist die Koordination verschiedenartiger Leistungen – oder, um das geläufige Schlagwort zu gebrauchen, die Koordination »arbeitsteiliger« Aktivitäten auf normativer Ebene.

Das wirft zunächst die bekannten Organisationsfragen auf, die Fragen eines zweckmäßigen oder auch nur für einige Zeit erträglichen Arrangements, das verschiedene Aktivitäten zu Teilen eines Ganzen zusammenfügt. Aber es geht hier natürlich nicht nur um eine mehr oder minder große technische Effizienz, sondern auch um verschiedene Interessen. Jede Beziehung, die durch nicht reziproke Verpflichtungen bestimmt wird, kann als Tauschproblem erwogen, abgewogen werden. Dann wird entweder die Ungleichwertigkeit der Verpflichtungen und Ansprüche zweier Personenkategorien anerkannt und damit die Legitimationsfrage gestellt. Oder man besteht auf der Annahme einer Gleichwertigkeit – dann stellt sich die Frage der Äquivalenz. Auch hier wird häufig die einfache Regel gelten: Was als äquivalent gilt, bestimmt der Stärkere, – das heißt: Was als äquivalent gilt, bestimmt der, der mehr bekommt.

Entscheidend in unserem Zusammenhang ist die Tatsache, daß sich in allen Gesellschaften Strukturen nicht reziproker Partikularnormen bilden, in denen spezifische Beziehungsformen zwischen Personenkategorien mit normativ ungleichartigem Status fixiert sind. Die Kommunikationsform, die hier vorausgesetzt wird, lernt jeder Mensch: Kommunikationen, in denen die aufeinander bezogenen Rechte und Pflichten sich nicht gleichen. Der andere reagiert nicht spiegelbildlich; er tut mir gegenüber nicht das, was ich ihm gegenüber tue.

2.2 In allen Gesellschaften gibt es Normverklammerungen, die durch reziproke Partikularnormen bestimmt werden.

Dies ist das dritte Koordinationsprinzip gesellschaftlichen Zusammenlebens.

Da die normative Partikularisierung der Gesellschaftsmitglieder nicht individualisiert, sondern kategorisiert, ergeben sich stets Gruppierungen von Personen, die nicht kategorial getrennt sind, Personen mit gleichem normativen Status. In diesen Gruppierungen kann niemand vom anderen etwas erwarten, was dieser nicht von ihm erwarten kann. Die wechselseitigen Verpflichtungen sind gleich. Eine solche Gleichheit kann z. B. zwischen Brüdern bestehen (wenn auch nicht unbedingt zwischen allen Brüdern), zwischen Generationsgleichen gleicher Abstammung, zwischen gleichaltrigen Geschlechtsgruppen, zwischen Kriegern, zwischen Ranggleichen in Arbeitsorganisationen.

Die Gleichheit, die sich hier bildet, ist insular. Die Beziehungen dieser Gleichen bilden Enklaven innerhalb eines Gefüges von Ungleichartigkeiten. Es liegt daher nahe, daß sich Solidarisierungen engerer Art herausbilden, wie etwa Knabenschaften, Männerbünde, Geheimgesellschaften, in denen die Statusgleichheit als das Besondere, Herausgehobene gefeiert wird.

Normverklammerungen durch reziproke Normen müssen freilich nicht unbedingt zu besonders engen Beziehungen führen. Die Beziehungen können auch sporadisch bleiben, etwa zwischen entfernten Verwandten mit gleichem Stellenwert im Verwandtschaftsgefüge. Aber wahrscheinlich wird die Form der Kontakte, der Beziehungsstil, stets die besondere Gemeinsamkeit – die Besonderheit der Gemeinsamkeit – zum Ausdruck bringen.

In allen Gesellschaften lassen sich drei Prinzipien der normativen Koordinierung, drei Beziehungsstrukturen, feststellen: die Koordinierung durch allgemeine Normen, durch nicht-reziproke Partikularnormen und durch reziproke Partikularnormen. Man kann auch von drei Ebenen sprechen, auf denen sich das gesellschaftliche Zusammenleben aufbaut. Auf der ersten Ebene herrscht das Jeder-und-keiner-Prinzip. Hier manifestiert sich eine Zugehörigkeit – zur Sippe, zum Stamm, zum Volk –, an der jeder teilhat. Auf der zweiten Ebene erhält das Anderssein normative Gestalt. Was eine Gesellschaft an wesentlichen Ungleichartigkeiten und Ungleichwertigkeiten, an Grenzen und Distanzen produziert, wird normativ fixiert und in Beziehung zueinander gesetzt. Das Koordinationsprinzip ist die Verklammerung ungleichartiger Verpflichtungen und Ansprüche. Auf der dritten Ebene schließlich wird dem Anderssein eine Gleichheit entgegengesetzt, die spezifisch ist. Es entstehen insulare Reziprozitäten. In diesen Reziprozitäten wird gleichsam das allgemeine Zugehörigkeitsprinzip gleicher Verpflichtungen im Bezugssystem der Partikularisierung noch einmal wiederholt.

4. Integrationsstruktur

Bisher haben wir einzelne normative Bezüge zwischen den Mitgliedern einer Gesellschaft besprochen und die Universalität bestimmter Konstrukte sozialer Normierung behauptet, die diesen normativen Bezügen Gestalt geben.

Die folgende These zielt auf eine komplexere Struktur, auf ein »Positions«-Muster, in dem die bisher besprochenen Konstrukte sozialer Normierung einen bestimmten Stellenwert haben.

3.0 In allen Gesellschaften gibt es eine Integrationsstruktur zur gesellschaftlichen Aufnahme Neugeborener. Diese Integrationsstrukturen weisen bestimmte Muster (Positionsmuster) auf, die sich universal wiederholen.

Alle Gesellschaften sind bestrebt (aus religiösen, aus ökonomischen, aus vielen Gründen), eine Identität in der Zeit, also Kontinuität zu erhalten. Die Risikoschwelle der Kontinuitätserhaltung ist der Generationswechsel, die Aufzucht und Erziehung der Neugeborenen, der »endogenen Neuankömmlinge« der Gesellschaft. Kontinuität erfordert, daß Werte und Normen, Kenntnisse und Fähigkeiten über die Generationsschwelle hinweg transportiert werden können. Eine Gesellschaft bewahrt Kontinuität, insofern sie sich als tradierungsfähig, traditionsfähig erweist.

Um das zu erreichen, ist ein enormer Aufwand erforderlich. Die Sozialisation der Neugeborenen ist eine Aufgabe, auf die ein großer Teil aller Kräfte konzentriert werden muß, – vergleichbar mit dem Aufwand zur Produktion und Beschaffung von Lebensmitteln. Alle Erwachsenen sind unmittelbar oder mittelbar, ganz oder teilweise damit beschäftigt, Kinder an die Kontinuitätskette zu legen.

Offenbar können die spezifischen Kontinuitätsleistungen nicht erbracht werden ohne den Entwurf einer »Integrationsstruktur«.

Integrationsstrukturen lassen sich zunächst in großen Zügen kennzeichnen als spezifische Gefüge *differenzierter, normierter und positionalisierter* Beziehungen. Das Kind, das in ein Aggregat zusammenlebender Menschen hineingeboren wird, findet dieses Aggregat differenziert vor, und zwar *auf sich selbst zu differenziert.* Dem Kind sind eine Fülle verschiedenartiger Beziehungen zugeordnet. Verschiedenartig zum Beispiel nach der Art der Fürsorgehandlungen, nach der Art der Erwartungen an das Kind und den Reaktionen auf sein Verhalten, nach sozialer Nähe und Distanz. Dieses Angebot differenzierter Sozialbeziehungen ist planvoll. Es ist vorgesehen, welche Arten sozialer Beziehungen einem Kind überhaupt zugeordnet werden, wann etwa dies geschehen soll und welche Personen für die verschiedenen Beziehungsarten sorgen.

Die zugeordneten sozialen Beziehungen sind – zu einem erheblichen Teil – im Sinne einer Zuordnung von Rechten und Pflichten *normiert.* Bestimmte Personen haben dem Kind gegenüber bestimmte Verantwortungen, die sich mit dem Alter des Kindes verändern. Ebenso werden den Kindern selbst Rechte und Pflichten zugeordnet, die zu bestimmten Zeitpunkten gegenüber bestimmten Personen fällig werden: etwa zum Zeitpunkt der Initiation, der Arbeitsfähigkeit, der Wehrfähigkeit oder bei Heirat, bei Eintritt von Arbeitsunfähigkeit, beim Tod zugeordneter Personen. Die Gesellschaft legt ihr normatives Netz jedem über die Wiege.

Daß dieses Netz parat liegt, wird durch ein Muster von Stellenwerten, von Positionen (wie »Vater« und »Mutter«) garantiert: Plätze, die zumeist vor der Geburt des Kindes mit den Akteuren besetzt werden, mit denen das Kind normativ verbunden werden soll. Die Strukturierung der Gesellschaft auf das Kind zu ist im Kern, so können wir es ausdrücken, eine Positionalisierung. Das Kind findet das Aggregat zusammenlebender Menschen, in das es hineingeboren wird, auf sich zu *positionalisiert* vor.

Jede Gesellschaft entwickelt also eine Sozialstruktur, die geeignet ist, ihre Nachkommen mit einem differenzierten Angebot von Sozialbeziehungen zu empfangen, Sozialbeziehungen, die zu einem erheblichen Teil normativen Charakter haben und die durch ein Gefüge von Positionen, für deren Besetzung gesorgt wird, fixiert sind. Bestimmte Grundmuster dieser Positionsgefüge kehren in allen Gesellschaften, die wir kennen, wieder.[2]

1. Es wird in jeder Gesellschaft versucht, die Neugeborenen mit Positionen zu verbinden, deren Inhaber als *primäre Bezugspersonen* für die Grundbedürfnisse des Kindes – Stillen, Schutz, Pflege, Trost – sorgen. Sie sorgen damit zugleich auch für die fundamentalen Sozialisationsleistungen, vor allem für die Entfaltung der Kommunikationsfähigkeit des Kindes.

Die Aufgabe kann planvoll auf mehrere Positionen verteilt werden.

Im Regelfall werden zumindest für die ersten Lebensjahre des

2 Es ist häufig der Versuch gemacht worden, universale familiare Strukturen darzustellen, mit besonders reichhaltigem Material z. B. von Murdock, Peter, *Social Structure*, New York 1949. Von Murdock und vielen anderen unterscheidet sich der vorliegende Vorschlag darin, daß er die familiaren Strukturen vom Kind aus sieht, als eine auf das Kind bezogene Integrationsstruktur. Dies scheint mir nicht nur ein möglicher Aspekt unter vielen zu sein. Die Aufgabe der Integration Neugeborener ist zwar nicht die einzige, aber sicher die eindeutigste und zwingendste Herausforderung zur dauerhaften Organisation von Primärbeziehungen. Die Dringlichkeit überpersönlicher und reproduzierbarer Fixierungen von Verantwortungen ist hier so evident wie nirgendwo sonst.

Kindes die Fürsorgeaufgaben dominant von einer einzelnen Frau – der »Ammenmutter« – erfüllt. Ammenmutter ist meist die biologische Mutter.

Zu den primären Bezugspersonen gehört außer den weiblichen mindestens auch eine *männliche Sorge- oder Schutz-Position*, die mit der Position des Kindes *und* mit einer oder mehreren weiblichen Bezugspositionen verbunden ist. (Selbstverständlich ist diese Position faktisch nicht immer besetzt. Die Nichtbesetzung gilt dann aber – selbst bei Matrifokalität als Massenerscheinung – als Defekt, als eine durch extreme Notlagen bedingte Ausfallserscheinung.)

Wie die weiblichen und männlichen primären Bezugspersonen miteinander verbunden sind (ob durch Beziehungen vom Typus der Ehe oder z. B. der Bruder-Schwester-Bindung), ist aus der Perspektive des Kindes und seiner Sozialisation zunächst nicht relevant.[3]

Die Normverklammerung zwischen dem Kind und den primären Bezugspersonen ist stets – sobald dem Kind normative Verpflichtungen auferlegt werden – eine Verklammerung durch nichtreziproke Partikularnormen.

2. Die Verbindung des Kindes mit primären Bezugspersonen schafft stets weitere positionelle Bezüge. Die Positionen »Mutter« und »Vater« oder – sehr häufig – nur eine dieser Positionen haben eine Vermittlungsfunktion. Sie vermitteln für das Kind mindestens Zuordnungen zu ihren eigenen primären Bezugspersonen, also z. B. zum »Vater des Vaters«. Jedem Kind wird damit ein positionelles Bezugssystem zugewiesen, das mindestens *drei Generationen* umfaßt.

Mindestens einige dieser Zuordnungen werden als Abstammungsverwandtschaft interpretiert, mit wiederum besonderen Rechten und Pflichten. Jedes Kind hat *Ahnen*.[4] Es wächst also nicht nur in ein soziales System aktueller Beziehungen hinein, sondern auch in ein System, das ihm eine Herkunftslinie und Herkunftsidentität zuweist, eine Verbindungslinie zu Menschen, die vor ihm da waren und nach ihm kommen werden.

3. Die durch primäre Bezugspersonen und Ahnen gegebene posi-

3 Hierzu der interessante phylogenetische Rekonstruktionsversuch von Tyrell, Hartmann, Die Familie als ›Urinstitution‹: Neuerliche spekulative Überlegungen zu einer alten Frage, in: *Kölner Zeitschrift für Soziologie und Sozialpsychologie* 1978, H. 4, S. 611 ff.

4 Vgl. Commmittee of the Royal Anthropological Institute of Great Britain and Ireland, *Notes and Queriers on Anthropology*, London 1967, S. 75.

tionelle Struktur begründet stets Stellenwerte, die für mehrere Kinder gleich – oder doch in wesentlichen Zuordnungen gleich – sind. Damit werden *»geschwisterliche«* Verbindungen geschaffen, die sich oft weit über den uns vertrauten, kleinfamiliaren Bereich hinaus erstrecken.[5]

Was immer sich aus Altersunterschieden an partiellen Ungleichheiten ergeben mag, – geschwisterliche Verbindungen sind eine strukturelle Basis, sie sind *die* strukturelle Basis, auf der sich Normverklammerungen durch reziproke Partikularnormen ergeben können, – und damit die Grunderfahrung »insularer« Solidarität.

4. Einige der erwähnten, dem Kind zugeordneten Positionen sind stets gemeinsam mit dem Kind – und mehr oder minder zahlreichen anderen Mitgliedern – in besonderen *sozialen Einheiten* zusammengeschlossen (Familien, Sippen, Clans). Für das Kind bieten diese Gruppen mit ihren nach außen geschlossenen sozialen Beziehungen ein »primäres Gehäuse« sozialer Zugehörigkeit. In ihnen begegnet es der Erfahrung des Jeder-und-keiner-Prinzips allgemeiner Normen.

5. In Verbindung mit der Zuordnung von Positionen werden für den Neugeborenen *Herkunftsbeziehungen* zu *Objekten* begründet. Das Kind erhält bestimmte Verfügungsgewalten oder die Teilnahme an Verfügungsgewalten (mit mehr oder minder präzis vorbestimmten Fälligkeitsterminen), z. B. über Behausungen und Haushaltsgegenstände, Wohnterritorium, Land und Vieh, Jagd- und Fischereirechte. Es wird in diesem weitgefaßten Sinne zum »Eigentümer« eines wie immer kleinen Ausschnitts aus der Objektwelt, in die es hineingeboren ist.[6] Damit verbunden und darüber hinaus kann es zum Schutz und zur Pflege von Objekten verpflichtet werden, z. B. auch zu rituellen Diensten, die mit ererbten sakralen Objekten verbunden sind.

Die meisten Sozialbezüge schließen im übrigen irgendwelche Objektbezüge ein (Nachbarn, Genossen, Tauschpartner, arbeitsteilige Kooperationen). Das Besondere der Herkunftsbeziehungen zu Objekten ist die Tatsache, daß hier eine gleichsam apriorische Einfügung in die Objektwelt derjenigen vollzogen wird, denen das

5 Vgl. Radcliffe-Brown, A. R., *Structure and Function in primitive Society*, London ²1956, S. 64 ff. und Fortes, Meyer, Kinship and the Social Order: The Legacy of L. H. Morgan, in: *Current Anthropology* 13, S. 285 ff.

6 Vgl. Hallowell, Irving A., *Culture and Experience*, London, Bombay, Karachi 1955, Kapitel 12.

Kind von Geburt auf zugeordnet ist. Der normative Umweltbezug ist von vornherein eingestrickt in das Netz der Sozialbezüge.

6. Die Integrationsstruktur ordnet dem Kind Sozialbezüge zu, die besonders eng und oft emotional sind. Gerade diese Sozialbezüge sind aber zugleich strikt begrenzt. Sie stehen unter dem partiellen, aber essentiellen Beziehungsverbot des Inzesttabus. Im Endogamieverbot setzt sich diese Begrenzung fort.

Der Kreis der verbotenen Herkunftsbeziehungen ist bekanntlich mehr oder minder eng gezogen. Auch gibt es gewisse Ausnahmen. Aber in irgendeiner Form werden Tabuierungen von Herkunftsbeziehungen stets fixiert, und stets haben sie ein besonderes normatives Gewicht. Die Integrationsstruktur ist mit einer Apodiktik gegen Irritationen geschützt, die beides reflektiert: die hohe Bedeutung dieser Schutzzone wie die Stärke der Gefährdung.[7]

Von den vielen möglichen Begründungen sei hier nur hervorgehoben, daß die Reproduzierbarkeit der Integrationsstruktur von Generation zu Generation als ein Gefüge immer gleicher Bindungen nur durch Exogamie der Heranwachsenden gewährleistet ist. (Die einzige denkbare, aber mit Sicherheit nicht durchsetzungsfähige Alternative wären konstante und genau fixierte Endogamie*gebote*: Der Sohn muß stets seine Mutter heiraten oder stets seine Schwester.)

Soweit zu den Kennzeichen der Integrationsstruktur. Offensichtlich ist folgendes: Die Aufgabe der Sozialisation der neuen Generation erfordert unter allen Umständen – jedenfalls für die phylogenetische Zeitspanne, die wir überblicken – die Konstruktion verfestigter Strukturen, in denen der Neugeborene einen vorgesehenen Stellenwert erhält. Diese Struktur ist so konzipiert, daß das Kind in die Lage kommt, die normativen Grunderfahrungen menschlichen Zusammenlebens zu machen: Es wird mit allgemeinen Normen, mit nicht-reziproken Partikularnormen und mit reziproken Partikularnormen konfrontiert. Diese Struktur ist ferner so konzipiert, daß sie sich von Generation zu Generation in gleicher Form reproduzieren läßt. In allen Gesellschaften, die wir kennen, ist man auf die Idee gekommen, es so zu machen.

7 Eine Bestandsaufnahme bietet Sidler, Nikolaus, *Zur Universalität des Inzesttabus*, Stuttgart 1971. Dazu neuerdings Girtler, Roland, Überlegungen zum Inzesttabu, in: *Kölner Zeitschrift für Soziologie und Sozialpsychologie* 1976, Heft 4. – Die wohl bekannteste Interpretation: Lévi-Strauss, Claude, *Les Structures élémentaires de la parenté*, Paris 1949.

5. Gefüge sozialer Einheiten (Grenznormen)

4.0 In allen Gesellschaften gibt es eine Vielheit durch Grenznormierungen abgehobener sozialer Einheiten, die sich so überformen oder überschneiden, daß jeder einzelne zum Mitglied mehrerer sozialer Einheiten wird.
(Pluralität der sozialen Einheiten – Pluralität der Zugehörigkeiten.)

Das Kind wächst in eine soziale Einheit als sein primäres Gehäuse hinein und macht hier die erste Erfahrung sozialer Zugehörigkeit. Diese soziale Einheit ist gleichsam »nach unten hin« geöffnet, aufnahmebereit für Nachkommen und in ihrer Struktur an der Erwartung von Nachkommenschaft orientiert. Wir behaupten nun weiter, daß sich dort, wo sich Menschen in diesem intensiven und auf Dauer angelegten Sinne vergesellschaften, stets eine Vielfalt sozialer Einheiten entwickelt, ein Gefüge abgegrenzter und miteinander verbundener Gruppierungen. Der Mensch lebt, im Unterschied zum Tier, in mehreren sozialen Kreisen zugleich.

Das heißt konkret: Überall, wo wir soziale Einheiten vom Typus der Familie finden, gibt es auch andere soziale Einheiten, an denen mindestens die erwachsenen Familienmitglieder teilhaben:[8] etwa größere Verwandtschaftsverbände (Sippen, Clans), lokale Einheiten (Dörfer, Städte), territoriale Organisationen bis hin zu politischen Verbänden, Alters- und Gesellschaftsgruppierungen, ökonomische, kriegerische, rituelle Vereinigungen der verschiedensten Art. Diese sozialen Einheiten sind, von der Familie aus gesehen, »überformend«, wenn alle Familienmitglieder an ihnen teilhaben (z. B. lokale Einheiten), »überschneidend«, wenn sie nur einige Familienmitglieder umfassen (z. B. Altersgruppen).

Der Grenzfall sind zweifellos primitive Sammler- und Jägerkulturen. Aber auch hier gliedert sich die Horde in einzelne Familieneinheiten mit besonderen Solidaritäten auf, auch hier gibt es stammesartige Verbindungen zu anderen Horden, die z. B. durch

8 Wenn der Begriff der Gesellschaft auf sehr kleine Einheiten, z. B. auf Familien, angewandt wird – was unsere Definition erlaubt –, versteht es sich von selbst, daß die Formulierung der These »In allen Gesellschaften gibt es ...« im Sinne einer solchen Teilhabe der Gesellschaftsmitglieder an anderen sozialen Einheiten zu verstehen ist.

Tausch- und Heiratskontakte eine gewisse Verbindlichkeit gewinnen.[9]

Warum solche komplexen Gefüge abgegrenzter Zugehörigkeiten entstehen, wo Menschen sich dauerhaft vergesellschaften, muß nicht aus *einem* Grunde erklärt werden. Eine zureichende Plausibilität ergibt sich aus einer Summierung von Hinweisen: etwa auf die vielfältigen Ausdehnungs- und Unterteilungsmöglichkeiten von Abstammungs- und Heiratsverbindungen; auf die Unvermeidlichkeit territorialer Gliederungen und den damit verbundenen Verteidigungsbedarf; auf Zwänge und Opportunitäten ökonomischer Kooperation; auf die Angebote von Alters- und Geschlechtsgleichheiten; auf den Organisationsbedarf zur Erhaltung von sozialen

9 Einen ausgezeichneten Überblick über die Forschungsergebnisse gibt der von Lee, Richard B. und Devore, Irvin herausgegebene Sammelband: *Man the Hunter*, Chicago 1977. Da bei Sammlern und Jägern das Kontinuitäts-Motiv der Vererbung von Land bzw. Vieh fehlt, ist damit zu rechnen, daß sich soziale Bindungen generell weniger verfestigen. Dennoch gelten die hier formulierten Thesen auch für diese Kulturstufe. Dazu einige Stichworte. Daß sich allgemeine Normen in den Lebensgemeinschaften einzelner Horden herausbilden (These 1) ist von vornherein zu erwarten; durch die egalitäre Struktur der Horden wird diese Tendenz noch verstärkt. Nicht reziproke Partikularnormen (These 2,1) prägen sich in der Arbeitsteilung der Geschlechter markant aus. Frauen sammeln, Männer jagen. Murdock nennt diese Arbeitsteilung bei Sammlern und Jägern »erstaunlich uniform« (S. 335). Evident ist auch die Ausbildung spezifischer Gleichheiten im Sinne reziproker Partikularnormen (These 2,2). Die Geschwisterschaft hat eine sozial hervorragende Bedeutung – oft ausgedehnt, wie wir es auch sonst kennen, auf Vettern und Cousinen. Zwischen Geschwistern bilden sich besondere Solidarbeziehungen, die z. B. ausschlaggebend sein können für die Zusammensetzung der Horden, für die Wahl der Jagdgenossen, für besondere Hilfeleistungen. Schließlich haben sich auch Integrationsstrukturen im dargestellten Sinne ausgebildet (These 3), übrigens mit einem erstaunlichen Variantenreichtum bei ähnlichen ökonomischen Bedingungen. Generell sind natürlich die »Herkunftsbeziehungen zu Objekten« (3,5) bei nomadischen Freibeutern stark beschränkt; verhältnismäßig vage sind häufig die Deszendenzregeln und entsprechend wohl die Herkunftsbeziehungen über drei Generationen (3,2). Im Zusammenhang mit der vierten These fällt auf, daß bei einigen Sammlern und Jägern die Zusammensetzung der einzelnen Horden außerordentlich instabil ist. Es kommt häufig zu Trennungen, einzelne oder Teilgruppen wechseln zu anderen Horden (vgl. besonders Turnball, S. 132 ff.) Die Fluktuation ist häufig so hoch, daß sich die Frage stellt, ob die einzelne Horde überhaupt noch als »nach außen geschlossene« Gruppe anzusehen ist. Aber wie bei der Auswahl der neuen Gruppen deutlich Präferenzen bestehen – man wechselt mit Vorzug zu Horden, in denen sich bereits Geschwister oder Eltern oder Kinder befinden –, so wird auch die Aufnahmebereitschaft der

Rangunterschieden. In allen diesen Fällen werden Solidaritäten begründet, Bindungen, die gegenseitige Hilfe gewährleisten, und die wechselseitige Anerkennung eigenartiger sozialer Bestimmtheiten (der Abstammung, des lokalen Lebensbereichs, der Arbeit, des Alters, des Geschlechts, des sozialen Ranges). Zur Begründung solcher Solidaritäten sind unzählige Anlässe denkbar – am eindeutigsten natürlich Gefährdungen, Verunsicherungen, die spezielle Interessen erkennbar machen. Man kann aber wohl auch allgemein, unabhängig von besonderen Anlässen, ein Streben nach sozialer Nähe und Verläßlichkeit, nach Vertrautheit und Einverständnis annehmen, das sich an alle Merkmals-Gleichheiten knüpft, die sich anbieten.

In unserem Zusammenhang ist vor allem der normative Charakter von Solidaritäts-Gefügen bedeutsam, also die Tatsache, daß die verschiedenen sozialen Einheiten normativ voneinander abgegrenzt sind. Wir nennen Normen, die solche Abgrenzungen unmittelbar oder mittelbar markieren, Grenznormen.

Unmittelbare Abgrenzungen werden in erster Linie als Zulassungsbedingungen fixiert. Die Zulassung wird entweder an bestimmte Merkmale gebunden, die der Person zugeschrieben werden, z. B. an die soziale Herkunft, oder an bestimmte Leistungen, die erbracht werden müssen, z. B. kriegerische Bewährung. In beiden Fällen sind die Bedingungen in der Regel normativ bekräftigt. Das zeigt sich vor allem in Abwehr- und Ausschlußaktionen. Der unqualifizierte Versuch, in eine soziale Einheit einzudringen, wird abgewiesen; der Eindringling, der versucht, sich in fremdem Territorium niederzulassen, wird herausgebissen. Stellt sich erst nachträglich die mangelnde Qualifikation heraus, wird die Zugehörigkeit, etwa durch Versagen im Kampf, vertan, kommt es zu Scherbengerichten in den verschiedensten Formen. Oft ist die Abwehr nicht möglich, der Herauswurf nicht opportun. Dann bleibt der

einzelnen Horden nicht uferlos, sondern an bestimmte Qualifikationen gebunden sein.

Die starke Fluktuation spielt schließlich auch eine Rolle für das Problem der Sanktionsnormierungen, das sich für uns in der 5. These stellt. Sind die Mobilitätschancen groß, erhöht sich auch die Chance, soziale Konflikte durch die räumliche Trennung der Kontrahenten zu bewältigen. (»Resolution of conflict by Fission«.) Das schafft zwar das Problem von Sanktionsnormierungen nicht aus der Welt – nicht jeder Alltagskonflikt kann durch Trennung gelöst werden –, bedeutet aber zweifellos eine starke Entlastung.

Rückgriff auf unspezifische Sanktionen, etwa bei Einheiraten, die als Mesalliancen gelten, das lebenslange Fremdeln gegenüber dem Eindringling, der aufgenommen, aber nicht akzeptiert ist.

Eine weitere unmittelbare Abgrenzung nach außen kann in Normen vollzogen werden, die das Verhältnis zu Außenstehenden bestimmen: z. B. als zeremonielle Distanz, auch in der Gastfreundschaft, demonstrative Indifferenz bis hin zum Verbot bestimmter Kontakte und schließlich bis zum Gebot von Feindseligkeiten.

Als mittelbare Abgrenzungen wirken alle in einer sozialen Einheit geltenden Normen, deren Adressaten- bzw. Benefiziarkreis auf die Mitglieder dieser Einheit beschränkt bleibt. Eine solche Abgrenzung ist besonders evident bei allgemeinen Normen: Nur wir fühlen uns verpflichtet, nur wir haben das Privileg, den Göttern in dieser Weise zu dienen. Sie wird weiter verstärkt, wenn auch der Benefiziarkreis mit den Mitgliedern der sozialen Einheit identisch ist: Jeder von uns ist verpflichtet, ist *nur* verpflichtet, einem anderen Mitglied beizustehen. Schließlich sind auch Partikularnormen geeignet, Grenzen zu markieren: Die besonderen Pflichten unserer Frauen, unserer Krieger heben sie über alle anderen Frauen, über alle anderen Krieger hinaus. Oder, mit Hervorhebung der Benefiziare: Unseren Eltern, unseren Ahnen gebührt die Hochachtung, die wir ihnen entgegenbringen.

Die Beispiele zeigen, daß soziale Einheiten, die eine gewisse Eigenart entwickelt haben, zahlreichen Normen den Charakter von Grenznormierungen geben. Das bedeutet nicht notwendigerweise eine hermetische Abschließung. Die zu einem Gefüge verschachtelten, sich überformenden und überschneidenden Einheiten, die uns hier interessieren, sind offen für Mehrfach-Mitgliedschaften, ja auf Mehrfach-Mitgliedschaften hin angelegt. Ihre Normen sind daher zumindest so weitgehend durchlässig, daß jedes Mitglied die Verpflichtungen mehrerer verschiedener sozialer Einheiten nebeneinander oder wenigstens hintereinander erfüllen kann. Sie variieren Themen einer gemeinsamen Kultur.

Wie stark oder wie schwach die Abgrenzungen gegeneinander aber auch immer sein mögen, es bleibt die Tatsache, daß Menschen, die sich dauerhaft vergesellschaften, eine Pluralität von sozialen Einheiten mit eigenen, voneinander abgegrenzten normativen Gefügen entwerfen und in dieser Pluralität von Zugehörigkeiten leben. Menschen können die verschiedensten Gleichheiten, Ähnlichkeiten, die sie wahrnehmen, zu jeweils besonderen gesellschaftlichen Bindungen und damit auch zu jeweils besonderen Normierungen ausgestalten, und sie sind in der Lage – in ihrer auf sich selbst reflektierten, sich selbst »festhaltenden« Subjektivität –, die damit entstehenden Verschiedenartigkeiten und Diskrepanzen als Handelnde zu vereinbaren.

Unsere soziale Existenz ist stets – nicht nur in der modernen Welt – »mehrdimensional«. Sie ist an eine Vielheit partiell eigenartiger Normengefüge gebunden.

6. Sanktionsnormierung

6.0 In allen Gesellschaften gibt es Sanktionsnormen.

Sanktionsnormen: Normen, die im Falle von Normbrüchen sanktionierendes Verhalten definieren, d. h. festlegen, *wer* (Sanktionssubjekte) *wie* (Verfahrensweisen) *was* (Sanktionsinhalt: Schärfe und Art der Sanktion) *tun darf oder soll.* Sanktionsnormen können sich auf eine oder einige dieser Teilfragen beschränken.

Der Aufbau eines Systems von Sanktionsnormen wird tendenziell immer dort beginnen, wo sich überhaupt soziale Normen zu etablieren beginnen. Ohne Sanktionsregelungen kann sich kein primäres Normensystem erhalten, – es würde gleichsam von hinten durch permanente Sanktionskonflikte aufgerollt werden.

Noch einmal sei daran erinnert, daß durch einen Normbruch gemeinhin eine potentielle Konfliktsituation entsteht und daß Sanktionshandlungen im allgemeinen Normbrüchen gleichen, – Normbrüche wären, wenn sie nicht als Sanktionshandlungen unter einem Recht eigener Art ständen. Eine Bereitschaft aber, Sanktionen als ein solches Recht eigener Art zu akzeptieren, kann nur erreicht werden, wenn die Sanktionshandlungen einigermaßen stereotypisiert und normativ begrenzt sind.

Die Durchsetzung von Sanktionsnormierungen ist freilich aus vielen Gründen problematisch. Wie bringt man es etwa zustande, daß derjenige, der Sanktionsnormen bricht, mit einiger Wahrscheinlichkeit seinerseits sanktioniert wird? Sanktionsnormen werden im Vergleich zu Primärnormen häufig eine geringere Geltung haben und oft vage und rudimentär bleiben.

Doch wie *kann* es überhaupt gelingen, Sanktionsnormierungen durchzusetzen? Die Frage läuft im wesentlichen auf eine zweite hinaus: Wie kann es gelingen zu verhindern, daß im Fall eines Sanktionskonfliktes sich derjenige Kontrahent durchsetzt, der über die größeren Machtmittel verfügt? Das kann, wie wir wissen, in einem befriedigenden Ausmaß überhaupt nicht verhindert werden.

Aber wie läßt sich die Entscheidung von Sanktionskonflikten durch Machtwillkür prinzipiell *eindämmen*? Es geht, wohlgemerkt, nicht um die Ausschaltung aller Machtungleichheiten. Ein nach Machtgruppen abgestuftes Klassenrecht, in dem die Klassenzugehörigkeit z. B. über die Schärfe der Sanktion entscheidet, kann Sanktionsnormen von hoher Geltung und Verläßlichkeit begründen. Es geht um Macht*willkür*, um die Verhinderung oder doch Eindämmung willkürlicher, von Fall zu Fall unterschiedlicher Lösungen der Sanktionskonflikte durch Ad-hoc-Entscheidungen der Mächtigeren.

Die klassische Antwort ist bekannt (Locke hat sie in besonders klarer Form gegeben): Machtwillkür der Kontrahenten kann nur verhindert werden durch übergeordnete Instanzen, die den Sanktionskonflikt entscheiden, Instanzen, die mächtiger sind als der Mächtigste der Kontrahenten.

Lösen wir diese Antwort aus ihren historischen Bezügen und nehmen wir sie mit dem Allgemeinheitsanspruch beim Wort, mit dem sie ausdrücklich formuliert ist. Sie enthält zunächst zwei evident richtige Gedanken: Eine dritte Kraft muß in den Sanktionskonflikt eingreifen, und dieser Tertius muß durchsetzungsfähig sein. Das bedeutet, in einen Begriff zusammengefaßt: Eine Normierung von Sanktionshandlungen, die sich gegen Machtwillkür durchsetzen kann, ist nur durch eine *Machtverlagerung* möglich. Die Macht, die ein Kontrahent in den Konflikt mitbringt, darf den Konflikt nicht entscheiden.

Die Grenzen der Antwort Lockes sind gleichfalls offenkundig. Er denkt an staatliche Instanzen und an die hinter ihnen stehende Macht des modernen Staates. Aber auch wenn wir den Begriff der Sanktionsinstanz stark erweitern, können wir unmöglich akzeptieren, daß der Eingriff von Sanktionsinstanzen die einzig mögliche Lösung des Problems sei. Wir kennen Gesellschaften, in denen sich keine Sanktionsinstanzen herausgebildet haben und die dennoch das Problem der Sanktionsnormierung einigermaßen bewältigt haben. Es muß also andere Lösungen geben.

Man mag zunächst daran denken, daß ein Eingreifen der jeweiligen »Gruppenöffentlichkeit« als Ersatz für die fehlenden Instanzen fungieren könnte. Das kann auch in begrenztem Ausmaß gelingen, freilich nur dort, wo beide Kontrahenten der gleichen Gruppe angehören.

Bedeutsamer ist zweifellos ein anderer Wirkungszusammenhang. Im allgemeinen werden die beiden Kontrahenten, der Normbrecher und der betroffene, sanktionsbereite Benefiziar, von ihren Gruppen unterstützt werden. Im Extremfall herrscht eine Zurechnungssolidarität, die eine Hilfeleistung selbstverständlich macht. Dies scheint zunächst jede Regelung der Konfliktsituation unmöglich und eine endlose Kettenreaktion von Aggressionen wahrscheinlich zu machen. Aber gerade in diesen stark ausgebildeten Solidaritäten, die jeder Konfliktregelung im Wege zu stehen scheinen, liegt auch die Chance, das Problem zu lösen. Sie ist durch zahlreiche Fälle in der rechtsethnologischen Literatur belegt: Die Eigengruppe des Normbrechers wie die Eigengruppe des Sanktionierenden können die Solidarität schrittweise lockern, wenn sie das Verhalten eines Gruppenmitglieds mißbilligen. Die Eigengruppen können ihre Unterstützung reduzieren, sie können auf jede Hilfeleistung verzichten, sie können sich schließlich selbst aktiv gegen ihr Mitglied wenden.

Auch dort, wo die Solidarität eine hohe Bedeutung hat, ist sie überziehbar und reduzierbar. Sie wird zum Beispiel überzogen, wenn ein Normbrecher die Rache der Betroffenen wiederholt gegen die eigene Gruppe lenkt oder wenn eine Sanktion des betroffenen Benefiziars so provokant unangemessen ist, daß sie eine uferlose Eskalation des Konflikts herausfordert.

Eine Reduktion der Solidarität der Eigengruppe vermindert die Macht, mit der ein Kontrahent üblicherweise rechnen kann. Oft wird sie eine definitive Entscheidung des Streitfalls bedeuten. Beide Kontrahenten werden daher bestrebt sein, die Reaktionen der Eigengruppe zu antizipieren. Damit verringert sich die Gefahr von Grenzüberschreitungen.

Die Machtverlagerung, die von der Eigengruppe durch Unterstützungsentzug vorgenommen werden kann, muß natürlich nicht in allen Fällen der Herausbildung und der Einhaltung bestimmter Regeln dienen. Aber im großen und ganzen wird diese Tendenz in dem Grade gefördert werden, in dem die unmittelbar Betroffenen, Täter und Opfer, in ihren Reaktionen von anderen abhängig werden. Mit der größeren emotionalen Distanz (und sei sie auch noch so gering) kommen regelungsgünstige Motivationen ins Spiel. Etwa das Präventivinteresse an der Sanktion von Normbrüchen (»damit ich nicht der nächste bin«) und das generelle Interesse an der Durchsetzung und Bewahrung von Regelungen, die Orientierungs- und Realisierungsgewißheiten schaffen.

Natürlich ist hier nur von Chancen die Rede, die mehr oder weniger genutzt werden können. Aber wir suchen ja auch lediglich nach einer Antwort auf die Frage, wie auch ohne Sanktionsinstanzen eine Begrenzung von Machtwillkür in Sanktionskonflikten gelingen *kann*. Die Antwort lautet: Durch Solidaritätsgruppen, die Machtverlagerungen herbeiführen, indem sie Solidarität entziehen und so in Ansätzen die Funktion des Tertius übernehmen. Dies ist der Beginn von Sanktionsnormierungen.[10]

Jede Gesellschaft, die überhaupt in der Lage ist, eine normative Ordnung schlecht und recht über Wasser zu halten, ist auch fähig, Machtverlagerungen zu vollziehen, die Sanktionsnormierungen einleiten und fördern.

10 Die Chance zur Durchsetzung von Sanktionsnormierungen erhöht sich mit zunehmender Komplexität der Solidaritätsbindungen. Je mehr sich Solidaritätsbindungen überkreuzen. um so unwahrscheinlicher wird eine bedingungslose Parteinahme in Konfliktfällen. Ein Beispiel für solche »cross cutting ties« ist die Überkreuzung von matrilinearer Organisation und Patrilokalität. Hierzu Spittler, Gerd, Konfliktaustragung in akephalen Gesellschaften: Selbsthilfe und Verhandlung, in: *Jahrbuch für Rechtssoziologie und Rechtsethnologie*, Bd. 6, 1977. Spittler betont die Bedeutung von Verhandlungen und Verhandlungsregeln für die Entwicklung von »Standards für die Interpretation und Regelung von Konfliktfällen« und damit für die »Herausbildung eines gemeinsamen Rechtsbewußtseins«. – Mit der Institutionalisierung von Verhandlungen wird ein zweiter Schritt zur Durchsetzung von Sanktionsnormierungen vollzogen, der über die gezielte, regelungsinteressierte Einwirkung der Eigengruppen auf die unmittelbaren Kontrahenten hinausgeht. In der Bereitschaft zu Verhandlungen hat sich die Bereitschaft der Gruppe bereits verfestigt, sich gegenüber einem Mitglied, das in Sanktionskonflikte verstrickt ist, variabel zu verhalten.

7. Die normative Konstruktion von Gesellschaft

Die einzelnen Thesen sollten jeweils für sich bestehen. Immerhin fügen sie sich so zusammen, daß ein Gesamtbild von großer Einfachheit entsteht.

Beginnen wir mit der Integrationsstruktur. Das Kind wird in ein Aggregat zusammenlebender Menschen hineingeboren, das auf seine Aufnahme vorbereitet ist. Es ist vorgesehen, welche Arten sozialer Beziehungen dem Kind zugeordnet werden. Es ist vorgesehen, welche Rechte und Pflichten das Kind erhalten wird. Damit das Netz der entsprechenden Bezüge parat liegt, sind bestimmte Stellenwerte im sozialen Gefüge festgelegt, Plätze, die zumeist vor der Geburt des Kindes mit den Akteuren besetzt werden, mit denen das Kind verbunden werden soll. Bestimmte Muster solcher Positionen – überpersönliche und reproduzierbare Verpflichtungen und Ansprüche – wiederholen sich in allen Gesellschaften, die wir kennen.

Menschen, die sich dauerhaft vergesellschaften, entwerfen über solche Integrationsstrukturen hinaus – zunächst wohl in Anlehnung an diese Strukturen, dann in neuen und eigenartigen Formen sozialer Zuordnung – eine Pluralität sozialer Einheiten mit jeweils eigenen normativen Gefügen. Diese sozialen Einheiten sind voneinander abgegrenzt, aber doch so miteinander verbunden, daß sich Mehrfach-Mitgliedschaften ergeben müssen und damit für den einzelnen eine Pluralität sozialer Zugehörigkeiten. Der Mensch lebt in einer Vielzahl sozialer Kreise, einer Vielheit partiell eigenartiger Normgefüge zugleich.

Die normative Verbindung zwischen den Mitgliedern einer Gesellschaft wird nach bestimmten Prinzipien hergestellt, die sich in allen Gesellschaften entwickelt haben.

Jede Gesellschaft kennt die Idee der Gleichheit, die im Entwurf von Normen Gestalt gewinnt, die für alle Mitglieder gelten. In der Allgemeinheit der Verpflichtungen erhält die Tatsache des bloßen Dazugehörens einen Eigenwert, der sich gegen alle Besonderheiten und sozialen Unterschiede der Mitglieder durchsetzt.

Jede Gesellschaft kennt die Auffächerung ihrer Mitglieder in Personenkategorien mit jeweils speziellen Verpflichtungen und Ansprüchen, und jede Gesellschaft entwickelt Strukturen, die Mitglieder mit normativ ungleichartigen Status in Beziehung setzen.

In jeder Gesellschaft ist die normative Differenzierung so gebremst, daß sie nicht bis zur Trennung aller einzelnen Individuen vordringt. Sie individualisiert die Mitglieder nicht, sondern kategorisiert sie. Damit entstehen Enklaven spezieller normativer Gleichheiten und Gemeinsamkeiten innerhalb des Gefüges von Ungleichartigkeiten.

Diese drei Prinzipien normativer Verbindungen zwischen den Mitgliedern einer Gesellschaft haben eine strukturelle Basis in der Integrationsstruktur: die allgemeinen Zugehörigkeitsnormen in der sozialen Einheit, dem primären sozialen Gehäuse, in das ein Kind hineinwächst; die Verbindung zwischen Personenkategorien mit verschiedenen Verpflichtungen in der Beziehung zwischen Eltern und Kindern; die Möglichkeit spezieller normativer Gleichheiten und Gemeinsamkeiten in der Geschwisterschaft.

Alle diese Normierungen – die Normierung der Positionalisierung auf das Kind zu, des Gefüges verschachtelter sozialer Einheiten, der allgemeinen und der speziellen Gleichheiten innerhalb kategorialer Ungleichheiten – können nicht durchgesetzt und können nicht aufrechterhalten werden ohne ein Sanktionssystem, das gleichfalls normatives Gewicht erhält. Die Normierung von Sanktionshandlungen erfordert die Einschränkung von Machtwillkür. Die Einschränkung von Machtwillkür erfordert eine Machtverlagerung von den Kontrahenten möglicher Sanktionskonflikte auf eine dritte Kraft. Solange es einer Gesellschaft gelingt, nicht in die totale Anomie zu versinken, bewerkstelligt sie solche Machtverlagerungen in irgendeiner Form und schafft damit die Möglichkeit einer Normierung von Sanktionshandlungen.

Dies ist in den Grundzügen die normative Konstruktion von Gesellschaft. Sie fügt sich zusammen aus Konstrukten sozialer Normierung, die sich in allen Gesellschaften finden, die wir kennen. Natürlich ist diese Konstruktion kein freischwebendes System. Nur ein geringer Teil der unzähligen Verfestigungen, die sich aus Vergesellschaftungsprozessen ergeben, geht in sie ein. Nur ein geringer Teil des Normensystems, das sich in einer bestimmten Gesellschaft herausbildet, ist mit dieser universalen Konstruktion beschrieben. Aber wenn es zutrifft, daß unter allen Umständen, unter denen sich Menschen vergesellschaften, diese Konstruktion herauskommt, dann weist sie doch offenbar auf Bedingungen hin, die konstitutiv sind für die Art und Weise, in der Menschen sich sozial selbst definieren.

Der Begriff der sozialen Rolle als Element der soziologischen Theorie

I

Der Begriff der sozialen Rolle verleugnet auch in der Soziologie seine Herkunft nicht. Er führt auch hier eine einigermaßen dramatische Existenz.

Rolle, Rollenspieler, Rollenverhalten: mit diesen Worten verbindet sich häufig die erste allgemein-theoretische Abstraktion der Soziologie, die dem Soziologie-Studenten wirklich einleuchtet. Sie sind offensichtlich besonders geeignet, sowohl Phänomene zu »zeigen« wie gleichzeitig ein distanzierendes Sehen zu lehren, das Allzunahe der sozialen Alltagserfahrung zu verfremden, das Selbstverständliche gesellschaftlicher Zusammenhänge unselbstverständlich und merkwürdig zu machen. Aber so verhältnismäßig leicht der Rollen-Begriff diesen Dienst leistet, so schnell verliert er auch wieder seine Funktion: Er geht allzu rasch in den eigenen Sprachgebrauch ein, führt zu uferlosen Assoziationen, läßt sich beliebig in Szene setzen. Man kann eben mühelos alle sozialen Erfahrungen »aufrollen«. Die Beliebtheit des Begriffs deckt sich schließlich mit seiner grenzenlosen Brauchbarkeit als Formulierungsschablone. Der Kreis ist bald geschlossen: Der Begriff der sozialen Rolle dient heute der Geburt der soziologischen Distanz und fast zugleich ihrem Begräbnis.

Der naheliegende Vorschlag, ein anderes, weniger verfängliches Wort zu wählen, ist nicht mehr realisierbar. Die Soziologie hat ihre Begriffe in verhältnismäßig starkem Ausmaß der Umgangssprache entnommen. Erst sekundär bahnte sich eine Art internationaler Vergleich an: Durchgesetzt haben sich vor allem die – meist lateinischen – Wörter, die in die großen Sprachen fast gleichlautend eingegangen sind: Norm, Sanktion, Institution, Organisation, Gruppe, soziale Kontrolle, Klasse, Status, Mobilität – und eben Rolle. Es bleibt jetzt praktisch nichts weiter übrig, als die oft sehr verschiedenen Bedeutungshorizonte in den einzelnen Sprachen weiter zu begrenzen und anzugleichen.

Wie bei allen derartigen Abstraktionen kann man beliebig weit in der Geschichte der Soziologie zurückgehen, wenn man zeigen will, daß etwas Ähnliches immer schon »gemeint« worden ist.[1] Aber lehrreicher ist es, dann bei Georg Simmel zu sehen, welcher Aufwand allgemeiner theoretischer Reflexion notwendig war – wie weit er gleichsam ausholen mußte –, um die entscheidenden Gesichtspunkte zu finden. Doch auch hier werden sie noch nicht eindeutig genug festgehalten. Erst in der angelsächsischen Ethnosoziologie entwickelt sich aus den Relativitätsproblemen des Kulturvergleichs jenes Interesse für stark formalisierte Strukturmodelle, das Ralph Linton 1936 in seiner »Study of Man« zu seiner berühmten Formulierung des Rollenbegriffs führte. Die weiteren wichtigen Etappen waren die Integration des Begriffs in differenzierten theoretischen Konzeptionen (Parsons, Nadel, Goffman[2]) und die ersten Versuche, soziale Rollen mit den empirischen Methoden der modernen Sozialforschung zu erfassen (Gross, Rommetveit u. a.[3]). In Deutschland wurde die Diskussion 1958 wiederaufgenommen mit einem Essay, der wie eine Premiere wirkte: Ralf Dahrendorfs »Homo Sociologicus. Ein Versuch zur Geschichte und Kritik der Kategorie der sozialen Rolle«. Wahrscheinlich ist dieser Essay die einflußreichste theoretisch-soziologische Veröffentlichung, die nach dem Kriege in

1 So weist Aristoteles (*Politik*, 1276b f.) in seiner Polemik gegen Platon (*Menon*, 70a ff.) auf die Verschiedenartigkeit und Relativität der »Rollennormen« hin, um zugleich ihre Eigenständigkeit gegenüber der Platonischen Auflösung im Allgemeinbegriff der Tugend zu betonen. Die Tugend des guten Bürgers ist nicht schlechthin die Tugend eines guten Mannes; sie entspricht jeweils seiner besonderen Stellung und Aufgabe in der Polis und wandelt sich mit dem Wandel der Verfassungen. Auch für den Sklaven gibt es eine eigene Tugend, wie für Mann und Frau, Erwachsenen und Kind (1259 b f.). »Viel besser sprechen die, welche die Tugenden herzählen [...]« Vgl. die Interpretation bei Philipps, Lothar, *Zur Ontologie der sozialen Rolle*, Frankfurt/M. 1963, S. 37 ff.

2 Die Aufzählung dieser drei Namen soll hier lediglich an die Verschiedenartigkeit der möglichen theoretischen Bezugsrahmen erinnern. Vgl. Parsons, Talcott, *The Social System*, London 1952, insbes. S. 25 ff. (»parts« – »status« – »role«), S. 39 f. (»Institution«), S. 55 ff. (»pattern-variables«); Nadel, S. F., *The Theory of Social Structure*, London 1957 und 1962, zum begrifflichen Ansatz insbes. S. 23 ff. (»behaviour« – »regard to others« – »normative« – »series of interconnected characteristics«); Goffman, Erving, *The Presentation of Self in Everyday Life*, New York 1959 (zuerst 1956), insbes. die beiden Kapitel über »Performances« und »Teams« (S. 17 ff. und S. 77 ff.).

3 Gross, N. C., Mason, W. S., McEacbern, A. W., *Explorations in Role Analysis. Studies of the School Superintendency Role*, New York 1958; Rommetveit, Rangar R., *Social Norms and Roles, Explorations in the Psychology of Enduring Social Pressures*, Oslo und Minneapolis 1955.

Deutschland erschienen ist. Sicher aber ist sie die einzige, die zu einem vielfältigen öffentlichen Disput geführt hat.[4]

Warum hier besondere Schwierigkeiten bestehen sollen, ist zunächst nicht recht einzusehen. Die Sachverhalte, auf die der Rollenbegriff abzielt, sind in wenigen Sätzen darstellbar, einschließlich eines großen Teils der üblichen terminologischen Differenzierungen: In einer bestimmten Kultur benehmen sich alle Familienväter ähnlich; das wird auch von ihnen erwartet, ja teilweise gefordert. Weitere solcher Ähnlichkeiten finden wir bei allen heiratsfähigen Töchtern, allen Schamanen, allen Vereinsfunktionären. Die Rolle des Vaters ist irgendwie bezogen und abgestimmt auf andere Rollen, z. B. der Mütter und Kinder (Rollenstrukturen). Aber auch die besonders eingespielte Rollenstruktur des häuslichen Kreises verhindert nicht immer, daß die verschiedenen Bezüge der Vaterrolle, Vater–Mutter, Vater–Kinder (seine Rollensektoren oder Rollensegmente), miteinander in Konflikt geraten, daß er hüben und drüben gebraucht wird – und zwar gleichzeitig (unvereinbare Rollenanforderungen: Intrarollenkonflikt). Noch schwerer ist es oft, mit den verschiedenen Anforderungen *verschiedener* sozialer Kreise fertig zu werden, den Rollen-Mengen oder Rollen-Summen, die die Gesellschaft jedem Einzelmenschen als Vater und als Rechtsanwalt und als Vereinsvorsitzenden auflädt (Interrollenkonflikt). Der Einzelne würde diese Last kaum tragen können, wenn nicht ein über die verschiedenen sozialen Kreise hinausgreifender struktureller Zusammenhang für einige Verträglichkeit sorgen würde; wenn nicht weiter ein System der Rollenzuordnung ihn sukzessive (in einer Serie von Rollensequenzen) auf die Übernahme einer Rolle vorbereiten bzw. daran hindern oder doch hemmen würde, Rollen zu kombi-

4 Der Essay Dahrendorfs ist inzwischen in 5. Auflage erschienen, Köln und Opladen 1965. Dort ist auch die Antwort Dahrendorfs auf zahlreiche Einwände unter dem Titel »Soziologie und menschliche Natur« (zuerst 1963) wiederabgedruckt. Zur Diskussion vgl. vor allem: Plessner, Helmuth, Soziale Rolle und menschliche Natur, in: *Erkenntnis und Verantwortung, Festschrift für Theodor Litt*, Düsseldorf 1960, Bahrdt, Hans Paul, Zur Frage des Menschenbildes in der Soziologie, in: *Europäisches Archiv für Soziologie*, 1961, H. 1; Tenbruck, Friedrich H., Zur deutschen Rezeption der Rollenanalyse, in: *Kölner Zeitschrift für Soziologie und Sozialpsychologie* 1961, H. 1; Janoska-Bendl, Judith, Probleme der Freiheit in der Rollenanalyse, in: *Kölner Zeitschrift für Soziologie und Sozialpsychologie*, 1962, H. 3; Habermas, Jürgen, *Theorie und Praxis*, Neuwied a. Rh. und Berlin 1963, S. 173 ff. – Ergänzend: Claessens, Dieter, Rolle und Verantwortung, in: *Soziale Welt* 1963, H. 1.

nieren, die in dieser Kultur nicht harmonieren. Daß er selbst willens und fähig wird, sich in seine Rolle zu fügen, – dafür sorgt der Prozeß der Sozialisation, in dem wir lernen zu wollen, was wir sollen, und es schließlich zu tun, ohne es zu merken (innere soziale Kontrolle, Verinnerlichung sozialer Rollen). Dieser Lernprozeß bezieht fernliegende Aufgaben höchst konkret ein: Wir spielen z. B. schon als Kind Vater und vielleicht sogar Vereinsfunktionär (antizipatorisches Rollenspiel). Bleibt dennoch ein unangepaßter Rest, so ist zumindest für ein Arrangement unangenehmer Folgen abweichenden Verhaltens gesorgt (äußere Kontrolle des Rollenverhaltens, negative Sanktionen).

Das ist schon beinahe alles. Man versteht vielleicht, daß eine derartige Betrachtungsweise, konsequent verfolgt, die Frage provoziert, wie die ärgerliche Tatsache Gesellschaft für das Individuum überhaupt erträglich sei, – bzw. die ärgerliche Tatsache Individuum für die Gesellschaft. Aber solche Fragen sind zugleich irreführend. Sie unterstellen offensichtlich ein bestimmtes Verhältnis von Individuum und Rolle. Der Begriff der sozialen Rolle sagt aber nichts darüber aus, wie der Einzelne sich zu seiner sozialen Rolle verhält, ob und wie er sie reflektiert. Er bezeichnet – das ist zumindest der Anspruch, den Helmuth Plessner treffend formuliert hat – eine »jedwede Selbstauffassung ermöglichende Struktur«, und er reiht sich damit ein unter jene Begriffe der modernen Soziologie, die formal genug sind, »um gegenüber der sozialen Welt in ihrer ethnischen und geschichtlichen Vielfalt variiert werden zu können, ohne in ihrem je für sie spezifischen Selbstverständnis sich festzulegen«.[5]

Hier aber wird deutlich, warum die Routine der Begriffsanwendungen einiges Mißtrauen verdient. Was ist mit dieser »jedwede Selbstauffassung ermöglichenden Struktur« eigentlich gemeint? Ist sie lediglich eine begriffliche Konstruktion, oder »gibt« es diese Struktur, oder gibt es »so etwas wie« diese Struktur? Worauf beruht der Anspruch *universaler* Anwendungs- und Abwandlungsfähigkeit? Sagt dieser soziologische Grundbegriff etwas Grundlegendes über die gesellschaftliche Existenz des Menschen aus, über Grundrisse sozialer Beziehungen, die sich im Prozeß der Vergesellschaftung notwendig ergeben müssen?

Das sind unbequeme Fragen. Die Diskussion über den Rollenbe-

5 Plessner, *Soziale Rolle*, S. 111 und S. 106

griff wird weniger durch diese Fragen bestimmt als durch implizite gegebene Antworten. Dabei besteht die (sachlich nicht unbegründete) Neigung, methodisch riskante Antworten wechselweise hervorzuholen und wieder zurückzuziehen. Das »eigentümlich Zwingende«[6] des Rollenbegriffs fordert Erklärungsversuche heraus, die aber in Gefahr geraten, das sichere Gelände der operationellen Begriffsbildung zu verlassen. Damit entsteht eine Ambivalenz, auf die m. E. zahlreiche Unsicherheiten und Kontroversen über Voraussetzungen, formale Konzeption und Funktion des Begriffs zurückzuführen sind. Der Begriff der sozialen Rolle ist ein analytisches Mittel zur Erfassung sozialer Handlungszusammenhänge und zugleich ein Konstruktionsmittel zur abstrahierenden Darstellung sozialer Strukturen. Läßt man sich auf Fragen ein, die in irgendeiner Weise über diesen Werkzeugcharakter des Begriffs hinausgehen, – besteht dann nicht die Gefahr, daß der schon erwähnte Verschleiß des Begriffs, der Distanzverlust sich auf neuer Ebene wiederholt? Daß der Begriff zur Formulierungsschablone für beliebige Aussagen über »soziale Existenz schlechthin« wird?

Die folgenden Überlegungen sind ein Versuch zu zeigen, daß sich die analytische und konstruktive Funktion – die vor allem auch eine größtmögliche Trennungsschärfe des Begriffs erfordert – sehr wohl mit einem »grundsätzlichen« Anspruch verbinden läßt, der deutlich und kontrollierbar formuliert werden kann. – Diese Überlegungen müssen sich freilich mit den einzelnen methodischen Schritten der Begriffsbildung verbinden. Als erstes scheint es mir notwendig zu sein, die Voraussetzungen des Rollenbegriffs klarer zu konstruieren, als das bisher geschehen ist.

6 Vgl. Dahrendorf, Ralf, *Homo Sociologicus. Ein Versuch zur Geschichte, Bedeutung und Kritik der Kategorie der sozialen Rolle*, Köln/Opladen 1959, S. 17: Der Begriff der sozialen Rolle gehöre zu den Kategorien, die sich »mit einer schwer explizierbaren Notwendigkeit« aufdrängten und, »obschon erfunden, nicht bloß erfunden« schienen. Ähnlich Tenbruck, *Rollenanalyse*, S. 2: In Begriffen wie Position, Rolle, Erwartung, Sanktion sei »das allgemeine soziologische Verständnis investiert«; sie hielten uns »die grundlegenden Tatbestände jeder Gesellschaft vor Augen«.

II

Der Rollenbegriff muß sich nicht an den eigenen Haaren aus dem Sumpf »sozialer Bedingtheiten« ziehen, als sei er der Anfang aller Dinge in der Soziologie. Er ist *ableitbar*, und zwar ableitbar aus zwei umfassenderen Begriffen: *soziale Normierung* und *soziale Differenzierung*, genauer: aus einer bestimmten Verknüpfung beider Begriffe.

Jede Gesellschaft kann als Gefüge von Verhaltensnormierungen betrachtet werden. Stets sind bestimmte Gleichförmigkeiten, Regelmäßigkeiten des Handelns als gesollte, als verbindliche ausgezeichnet.

Jede Gesellschaft kann als sozial differenziertes Gebilde betrachtet werden, als Gefüge aus sozial ungleichartigen Teilen. Nun bietet sich natürlich ein uferloses Kontinuum von »sozialen Ungleichartigkeiten« an, das beliebige Klassifizierungsmöglichkeiten zuläßt. Beschränken wir uns zunächst darauf, die hier gemeinten Ungleichartigkeiten als Unterschiede des Verhaltens bestimmter Klassen von Individuen zu umschreiben. Solche Ungleichartigkeiten lassen sich in allen Gesellschaften finden. Sie sind jeweils darstellbar in ihrer spezifischen Verknüpfung und Bezogenheit aufeinander, als Struktur.

Beide Aussagen sind nicht nur ungewöhnlich evident. Sie gehören auch zu den allgemeinsten, die sich mit soziologischen Begriffen noch formulieren lassen. Die Universalität sozialer Normierung und sozialer Differenzierung läßt sich ihrerseits nur begründen, wenn man expressis verbis anthropologische Hypothesen einführt.[7]

Dagegen kann der Anspruch der universalen Anwendbarkeit auch für bestimmte Verknüpfungen beider Begriffe aufrechterhalten werden.

Ausgehend von der sozialen Differenzierung können wir sagen,

7 Es lohnt sich m. E., sich die möglichen Deduktionslinien und die notwendigen Prämissen solcher Begründungen klarzumachen. Die Ableitung sozialer Normen in diesem Sinne scheint mir ziemlich eindeutig konstruierbar zu sein. Sehr viel schwieriger ist die Ableitung der sozialen Differenzierung, auch dann, wenn der Begriff erheblich enger gefaßt wird, z. B. im Sinne der positionellen Differenzierung (s. u.). Es handelt sich übrigens um eines der (gar nicht zahlreichen) soziologischen Probleme, die sich dogmengeschichtlich einigermaßen sinnvoll über die einzelnen Etappen der »Erfindung« der Soziologie hinweg verfolgen ließen.

daß keineswegs alle Verhaltensdifferenzierungen verbindlich zu sein pflegen, daß aber in jeder Gesellschaft einige normiert sind. Das Gefüge sozialer Ungleichartigkeiten hat stets einen normativen Kernbestand.

Ausgehend von der sozialen Normierung können wir feststellen, daß soziale Normen zwar für alle Mitglieder einer Gesellschaft gelten können (»Diese Frucht darf niemand essen«). Aber in jeder Gesellschaft gibt es auch Normen, die nur für bestimmte Klassen von Individuen gelten. Es spricht m. E. nichts dagegen, dies bildhaft zu umschreiben: Soziale Normen sind von dem Stoff, der sich differenzieren läßt. Sieht man die Normen verschiedenen Differenzierungsgrades einer bestimmten Gesellschaft in ihrem Zusammenhang, so kann man von einem Sichauffächern und Spezialisieren sprechen, von einer *Normfächerung*. Zu einer groben Übersicht mag das Bild des Baumes herhalten, dessen Stamm (die allgemeinen Normen, die für alle Mitglieder der Gesellschaft gelten) sich verästelt (die Zugehörigkeitsnormen spezieller sozialer Einheiten, also z. B. aller Familienmitglieder, aller Betriebsangehörigen) und schließlich verzweigt (Normen der Väter im Unterschied zu den Normen der Mütter, der Werkmeister im Unterschied zu denen der Arbeiter).

Nun differenzieren sich Normen freilich häufig noch viel weiter, über die Zweige hinaus. Sie folgen höchst peripheren sozialen Differenzierungen, und sie prägen eventuell auch sehr flüchtige Gruppierungen mit. Wollen wir nicht den unendlich großen Bereich einbeziehen, in dem soziale Differenzierung und Normierung sich durchdringen, sich wechselseitig überformen, so ist es zweckmäßig, den Begriff der sozialen Differenzierung stärker einzugrenzen, als wir es bisher getan haben. Freilich erweist es sich als äußerst schwierig, einen bestimmten Schwellenwert sozialer Differenzierungen zureichend präzis zu erfassen. Den relativ besten Ansatzpunkt bieten wohl bestimmte Differenzierungsphänomene, die als *positionelle Verfestigung* bezeichnet werden können.

In einer ersten Annäherung kann man diese positionellen Verfestigungen als »Bündel« einer ganzen Reihe von sozialen Verhaltensbesonderheiten bezeichnen, die einer bestimmten Klasse von Individuen zugeordnet werden; diese »Bündel« sind ferner verhältnismäßig dauerhaft, können also z. B. von einer Generation auf die andere *übertragen* werden. Da sich einzelne solcher »Bündel« jeweils auf andere beziehen, kann bei einer Verzögerung der Übertragung – und das ist wohl das deutlichste Phänomen – das Bewußtsein einer »Vakanz« entstehen (der fehlende Vater, der fehlende Priester, der fehlende Werkmeister). Dieses Bewußtsein der Vakanz zeigt, daß hier ein bestimmter Stellenwert im Gefüge sozialer Differenzierungen gleichsam »vorgesehen« ist, etwas, das »ausgefüllt« werden sollte. Die soziale Differenzierung knüpft sich hier also nicht an die Tatsache, daß bestimmte Individuen bestimmte Eigenschaften, Fähigkeiten haben, die dann mit bestimmten Verhaltenserwartungen verbunden werden; sondern umgekehrt: es sind bestimmte Bündel von Verhaltenserwartungen fixiert, die auf die Individuen warten, deren Merkmale und Eigenschaften für die Zuordnung dieser Verhaltensbündel geeignet erscheinen. Viele gesellschaftliche Aktivitäten haben das Ziel, dafür zu sorgen, daß nicht vergeblich gewartet wird. Der Prozeß der Zuordnung wird in jeder Gesellschaft nach bestimmten Prinzipien und Methoden organisiert. Auch das unterstreicht den verfestigten, fixierten Charakter dieser Stellenwerte, ihr »positionelles« Niveau.

Nur dort, wo solche positionelle Verfestigung nachweisbar ist – wo also die soziale Differenzierung diesen besonderen Aggregatzustand erreicht hat –, wollen wir weiter fragen, welche der erwarteten Verhaltenseigentümlichkeiten normativen Charakter haben. (Wir können voraussetzen, daß bei positioneller Verfestigung *immer einige* Verhaltenseigentümlichkeiten auch sozial verbindlich sind.) Diese verbindlich erwarteten Verhaltensweisen bezeichnen wir als Rollennormen. Soziale Rollen sind dementsprechend Bündel von Rollennormen, spezialisierte, aufeinander bezogene normative Subsysteme.

Wie der Begriff der Position den Bereich der Rollenanalyse abgrenzt, so bezeichnet er auch den Abstand, die Distanz der Rollenphänomene zum Einzelfall schlechthin, zum Individuum. Für die Inhaber von sozialen Positionen sind die normativen Subsysteme – als Pflichten und Rechte – vorgegeben. Es ist daher mißverständlich, die soziale Rolle als einen »Elementarbegriff« zu bezeichnen, »der auch dem Individuum gerecht wird bzw. der Tatsache, daß es Individuen gibt«.[8] Wieweit sich Rollen individualisieren lassen bzw. wieweit der Einzelne eine rollengerechte Individualisierung vollzie-

8 Bahrdt, *Menschenbild in der Soziologie*, S. 6.

hen kann, ist eine Frage für sich. Aber festzuhalten bleibt, daß soziale Rollen kollektiver Natur sind, eine soziale Haut konfektioneller Art. Sie stellen an die *verschiedenen* individuellen Inhaber gleicher Positionen *gleiche* Ansprüche. Soziale Rollen sind zwar von der »Gesellschaft« her gesehen Phänomene der normativen Spezialisierung, vom Einzelnen her gesehen sind sie Phänomene der sozialen Verallgemeinerung.

III

Wir wollen die Grenzlinien, die sich aus dieser Ableitung ergeben, gleich überprüfen. Dies geschieht zunächst am besten durch den Vergleich. Und zwar durch Vergleiche mit ähnlichen, gleichsam benachbarten Phänomenen, die wir durch die getroffenen Entscheidungen ausgegrenzt haben und ausgrenzen wollten. Dabei ist zugleich zu fragen, wie diese Phänomene zum Begriff der Rolle in Beziehung gesetzt werden können.

Beginnen wir mit dem großen Exempel der charismatischen Herrschaft. Der charismatische Führer im Sinne Max Webers begründet zweifellos eine normative Differenzierung neuer Art. Die entsprechenden Verhaltensmuster können zwar der Tradition entlehnt sein, sie können bestimmte Vorbilder des Propheten, des Retters in der Not, des Begnadeten und Gesandten nachformen. Indem der charismatische Führer aber solche Vorbilder wieder belebt, abwandelt und vor allem schließlich gegen die geltenden Strukturen durchsetzt, schafft er normative Tatbestände sui generis. Dennoch würden wir hier zunächst noch nicht von einer »Rolle« des charismatischen Führers sprechen und auch nicht von einem »Rollengefüge« seines engsten Kreises. Es fehlt die positionelle Verfestigung. Erst wenn sich der Prozeß der »Veralltäglichung« durchsetzt, kristallisiert sich auch diese positionelle Verfestigung heraus. Sie manifestiert sich – das ist übrigens auch der wesentliche Gesichtspunkt Max Webers – in der erfolgreichen Lösung des Nachfolgeproblems. Dabei ist natürlich nicht der Akt der Tradierung als solcher entscheidend, die Übertragung der Führerschaft auf eine andere Person. Entscheidend ist vielmehr die Frage, ob das charismatische Verhaltensmuster des Führers so umgeformt – so veralltäglicht – werden kann, daß es überhaupt *übertragbar* wird. Wir können auch sagen: Entscheidend ist, ob sich eine Position herausbilden kann, deren Rechte und Pflichten nicht nur von einem Individuum in seiner Unwiederholbarkeit ausgeübt werden können. Erst mit der Entindividualisierung der Normen bilden sich Rollennormen. (Und entsprechend würden wir sagen: Erst mit der Verfestigung charismatischer Macht zur positionellen Macht entsteht »Herrschaft«.)

Aber nehmen wir andere, banalere Fälle. Bei *sozialen Verhaltenstypen* wie etwa dem Snob, dem Dandy, dem Beatnik, dem Gammler fehlt nicht nur der positionelle Charakter, sondern auch eine normative Verhaltensdifferenzierung. In ihrem eigenen spezifischen Milieu können sich zwar Konstellationen ergeben, in denen die Darstellung solcher Verhaltenstypen gefordert, eine bestimmte Klasse von Menschen auf sie verpflichtet wird. Aber hier handelt es sich um normative Zugehörigkeitserwartungen. Es fehlt typischerweise jede weitere Differenzierung innerhalb der allgemeinen Bedingungen des Dazugehörens. Außerhalb ihres spezifischen Milieus verflüchtigen sich auch diese Verbindlichkeiten: Der soziale Verhaltenstyp steht als beliebig verfügbare Charaktermaske jedermann zur Verfügung. Es steht uns auch frei, nur einige Stilelemente auszuborgen, sie neu zu kombinieren und innerhalb des disponiblen Spielraums unserer jeweiligen Rollen »aufzuführen«.[9] Gewisse soziale Verhaltenstypen können sogar dazu prädestiniert sein, mit bestimmten sozialen Rollen verbunden zu werden, wie etwa die »jugendliche Naive« oder das Enfant terrible mit der Rolle der höheren Tochter. Aber auch hier bleibt es bei einem Angebot von Mustern zur zusätzlichen Standardisierung des Verhaltens, bei einer Ausnutzung von privilege-rights.

Noch ein Stück näher an das Rollenphänomen kommen Gestaltungen heran, die ich als *Gruppen-Figuren* bezeichnen möchte. Sie bilden sich in der Regel in dauerhafteren informellen Gruppierungen heraus, etwa in Jugendgruppen, und haben dann den Charakter von Surrogaten sozialer Rollen. Sie können aber auch innerhalb von Rollenstrukturen entstehen – etwa in einem Büro – als zusätzliche Erwartungsbilder. Solche Gruppen-Figuren sind etwa der Initiant und Ideenproduzent, auf dessen Einfälle man wartet, der Narr und Alleinunterhalter, der Vertrauensmann und Beichtvater, der di-

9 Vgl. Plessner, *Soziale Rolle*, S. 107 (Rolle als »gesellschaftliches Funktionselement« und als Leistungserwartung, nicht als »beliebiges Verhaltenskorsett«).

plomatische Vertreter für die Außenbeziehungen der Gruppe, – und schließlich natürlich die verschiedensten Spielarten des Anführers und der sogenannten »Null-Personen« oder Prügelknaben. Die entsprechenden Verhaltenserwartungen verdichten sich im Laufe des Vergesellschaftungsprozesses auf bestimmte Personen; die wünschenswerten Funktionen werden gleichsam verteilt. Dabei kann sich das Zusammenspiel des Ganzen so auf die einmal vorgenommene Verteilung einspielen, daß die Verteilung einrastet: das Zusammenspiel scheint darauf angewiesen zu sein, daß eine bestimmte Person diese bestimmte Gruppen-Figur spielt, ja für sich monopolisiert. Da jeder selbst wiederholt an der Bildung solcher Gruppenstrukturen mitgewirkt hat und auch weiter mitwirkt, gibt es hier einen relativ großen Bestand von allgemeinen Erfahrungen. So weiß jeder, daß es schwierig sein kann, von derartigen Erwartungsbildern wieder loszukommen. Und auch eine bestimmte Illusion wird sich oft wiederholen: Es sieht jeweils so aus, als würden die Gruppen-Figuren auf die Individualität der Beteiligten zugeschnitten, ja als würden sie für die jeweiligen Einzelpersonen erfunden. Ein Vergleich zeigt jedoch leicht, daß auch diese Gruppen-Figuren als standardisierte Verhaltensmuster bereits parat liegen. Sie werden in den verschiedensten Gruppen in sehr ähnlicher Form reproduziert oder auch direkt imitiert. Der Grundriß dürfte in einer bestimmten Kultur vom Kindergarten über den Stammtisch bis zum Altersheim nur wenig variieren.

So penetrant diese festhaftenden Gruppen-Figuren für den Einzelnen aber gelegentlich auch sein mögen, – zum Rollencharakter fehlt auch hier in der Regel das normative Gewicht. Die allgemeinen Zugehörigkeitsnormen solcher Gruppen, wie etwa Solidarität nach außen, Kameradschaft, Fairneß nach innen, spezialisieren sich nicht weiter. Die einzelnen Gruppen-Figuren gehören zwar zum Erwartungsbild, werden aber nicht mit einem verbindlichen Durchsetzungsanspruch belastet. Die Erklärung dafür liegt nahe: Diese oft leicht kündbaren Gruppierungen dürften meist der Belastung durch eine *differenzierte* normative Struktur nicht gewachsen sein. Sie vertragen nur einen begrenzten Durchsetzungsanspruch. Der Durchsetzungsanspruch muß sich daher auf die Erfordernisse des allgemeinen Zusammenhalts, auf das Minimum der Zugehörigkeitsnormen konzentrieren und beschränken.

Freilich lassen sich auch Gruppen beobachten, die sich weiterentwickeln und denen schließlich auch eine Normierung von Gruppen-Figuren gelingt. Entscheidend dürfte in solchen Fällen stets ein Prozeß zunehmender Hierarchisierung sein. Ein solcher Prozeß kann schließlich ein Stadium erreichen, in dem die Spitze differenzierte Verhaltensnormen zu fordern und durchzudrücken vermag. Dann entstehen zunächst Schattenbilder sozialer Rollen, Quasi-Rollen. Erst wenn auch die positionelle Verfestigung gelingt, wenn sich also die Gruppen-Figuren als normative Subsysteme von den beteiligten Einzelpersonen ablösen lassen, wollen wir von der Entstehung neuer Rollenstrukturen sprechen. Hier mündet dieses Beispiel in unser erstes ein, die Veralltäglichung charismatischer Macht zur positionellen Rollen- und Herrschaftsstruktur.

Die Gruppen-Figuren sind ebenso wie die sozialen Verhaltenstypen Vorbilder zur Standardisierung des Verhaltens. Wenn wir z. B. eine Verhaltensunsicherheit überwinden wollen, empfinden wir diese Vorbilder als recht praktisch: Wir können unsere Attitüden stilisieren, ohne den Stil erst erfinden zu müssen und ohne das Risiko einzugehen, daß er nicht allgemeinverständlich sein könnte. Zu diesen Vorbildern gehört auch eine weitere Gruppe, die wir *Individualitätsmuster* nennen wollen. Diese Individualitätsmuster haben die Eigentümlichkeit, Schablonen anzubieten, die auf etwas ganz Individuelles hinzudeuten scheinen, – sie geben Anweisungen, wie man Individualität spielt. Der rauhbeinige, knurrige, unwirsche, polternde Vorgesetzte mit dem goldenen Herzen, der es gar nicht so böse meint – der rüde Geschäftsmann mit den sentimentalen Allüren – die elegante ältere Dame, die durch handfeste Burschikositäten düpiert: Das können durchaus sozial standardisierte Verhaltensweisen sein, aber eben standardisierte Formen, sich *individuell* zu geben. Über das Typische, Vorfabrizierte dieser Individualitätsmuster täuscht die Tatsache hinweg, daß sie in sich widersprüchlich erscheinen, das (scheinbar) Unvereinbare vereinen, gleichsam eine kalkulierte Ungereimtheit markieren. Aber genau in dieser Widersprüchlichkeit, im Überraschungseffekt, liegt ihre Eignung zum Individualitätsspiel. Und aus dem gleichen Grunde handelt es sich um »namenlose Typen«, um Typen, die man nicht mit einem Wort beim Namen nennen kann: sobald dies möglich wäre, läge auch ihr typologischer Charakter offen zutage, und das Individualitätsspiel (sofern es etwas auf sich hält) müßte in weniger artikulierte Bereiche abwandern. Selbstverständlich sind diese Muster in hohem Maße kultur- und schichtbedingt. Sie sind darüber hinaus oft besonders eng mit bestimmten sozialen Rollen (z. B. mit Vorgesetztenrollen) verknüpft – ein Angebot zur weiteren Verhaltensformung, das die Gesellschaft gleichsam als Zugabe zusammen mit bestimmten Rollenzumutungen auf den Markt bringt.

Die uns heute etwa aus der Reklame und der sogenannten »Human Interest«-Literatur vertraute Bedeutung dieses Phänomens setzt nicht nur ideengeschichtlich den Individualitätsgedanken voraus, sondern auch die Verbreitung der Individualitätsdarstellung als soziales Erwartungsbild über eine ganze Gesellschaft. Sie setzt voraus, daß man nicht mehr ohne Individualität geht. Dann muß aber auch gezeigt werden, wie man das macht.

Diese Aufzählung einiger Beispiele verdeutlicht zunächst bestimmte Grenzlinien. Das erste Beispiel (charismatischer Führer) zeigt, daß wir ein Verhaltensmuster, das an die Einmaligkeit und Unwiederholbarkeit eines bestimmten Menschen gebunden bleibt, nicht als soziale Rolle bezeichnen wollen. Hier fehlt die positionelle Verfestigung. Die drei folgenden Beispiele (soziale Verhaltenstypen, Gruppen-Figuren, Individualitätsmuster) demonstrieren, daß wir nicht alle Verhaltensmuster, die eine soziale Differenzierungsfunktion haben, soziale Rollen nennen wollen. Hier fehlt in der Regel schon der normative Gehalt.

Diese drei letzten Beispiele geben aber noch einen weiteren Hinweis. In allen drei Fällen handelt es sich *ebenso wie beim Rollenphänomen* um Gestaltungen, an denen wir als Einzelne zwar gelegentlich mehr oder minder aktiv mitwirken, die sich aber zu verselbständigen pflegen und uns als Vorgegebenheiten gegenübertreten. Indem wir diese geronnenen Formen des Verhaltens übernehmen, stellen wir etwas dar, das mehr ist als wir selbst und vielleicht auch weniger, das sich jedenfalls mit dem Einzelnen als etwas Einzelnem *nicht deckt.* Diese Inkongruenz setzt nicht einen besonders fortgeschrittenen Prozeß der Individuation voraus; es genügt anzunehmen, daß sich auch Menschen, die genau die gleichen Verhaltensmuster übernommen und verinnerlicht haben, noch voneinander unterscheiden: daß eine vollkommene Kongruenz sozialer Verhaltensstandardisierungen mit der Komplexität individueller Physis und Gefühlslagen, Erfahrungen und Grillen, Vorlieben, Ängsten und Leidenschaften nicht erreicht wird. Das aber heißt auch, daß eine »jedwede Selbstauffassung ermöglichende Struktur« von sozialen Vorgegebenheiten und Individuen, die Inkongruenz von Standard und Einzelfall immer gegeben ist. Und damit bleibt auch *prinzipiell* die Möglichkeit offen, daß der Einzelne die übernommenen Standardisierungen des Verhaltens als ein »Sein für andere« reflektiert, als dargestellte Individualität, als Doppelgängertum seiner selbst.[10] Unsere Beispiele zeigen nun, daß diese Struktur keineswegs nur »das Grundverhältnis von sozialer Rolle und menschlicher Natur« kennzeichnet«.[11] Die Struktur des Doppelgängertums reicht tiefer. Sie wiederholt sich auf den verschiedensten Ebenen der sozialen Standardisierung.

Entsprechend erscheint auch keineswegs allein im Begriff der sozialen Rolle »der Einzelne und die Gesellschaft vermittelt«.[12] Alle Verhaltensmuster sind auf solche Vermittlungsfunktionen hin angelegt. Was wir aus diesen Vermittlungsfunktionen – und entsprechend aus diesen Doppelgängerstrukturen – als »soziale Rolle« herausheben, ist nur ein begrenzter Kreis von Phänomenen.

IV

Die Ableitung der Rollenbegriffe wurde in zweifacher Absicht versucht: einmal sollte der Zusammenhang mit anderen soziologischen Grundbegriffen von vornherein deutlich gemacht werden; vor allem aber waren die Voraussetzungen zu klären, die in die Begriffsbildung eingehen. Der Vergleich mit benachbarten Phänomenen zeigte einige Grenzlinien, die sich aus diesem Ansatz ergeben. Wir sahen aber auch, daß die Doppelung und Inkongruenz von Verhaltensmuster und Einzelperson keine Besonderheit von Rollennormen ist, sondern zwangsläufig mit jeder sozialen Standardisierung des Han-

10 Hierzu wieder ebd., S. 111 ff.

11 Ebd., S. 115. Bei Plessner heißt es allerdings mit anderer Blickrichtung: Als seine Möglichkeit gibt der Mensch »sich erst sein Wesen kraft der Verdoppelung in einer Rollenfigur, mit der er sich zu identifizieren versucht. Diese mögliche Identifikation eines jeden mit etwas, das keiner von sich aus ist, bewährt sich als die einzige Konstante in dem Grundverhältnis von sozialen Rollen und menschlicher Natur.«

12 Dahrendorf, *Homo Sociologicus*, S. 15 und sinngemäß öfter. – Ich glaube zudem nicht, daß sich die Überlegenheit eines begrifflichen Ansatzes – »Rolle« im Vergleich mit »sozialem Handeln« und »sozialer Beziehung« – auf Grund der Frage nach solchen Vermittlungsfunktionen aushandeln läßt.

delns mitgesetzt wird. Eine ähnliche Überlegung soll nun auf anderer Ebene noch einmal wiederholt werden. Wir beziehen uns dabei auf Phänomene der Vergesellschaftung, die wir bisher unterstellt haben.

Alle besprochenen Verhaltensmuster, einschließlich der sozialen Rollen, sind Konglomerate von Einzelhandlungen. Im Alltag sehen wir gewöhnlich diese Einzelhandlungen als eine Sinneinheit – die Rolle des Vaters, der Stil des Dandys, das Benehmen des Sonderlings –, d. h., wir reflektieren nicht ausdrücklich, daß wir vom Träger der Vaterrolle in der Situation a die Handlung b erwarten (oder negativ: jedenfalls *nicht* die Handlung c) und daß sich unser »Rollenbild« aus einer Summe solcher erwarteter Einzelhandlungen zusammensetzt. Sehen wir uns diese Einzelhandlungen nun näher an, so ist das Einfachste und scheinbar Banalste, was sich über sie sagen läßt, daß sie sich in gleichen Situationen gleichförmig *wiederholen*. Soziale Verhaltensmuster setzen sich, mit anderen Worten, aus Verhaltensregelmäßigkeiten, Verhaltensgleichförmigkeiten zusammen.

Die Erwartung, die Einstellung auf solche Verhaltensgleichförmigkeiten wäre aber nicht denkbar ohne eine soziale Übereinkunft über eine Serie von *Abstraktionsprozessen*. Machen wir uns das an einem einfachen Beispiel klar. Wenn wir in einen Laden gehen, um Tabak zu kaufen, ergibt sich eine bestimmte, sich hundertfach wiederholende Interaktion zwischen sozial gleichförmig handelnden Käufern und sozial gleichförmig handelnden Verkäufern. Genauer genommen verhalten sich aber beide Parteien jedesmal anders. Tatsächlich liegt also die Gleichförmigkeit, auf die es ankommt, irgendwo in der Mitte zwischen »gleich« und »verschieden«. Die mögliche Verschiedenheit ist begrenzt; wird die Grenze überschritten, kommt der Kauf nicht zustande. Die erforderliche Verhaltensgleichheit ist aber ebenfalls begrenzt: wenn sie etwa den Gleichförmigkeitsgrad eines militärischen Exerzierreglements erreichen müßte, damit der Kauf zustande kommt, würden sich viele wahrscheinlich das Rauchen lieber abgewöhnen. Was (noch) als gleichförmig gilt und was nicht (mehr), beruht also auf einer sozialen Verabredung. Und diese soziale Verabredung bezieht sich auf bestimmte selektionierte Merkmale, die aus den tatsächlich sich vollziehenden Handlungsabläufen abstrahiert werden.

Gleichförmige Verhaltensweisen, Verhaltensregelmäßigkeiten in diesem Sinne sind also keine Erfindung der Soziologie, sondern eine

Erfindung der Gesellschaft.[13] Es ließe sich nun zeigen, warum die Konstruktion solcher Verhaltensgleichförmigkeiten in jeder engeren und dauerhafteren Vergesellschaftung vollbracht werden muß. Aber beschränken wir uns hier auf den Abstraktionsvollzug selbst.

Bereits einfache Verhaltensregelmäßigkeiten im Sinne des Nur-Gebräuchlichen, der erwarteten sozialen Gewohnheit oder des »Brauchs« sind das Produkt solcher Abstraktionen. Aber auch hier prägt sich ein grundlegendes Phänomen der Vergesellschaftung erst mit der Begründung von Verhaltensnormen profilierter aus: nämlich zur *Forderung*, den Abstraktionsprozeß als eine *Leistung* zu vollbringen, – und zwar mit der Tendenz, die pure Richtigkeit der vollzogenen Abstraktion zu moralisieren. Das gilt ebenso für den Handlungsablauf wie für die Erkenntnis normauslösender Situationen (»*Jetzt* gilt diese Norm« – »Wenn Du durch *diese* Tür gehst« – »An *dieser* Kreuzung«). Die Toleranz gegenüber abweichenden individuellen Situationserlebnissen, in denen die normrelevanten Merkmale gleichsam »nicht vorkommen« und also auch nicht erkannt werden können, ist stets begrenzt und muß begrenzt sein. Im Fall der *Rollennormen* bezieht sich nun die Abstraktionsforderung nicht nur auf Situation und Handlungsablauf, sondern zusätzlich auch auf die jeweils beteiligten Personen. Wir können nur rollenkonform handeln, wenn wir uns selbst und die jeweils Betroffenen sozial richtig klassifizieren, also die besondere Positionsgebundenheit individueller Personen erkennen. Merkwürdigerweise bringen wir das auch

13 Wenn wir feststellen, daß in bestimmten Situationen die Personen einer Kategorie A (Radfahrer) wiederholt gleichförmig handeln, könnte das Urteil der »Gleichförmigkeit« zunächst noch von beliebig gesetzten Kriterien des Beobachters bestimmt werden. Läßt sich dagegen nachweisen, daß andere Personen, etwa die Personen der Kategorie B (Fußgänger), im vorhinaus ihr Handeln auf ein bestimmtes erwartetes gleichförmiges Verhalten von A einstellen, dann erschließen wir diese »Gleichförmigkeit« aus einem Handlungszusammenhang, einem Interaktionsmuster. Welches Verhalten B von A erwartet, voraussetzt, unterstellt – was noch als »gleichförmig« gilt und was bereits nicht mehr –, das können wir aus dem Verhalten der B-Personen, ihrer »vorweggenommenen Reaktion«, selbst entnehmen. Dabei müssen wir in der Regel nicht mehr unterstellen, als daß B zum Beispiel eine Karambolage vermeiden (oder einen Kauf tätigen) will. – Der Zusammenhang von Verhaltensregelmäßigkeit, Orientierung und Voraussehbarkeit, der hier nur grob angedeutet ist, soll an anderer Stelle ausführlich dargestellt werden. Es ist m. E. auch eine Erklärung wert, warum der Vollzug von Abstraktionsprozessen in der sozialen Handlungsorientierung uns so selten bewußt wird.

zustande, jedenfalls oft oder meist oder fast immer. Wir sind in der Lage, uns selbst und andere Personen *als* Kaufmann, als Studenten, als Kollegen, als Väter zu sehen. Daß wir uns so sehen können, ist eine Erkenntnisbedingung,[14] daß wir diese Erkenntnis in eine Verhaltensorientierung umsetzen können, eine Motivationsbedingung rollenkonformen Handelns.

Welche Kunstgriffe die Soziologie in der Bildung des Rollenbegriffs – wie anderer Grundbegriffe – also auch immer vollziehen mag: zugrunde liegt ihnen ein Kunstgriff der Gesellschaft, der soziologischen eine soziale Abstraktion. Man kann Rollenphänomene beschreiben, ohne von zugespitzten soziologischen Abstraktionen auszugehen. Aber man kann sie nicht beschreiben, ohne auf die Tatsache abzuzielen, daß diese Phänomene selbst Abstraktionen darstellen, und zwar Abstraktionen, welche die sozial Handelnden vollziehen und vollziehen müssen. Sie kommen erst dadurch zustande, daß wir, uns vergesellschaftend, *abstrahierende Realitätsebenen des Handelns konzipieren.*

Alle Verhaltensstandardisierungen sind in diesem Sinne eine Kette »konstruktiver« Handlungsvollzüge und Interaktionen, hochgradig artifizielle Phänomene, aus denen wir in einem Prozeß der sekundären, der noch einmal »aufgesetzten« Abstraktion die Rollenstandardisierung – im Schnittpunkt sozialer Normierung und positioneller Differenzierung – auszugrenzen versuchen.

V

Selbstverständlich sind nun für die *Begriffsbildung* spezifische soziologische Abstraktionen erforderlich, die weitere Kennzeichen aus den beschriebenen Zusammenhängen heraustrennen. Die analytische Brauchbarkeit des Begriffs ist keineswegs schon erwiesen, wenn wir beschreibend, an Hand ausgewählter Beispiele, einige Grenzlinien ziehen können. Wir müssen Unterscheidungsmerkmale formulieren, die sich nicht nur durch »Fälle« veranschaulichen, sondern auch in einem unpräparierten empirischen Material finden lassen.

14 Vgl. unten die Überlegungen Georg Simmels zur »Erkenntnistheorie der Gesellschaft«, S. 32 ff.

Hier scheint mir nun die starke Betonung der *normativen* Bedeutung der sozialen Rolle, auf die bereits die Ableitung des Begriffs abzielte, von besonderem Wert zu sein. Halten wir an diesem Ansatz konsequent fest, so ergibt sich – im Vergleich mit dem vorliegenden Angebot an Rollendefinitionen – ein besonders eng gefaßter Begriff. Zugleich verlassen wir nicht die gemeinsame Basis der bisherigen Diskussion: der normative Gehalt sozialer Rollen wird fast durchgehend unterstellt, meist sogar ausdrücklich hervorgehoben. Der Vorschlag, an diesem harten Kern des Rollenbegriffs genauer und durchgehend festzuhalten, hat m. E. zunächst den Vorteil, daß er die *Trennungsschärfe* des Begriffs erhöht und damit auch die Vergleichbarkeit von Untersuchungsergebnissen. Zugleich ergibt sich, daß wir hier nicht nur irgendeine weitere Variante einem Sammelsurium von Definitionsvorschlägen hinzufügen. Vielmehr ist der Vorschlag geeignet, den sachlichen Zusammenhang der vorliegenden Varianten deutlich zu machen. Gerade der vergleichsweise enge Ansatz zeigt, welche Erweiterungsmöglichkeiten der Analyse sich unter bestimmten Bedingungen anbieten.

Zunächst vereinigt unsere Formulierung des Begriffs lediglich die beiden Komponenten der sozialen Normierung und der sozialen (positionellen) Differenzierung: Als soziale Rolle bezeichnen wir Bündel von *Verhaltensnormen*, die eine bestimmte Kategorie von Gesellschafts- bzw. Gruppenmitgliedern *im Unterschied* zu anderen Kategorien zu erfüllen hat. Weitere, eingrenzende Bestimmungen können nun vor allem durch eine Präzisierung des Begriffs der Verhaltensnormen – und spezieller: der Rollennorm – erreicht werden. Hierzu ist eine Reihe von Entscheidungen notwendig, die ich hier in Form einer Aufzählung aneinanderreihe.[15] Bestimmt sind diese

15 Im folgenden werden zahlreiche Entscheidungen getroffen, die ausführlicher zu begründen wären. Doch soll hier vor allem eine knappe und übersichtliche Zusammenfassung gegeben werden, teilweise im Anschluß an meine Basler Antrittsvorlesung (Soziale Normen, in: *Europäisches Archiv für Soziologie*, 2/1961, S. 185 ff. [im vorliegenden Band, S. 61-75]). – Eine empirische Untersuchung, die von den hier entwickelten Gesichtspunkten ausgeht und Erklärungsversuche bestimmter Sanktionshandlungen entwickelt, hat Gerd Spittler in seiner Freiburger Dissertation vorgelegt: »Norm und Sanktion, Untersuchungen zum Sanktionsmechanismus.« Die Arbeit beruht auf teilnehmender Beobachtung im Küchenbetrieb eines Luxusrestaurants und in einer Privatklinik. Sie ist 1967 in der Reihe »Texte und Dokumente zur Soziologie« des Walter-Verlags, Olten und Freiburg/Br. erschienen.

Entscheidungen nicht durch das Bestreben, einen möglichst großen Teil der sozialen Wirklichkeit begrifflich »abzudecken« oder das Wesentliche möglichst tiefschürfend zu erfassen. Wir halten uns vielmehr an die Durkheimsche Regel der größtmöglichen »Äußerlichkeit« soziologischer Begriffskriterien, d. h. wir beziehen uns auf lapidare, deutlich hervortretende Fakten, an denen möglichst viel »hängt«.

Erstens. – Als Verhaltensnormen bezeichnen wir Verhaltensweisen, die von allen oder einer bestimmten Kategorie von Gesellschafts- bzw. Gruppenmitgliedern in einer bestimmten Situation regelmäßig wiederholt und im Fall der Abweichung durch eine negative Sanktion gegen den Abweicher bekräftigt werden. Wir beziehen uns also auf ein *tatsächlich ablaufendes Verhalten*, nicht auf ein gewünschtes oder als verbindlich gedachtes und auch nicht auf subjektiv erwartetes Verhalten.

Verhalten nennen wir sowohl Handlungen im engeren Sinne des Wortes (einschließlich eines bestimmbaren Unterlassens, einschließlich aber auch z. B. der Kleidung eines Menschen) wie sprachliche Äußerungen. Hier ist es wiederum oft zweckmäßig, zwischen sprachlicher Ausdrucksform (wie Wortwahl, Gebrauch standardisierter Formulierungen, Slang usw.) und Sprachinhalt, Sinngehalt zu unterscheiden. Alle erwähnten Verhaltensweisen können normativen Charakter erhalten: das Unterlassen als Verbotsnorm, tabuierte Handlung; die Kleidung allgemein im Sinne der »Anständigkeit«, speziell i. S. bestimmter Rollenattribute, z. B. des Richters, des Soldaten (Handlungsnormen); die sprachliche Ausdrucksform i. S. der Reproduktion bestimmter Topoi in den »richtigen« Situationen, aber auch als Verpflichtung zum Jargon, Dialekt usw. (Verbalnormen); die geäußerte Meinung – mit oder ohne Bindung an fixierte sprachliche Formvorschriften – z. B. als Pflicht zur Gesinnungsdemonstration, ausdrücklichen Zustimmung oder Mißbilligung (Meinungsnormen).[16]

16 Die Unterscheidung zwischen Sprachinhalten und Handlungen erhält auf der normativen Ebene ein besonderes Gewicht. Sie soll keineswegs nur die Alltagserfahrung bekräftigen, daß man häufig nicht tut, was man sagt, und nicht sagt, was man tut. Wir dürfen erst gar nicht unterstellen, daß bestimmte Meinungsinhalte, deren Formulierung verpflichtend ist, auch als Handlungsinhalte normativ seien. Zwischen Meinungs- und Handlungsnormen einer Gesellschaft kann eine durch-

Entsprechend sollten auch die Begriffe, die Beziehungsstrukturen sozialer Rollen bezeichnen, nicht an Erwartungen, sondern an Verhaltensmerkmalen orientiert werden: »Normadressat« – »Normbenefiziar« – »Sanktionssubjekt« – »Normsender«. Jeder Rollenspieler ist *Normadressat,* sofern er an Verhaltensweisen gebunden ist, von denen er nicht folgenlos abweichen kann. Er ist *Normbenefiziar,* insofern andere ihm gegenüber an sanktionierte Verhaltensweisen gebunden sind. Diese passive Komponente seiner Rolle, ein Bestand an Rechten gegenüber anderen, ist u. a. daran erkennbar, daß ihm bei Übertretungen ein unmittelbares Sanktionsrecht zugebilligt wird oder daß er als Ankläger auftreten kann, daß ihm Entschädigungen zugebilligt werden usw. (Jede Verhaltensnorm ist selbstverständlich auf Adressaten bezogen, aber nicht jede Verhaltensnorm – auch nicht jede Rollennorm – richtet sich auf ein bestimmtes Gesellschaftsmitglied als Benefiziar.) *Sanktionssubjekte* sind die Entscheidungs- und Vollzugsorgane der Sanktion. Ihre spezifische Verteilung und das Maß ihrer Rechte ist wohl das folgenreichste Kennzeichen von Rollenstrukturen. *Normsender* nennen wir diejenigen Gesellschaftsmitglieder innerhalb des Geltungsbereiches einer Norm, die durch Zustimmung oder Mißbilligung, demonstrative Handlungsbereitschaft oder ausdrückliches Eingreifen die Normgeltung schützen.

Damit sind die grundlegenden Begriffe nicht auf Verhaltensorientierungen und nicht auf Verhaltenserwartungen bezogen; sie setzen entsprechende Kenntnisse und Annahmen nicht voraus, bleiben aber für Ergänzungen dieser Art offen. Wir unterstellen also z. B. nicht, daß ein Normadressat sich an Forderungen und Erwartungen seines Benefiziars tatsächlich orientiert. Ganz abgesehen von

gehende, »konstruktive« Diskrepanz bestehen. An Beispielen ist in unserer Gesellschaft kein Mangel. Man kann solche Beispiele selbstverständlich in den Topf einer allgemeinen Zeitkritik werfen bzw. als Belege der subjektiv doppelten Moral Einzelner nehmen. Zugleich kann die Diskrepanz von Meinungs- und Handlungsnormen aber auch als ein mögliches Konstruktionsprinzip gesellschaftlicher Normstrukturen verstanden werden, das unter Umständen dazu beiträgt, den Grad der Normgeltung auf beiden Ebenen zu erhöhen. Meinungsnormen können (z. B. im Falle sexueller Forderungen) gleichsam einen vorgeschobenen Verteidigungsgürtel bilden, der einen normativen Handlungskern absichert. Die inhaltliche Deckung beider würde hier beide in Frage stellen. Der normative Handlungskern lebt in solchen Fällen nicht von einer individuellen doppelten Moral, sondern von einer gesellschaftlichen Systematik des doppelten Bewußtseins.

dauerhaften Verinnerlichungen, kann der Normadressat auch dann eventuell rollenkonform handeln, wenn er sich an Fremdgruppen, imaginären Helden, Vorbildern aller Art orientiert, die mit der Struktur Adressat – Benefiziar – Sanktionssubjekt – Normsender unmittelbar nichts zu tun haben. Der Benefiziar ist in diesem Fall Bezugsperson seines Verhaltens, aber nicht – im Sinne Robert Mertons – Bezugsperson seiner Verhaltensorientierung.[17] Wir unterstellen auch nicht, daß einem bestimmten Sanktionsvollzug eine »Sollerwartung« der Betroffenen vorausging: Erst die Abweichung von einer gewohnten Verhaltensregelmäßigkeit kann eventuell zu der »Entdeckung« führen, daß hier eine normative Interpretation geboten ist.

Das läßt die Einsicht unberührt, daß Inhaber aufeinander bezogener Positionen durch Verhaltenserwartungen und Verhaltensforderungen verknüpft zu sein pflegen. Wie aber der subjektive Erwartungshorizont, wie die Bezüge der Orientierung jeweils aussehen, können wir aus dem Verhaltensablauf oft nicht schlüssig ersehen. Es ist also zumindest irreführend, wenn in vielen Rollendefinitionen Begriffe wie Verhalten, Erwartung, Forderung, Orientierung gleichsam kurzgeschlossen werden.

Die methodischen Prioritäten der Rollenanalyse ergeben sich nach dem Gesagten von selbst: Der primäre Zugang zur Feststellung von Handlungen und Handlungsnormen ist offensichtlich die visuelle Beobachtung, das Zusehen. Berichte, Gespräche, Befragungen können als sekundäre Quelle dienen, sofern sie auf eine konkrete Auskunft darüber abzielen, wer in einer bestimmten Situation dies oder jenes getan hat. Der primäre Zugang zur Feststellung sprachlichen Verhaltens und sprachlicher Verhaltensnormen ist das Zuhören, entweder als beobachtende Dritte oder als Gesprächsteilnehmer. Sekundär können auf diese Weise wiederum indirekte Informationen über sprachliches Verhalten gesammelt werden. – Nun

17 Es dürfte sich empfehlen, die Begriffe Bezugsgruppe und Bezugsperson i. S. Mertons beizubehalten (also als Gruppen oder Personen, an denen sich jemand normativ bzw. vergleichend orientiert). Neben den Abhandlungen Mertons (in: *Social Theory and Social Structure*) ist für unseren Zusammenhang klärend: Contu, W., Role-Playing Versus Role-Taking. An Appeal for Clarification, in: *American Sociological Review* 16/1951, S. 180 ff. und Turner, R. E., Role-taking, Role Standpoint and Preferencegroup Behavior, in: *American Journal of Sociology* 61/1956, S. 316 ff.

liegt es freilich auch auf der Hand, daß die empirische Sozialforschung sich zumeist nicht an diese Prioritäten hält und halten kann. Die Befragungsmethode ist so praktikabel und elastisch, daß sie auf irgendwelchen Umwegen fast immer »in die Nähe« der gestellten Probleme dirigiert werden kann. So steht sie auch in den bisher vorliegenden Untersuchungen zur Rollenanalyse im Vordergrund. Dabei bestätigt sich das eingebürgerte Vertrauen, daß Befragungen immer irgend etwas ergeben. Aber auch hier sind einige Klärungen und terminologische Unterscheidungen zweckmäßig.

Schwierig ist der Versuch, in Befragungen sprachliche Verhaltensnormen zu ermitteln; die Reaktion auf abweichendes Verhalten kann eigentlich nur in Gruppengesprächen zuverlässig festgestellt werden. Ebenso ist es langwierig und mühsam, aus Berichten über bestimmte Handlungsabläufe auf geltende Handlungsnormen zu schließen. Reine Berichtsprotokolle gewinnen jedenfalls an Aussagekraft, wenn sie durch Beobachtungsmethoden ergänzt werden. Geläufig ist demgegenüber der Befragungstyp, der die Befragten zu verallgemeinernden Urteilen herausfordert: z. B. über häufige, »typische« Handlungen, über das, »was man im allgemeinen erwartet«, über »richtige« und »falsche« Handlungen und moralische Forderungen, über Wünsche und Idealvorstellungen. Im weitesten Rahmen der Rollenanalyse ergeben sich hier prinzipiell drei Interpretationsmöglichkeiten.

Zunächst können derartige Aussagen als Indizien für tatsächliche Verhaltensabläufe und speziell auch für Verhaltensnormen gewertet werden. Die Evidenz dieses Verfahrens ist eine Frage der Interpretationskunst der Autoren und der Geneigtheit des Lesers. Ferner kann versucht werden, Schlußfolgerungen auf den subjektiven Erwartungshorizont des Befragten zu ziehen, seine Orientierungen, Ansprüche und Wertvorstellungen, die sein Verhalten begleiten und leiten. Hier wird letztlich ein phänomenologisch-deskriptiver Anspruch erhoben. Die Resultate lassen sich z. B. zu »*Rollenbildern*« bzw. zu »*Rollenidealbildern*« der Befragten zusammensetzen. Weiter können das Selbstbild, Fremdbild und projektive Fremdbild bestimmter sozialer Rollen aufeinander bezogen werden.[18] Die Zielsetzung ist hier in der Regel, den Grad des Consensus zu ermitteln und Anhaltspunkte für den Legitimitätsgrad geltender Normen zu

18 Vgl. hierzu besonders Rommetveit, *Social Norms and Roles*, S. 123 ff.

gewinnen. Der Interpretationswert der Ergebnisse scheint mir freilich stark davon abzuhängen, ob die tatsächliche Normgeltung unabhängig von den interpretierten Aussagen bekannt ist.

Schließlich ist eine Interpretation möglich, die darauf verzichtet, in irgendeiner Weise die Ebene der verbalisierten Meinung zu durchdringen. Sie nimmt die Aussagen beim Wort, als Realität eigener Art, ohne den Einfluß verschiedener Reflexionsgrade, den Einfluß der sprachlichen Ausdrucksfähigkeit, der Meinungsnormen usw. ablösen zu wollen. Untersuchungsberichte, die sich so auf den Eigenwert der verbalisierten Realität gründen, sind methodisch besonders unproblematisch. Es ist selbstverständlich auch möglich, auf dieser Ebene (verbale) Rollenbilder und Rollen-Idealbilder zusammenzustellen. Die Vorzugsstellung der Befragungsmethode und die Vorliebe für methodische Narrensicherheit können freilich dazu führen, daß die empirische Soziologie sich zu einer enzyklopädischen Faktensammlung bezugslosen sprachlichen Verhaltens entwickelt.

Zweitens. – Die Entwicklung von Verhaltensnormen setzt voraus, daß *Verhaltensregelmäßigkeiten* festgestellt werden können. (Die bloße Folgsamkeit von Fall zu Fall, ohne Konstituierung von Verhaltensregelmäßigkeiten, begründet also in diesem Sinne noch keine Verhaltensnormen, auch wenn es sich um sanktioniertes Verhalten handelt.) Die Regelmäßigkeit eines Verhaltens darf nun nicht isoliert an der bloßen Häufigkeit bestimmter Verhaltens*abläufe* gemessen werden (»die Japaner pflegen sich häufig zu verbeugen«). Stets müssen situationelle Merkmale einbezogen werden als Anfangsbedingungen, die meist oder häufig zu bestimmten Verhaltensabläufen führen.[19] Die Einbeziehung der Situation und die Abstraktionsprozesse, aus denen sich »gleiche Situationen« und »gleiche Verhaltensabläufe« ergeben, sind im übrigen, wie bereits gezeigt, Leistungen der Vergesellschaftungsprozesse selbst. Wir müssen diese Gleichheiten nicht erfinden, sondern finden.

Freilich wird die soziologische Darstellung von Verhaltensregelmäßigkeiten in der Regel mit starken Vereinfachungen arbeiten.

19 Bestimmte Verhaltensnormen sind freilich gerade durch ihre relativ starke Situationsentbundenheit zu charakterisieren. Man darf sich hier allerdings nicht durch die entsprechenden Normsätze täuschen lassen. Der Normsatz »Du sollst nicht töten« bezeichnet z. B. in unserer Kultur keineswegs eine situationsentbundene Norm.

Eine begrenzte Zahl von Beobachtungen pflegt mehr oder minder rasch auf Prinzipien reduziert und in meist sehr allgemeinen »Normsätzen« zusammengefaßt zu werden, die der Sprache und Denkweise unserer juristischen Kodifikationen angeglichen sind. Hier ergeben sich zahlreiche Schwierigkeiten, insbesondere im Kulturvergleich.[20]

Weitere Probleme stellt (auch bei starken Vereinfachungen des Situation-Verhalten-Modells) die Quantifizierung von Häufigkeiten. Es ist üblich und oft auch ausreichend, Häufigkeiten ziemlich unverbindlich mit unbestimmten Zahlwörtern zu umschreiben. Einen Schritt darüber hinaus gehen bereits komparative Formulierungen wie: »In der Situation *S* ist Verhalten *A* häufiger als *B*« oder anspruchsvoller: »*A* häufiger als *non A*«. Nun sind aber oft möglichst genaue Quantifizierungen erstrebenswert, z. B. zur Analyse des Normwandels. Das Schema der Geltungsstruktur kann dabei stark differenziert werden, muß aber zumindest die Unterscheidung zwischen (a) Fällen der Verhaltensgeltung, (b) Fällen der Sanktionsgeltung (Abweichung, aber sanktioniert) und (c) Fällen der Nichtgeltung enthalten.[21] Als normativ sind nach unserer Definition nur Verhaltensweisen *identifizierbar*, bei denen a-Fälle und mindestens ein b-Fall belegt werden können.[22] Dagegen setzen wir nicht voraus, daß Verhaltensnormen eine vergleichsweise hohe Verhaltensregelmäßigkeit aufweisen.

20 Vgl. die Charakterisierung der Normstrukturen von Naturvölkerkulturen durch die Formulierung von »underlying postulates« bei Hoebel, Adamson, *The Law of Primitive Man. A Study in Comparative Legal Dynamics*, Cambridge 1954, S. 69 f., 104 f., 131, 142 f., 191 f., 252 ff. Hoebel ist sich allerdings des Problems bewußt und fordert eine Präzisierung der empirischen Bestandsaufnahme als wesentliche Bedingung für die Weiterentwicklung der rechtsethnologischen Theorienbildung.

21 Dies im Sinne von Geiger, Theodor, *Vorstudien zu einer Soziologie des Rechts*, Neuwied/Rh. und Berlin 1964 (zuerst 1947). Geiger trifft aber leider nicht ausdrücklich die Unterscheidung von »Verhaltens-« und »Sanktionsgeltung«, was zu einigen Unklarheiten führt.

22 Die Frage der Identifizierbarkeit muß hier strikt von Vermutungen über die tatsächliche Geltungskraft einer Norm getrennt werden. Vgl. hierzu Geigers Ausführungen über die »Zweifelsformel« (Nicht-Belegbarkeit von b-Fällen), ebd., S. 96 ff. Eine ähnliche Zweifelsformel kann im Fall der Nicht-Belegbarkeit von a-Fällen formuliert werden. – Selbstverständlich können hier wie stets Feststellungen durch begründete Annahmen ersetzt werden. Nur muß klar bleiben, ob diese Annahmen sich auf die Kennzeichnung eines Verhaltens als normativ beziehen oder bereits auf eine bestimmte Geltungsstruktur der Verhaltensnorm.

Drittens. – Wir unterscheiden Verhaltensnormen von anderen sozialen Verhaltensregelmäßigkeiten wiederum durch ein äußerlich hervortretendes Verhaltensmerkmal, die *negativ sanktionierende Reaktion* auf abweichendes Verhalten. Das bedeutet selbstverständlich nicht, daß wir in der negativen Sanktion die »Ursache« einer Verbindlichkeit sähen. Ebensowenig wird angenommen, daß die Verhaltensgeltung sozialer Normen allein oder auch nur im wesentlichen auf Methoden der äußeren sozialen Kontrolle zurückzuführen sei. Der definitorische Ansatz schränkt die Bedeutung der Sozialisations- und Verinnerlichungsprozesse für die Rollenanalyse nicht ein. Tenbruck macht im übrigen mit Recht darauf aufmerksam, »daß bei strikter Verfolgung aller Momente einer Rolle sich die Untersuchung unweigerlich über die gesamte Struktur und Kultur der Gesellschaft ausdehnen muß«.[23] Es geht hier aber nicht um die Frage, wo wir aufhören, sondern wo und wie wir anfangen.[24]

Negative Sanktionen können einen deutlich als Verhaltensakt abgrenzbaren Inhalt haben: Tadel, Buße, Vertreibung usw. (»spezifische Sanktionen«). Sie können sich aber auch als »unspezifische Sanktionen« schwer faßbar über soziale Beziehungen ausbreiten: der Abweicher wird relativ häufig gemieden, man zieht ihn seltener ins Vertrauen, sein Wort gilt nichts mehr u.s.f. Ein solcher Entzug der üblichen »Benefizien der Vergesellschaftung« ist oft eine Form der Weiterwirkung spezifischer Sanktionen. Eventuell ist er aber auch die einzige beobachtbare Reaktion. Um nun hier nicht ins Uferlose abzutreiben, wollen wir solche Reaktionen nur dann noch als Sanktionen werten, wenn sie sich mit der Intention der *Erkennbarkeit als Antwort* auf ein bestimmtes Verhalten gegen den Abweicher rich-

23 Tenbruck, *Rollenanalyse*, S. 25. – Sein absichtlich lapidar gewählter Fall des Verkehrspolizisten ist ein gutes Übungsbeispiel.

24 Ist man sich darüber einig, dann sollte man freilich darauf verzichten, das Moment des äußeren Drucks und Zwanges in Beschwichtigungsformulierungen einzuwickeln. Das geschieht aber, wenn mit Allgemeinheitsanspruch behauptet wird, negative Sanktionen seien zwar sichtbarer, positive dagegen zahlreicher und auf lange Sicht wirksamer; oder: soziologische Analyse neige überhaupt dazu, das unkorrekte Bild »of a tremendous social pressure« zu geben. »That is true of no culture« (Rose, A. M., *Sociology*, New York 1956, S. 71 und S. 84 f., zitiert von Tenbruck, *Rollenanalyse*, S. 5 und S. 11). Soziologisch belangvoll können derartige Ratschläge zur allgemeinen Bewußtseinskorrektur eigentlich nur gemacht werden, wenn man sich den Wohnort des Autors auf der Landkarte hinzusucht (und gleichzeitig auf die Uhr sieht).

ten.[25] (Also z. B. nicht: Klatsch hinter dem Rücken, Repressalien, die gegenüber dem Betroffenen als »zufällig« markiert werden.) Diese Grenzziehung ist nicht scharf, dürfte aber in der Regel ausreichen. Ihre innere Rechtfertigung liegt darin, daß nur eine Reaktion, die für den Betroffenen als Antwort auf ein abweichendes Verhalten erkennbar sein will, sich zugleich auch *für* die Geltung der übertretenen Norm exponiert. Nur eine Reaktion dieser Art trifft nicht nur die Person des Abweichers, sondern ist zugleich auch eine Affirmation der übertretenen Norm.

Es spräche nun im Prinzip nichts dagegen, hier auch die positiven Sanktionen einzubeziehen. Dabei bieten sich jedoch Schwierigkeiten, die offenbar häufig übersehen werden.[26] Einige Hinweise mögen hier genügen: Auf ein bestimmtes normkonformes Handeln hin geschieht gemeinhin – nichts. Jedenfalls nichts Besonderes, das sich vom üblichen Interaktionsprozeß abhöbe. (Ausnahmen sind vor allem die Konformitätsprämien als Hilfsmittel im Lernprozeß der Erziehung.) Unspezifische positive Sanktionen – besonderes Vertrauen, Ansehen, starker »Kontaktwert« – knüpfen sich selten an einzelne Handlungen, sondern ziehen eher eine »Verhaltensbilanz«. Dort aber, wo sich eindeutig spezifische positive Sanktionen feststellen lassen, ergibt sich eine weitere Schwierigkeit der Zuordnung: Sie beziehen sich oft auf Verhaltensstandards, die sich mit Verhaltensnormen *nicht decken*. (Der bloße Zusammenhang der Sinngehalte hilft uns hier nicht weiter.) Den Vorschlägen zur Einbeziehung positiver Sanktionen in die Analyse sozialer Normen scheint demgegenüber die Vorstellung zugrunde zu liegen, man könne positive und negative Sanktionen i. S. einer Skala anordnen, in der die Verhaltensnormen als Nullpunkt fungierten. Solche durchgehenden Skalen sind aber nur konstruierbar, wenn man von vornherein Verhaltensnormierungen als Leistungskontinuum auffaßt und damit

25 Dies nach einem Vorschlag von Gerd Spittler, vgl. Anm. 15.

26 Zahlreiche Unklarheiten ergeben sich hier m. E. aus einer Vernachlässigung der Analyse konkreter Sanktionshandlungen. Entsprechend sind auch die gebräuchlichen Klassifikationen revisionsbedürftig, so insbesondere auch die vielzitierten Vorschläge von Radcliffe-Brown (Social Sanctions, in: *Structure and Function in Primitive Society*, London 2/1956) und Maunier, R. (*Précis d'un Traité de Sociologie*, Paris 1943). Wenn es noch durchsetzbar wäre, würde ich vorschlagen, die Bezeichnungen »positive« und »negative« Sanktionen ganz aufzugeben: Sie täuschen eine Parallelität der Phänomene und Funktionen vor, die so pauschal nicht unterstellt werden darf.

die verhältnismäßig klare inhaltliche Normbestimmung aufgibt. Hält man an dieser Bestimmung fest, so ist die Analyse der positiv sanktionierten Verhaltensstandards als eine besondere, ergänzende Aufgabe abzutrennen. Diese Aufgabe ließe sich charakterisieren als Untersuchung der normfreien Verhaltensspielräume im Hinblick auf die *spezifischen Chancen*, die bestimmte soziale Rollen bieten.

Viertens. – Der Begriff der Rolle soll die besondere *normative Situation der Inhaber bestimmter Positionen* bezeichnen. Das bedeutet nicht, daß sich die Analyse auf Rollennormen beschränken müßte. Gebräuchliche Verhaltensregelmäßigkeiten, soziale Gewohnheiten können ebenfalls einbezogen werden. Nur schlage ich vor, die Grenze möglichst deutlich zu ziehen und auch terminologisch zwischen *Rollennorm* und *Rollenbrauch* zu unterscheiden. Dabei hat die Nachweisbarkeit von Rollennormen als Voraussetzung für alle Fragen zu gelten, die sich ergänzend auf Rollenbräuche beziehen. Die Analyse solcher Rollenbräuche wäre – ebenso wie die Analyse der spezifischen Standards positiver Sanktionen – zur Untersuchung des Verhaltensspielraumes sozialer Rollen zu rechnen. Diesen normativen Spielraum darf man sich also keineswegs als sozial ungeformten Bereich vorstellen; er ist seinerseits wieder in vielfacher Weise durch soziale Standardisierungen geprägt.

Daß die empirische Trennung von Norm und Brauch nicht immer leicht ist und oft sehr genaue Untersuchungen erfordert, beruht u. a. auf dem »Randzonencharakter« vieler Bräuche: Sie sind oft gleichsam in der Grenznähe sozialer Normen angesiedelt und wirken als eine Art Vorwarnsystem. Entsprechend erweckt die Brauchkonformität eines Menschen Vertrauen in seine Normkonformität, die Abweichung von Bräuchen Mißtrauen.[27] (Wer nicht brauchkonform handelt, »nimmt es auch sonst nicht genau«.) Dieser Zusammenhang erklärt im übrigen auch die überbetonte Brauchkonformität von Aufstiegsmobilen wie überhaupt von Neulingen aller Art.

Eine weitere Unterscheidung haben wir bereits früher angedeutet: Die normative Situation einer Rolle ist durch die spezifischen Normen einer besonderen Position charakterisiert; für die normati-

27 Die Funktion vieler sozialer Bräuche ähnelt in dieser Beziehung derjenigen der Meinungsnormen. Vgl. Anm. 16.

ve Situation des Positionsinhabers und »Rollenspielers« sind dagegen auch die *allgemeinen Normen* relevant, die für alle Mitglieder einer Gesellschaft gelten, bzw. die *Zugehörigkeitsnormen*, die sich an alle Mitglieder einer intermediären Einheit wenden. Diese Unterscheidung ist im übrigen nicht so gekünstelt, daß wir sie nicht auch als sozial Handelnde (als Buchhalter, als Ehemann) häufig reflektierten, – z. B. wenn unsere besonderen Pflichten und Rechte mit den allgemeinen kollidieren. Eine andere Frage ist allerdings, wie exakt wir diese Unterscheidung bei der Analyse von Rollenstrukturen jeweils treffen müssen. Es sollte sich von selbst verstehen, daß sie nicht als Selbstzweck zu Tode geritten werden muß. Wie überhaupt die Genauigkeitsforderungen, die hier entwickelt worden sind, keine Grenzpfähle einbohren, wohl aber Maßstäbe der Präzision und damit auch Vergleichsebenen der verschiedenen Konzeptionen und Untersuchungen bieten sollen.

VI

Der begriffliche Ansatz muß sich in möglichster Ökonomie auf die formalen Umrisse bestimmter Strukturen beschränken. Nur so gewinnt er eine zureichende Offenheit für die vergleichende interkulturelle und geschichtliche Analyse. Offenbleiben muß vor allem das *Rollenverhältnis*, die subjektive Beziehung zur eigenen und zur fremden sozialen Rolle.

Gerade das Rollenverhältnis scheint nun aber zu Spekulationen herauszufordern, Spekulationen, die bestimmte phänomenale Gegebenheiten als universale Kennzeichen des Verhältnisses von Individuum und Rolle unterstellen. Es wäre wenig sinnvoll, all die zahlreichen Vorschläge zu diskutieren, die allzu deutlich darauf hinauslaufen, hochreflektierte Nuancen einer modernen Subjektivität zu anthropologischen Konstanten zu erheben. Aber es ist lehrreich, einen besonders geistvollen Versuch zu verfolgen: Georg Simmels Exkurs mit dem merkwürdigen Titel »Wie ist Gesellschaft möglich?«[28]

Die erkenntnistheoretische Fragestellung dieses Exkurses knüpft zunächst an Kant an, entfernt sich dann aber von Kant bis zur bloßen Analogie: Welche Erkenntnisprozesse sind – als Bedingung

28 Simmel, Georg, *Soziologie*, Berlin 4/1958, S. 21-30.

der Möglichkeit – vorauszusetzen, damit Menschen sich als vergesellschaftete, als Glied eines sozialen Ganzen sehen, verstehen, empfinden können?[29] Es läßt sich zeigen, daß Simmel in diesen Überlegungen bereits bestimmte strukturelle Merkmale gesellschaftlicher Zusammenhänge unterstellt, und zwar insbesondere die Zwangsläufigkeit der Entwicklung von Rollenstrukturen. »Gesellschaft, wie wir sie kennen«, ist für ihn ein rollendifferenziertes Gebilde. Die Fragestellung kann entsprechend umformuliert werden: Kraft welcher Erkenntnisprozesse können wir uns als Teil, als Glied eines rollendifferenzierten Gebildes verstehen?

Zwei Argumentationen Simmels sind hier von besonderem Interesse. Beide gruppieren sich um Beschreibungen phänomenaler Gegebenheiten, die als allgemeingültig unterstellt werden. »Wir sehen den andern nicht schlechthin als Individuum, sondern als Kollegen oder Kameraden oder Parteigenossen, kurz als Mitbewohner derselben besonderen Welt, und diese unvermeidliche, ganz automatisch wirksame Voraussetzung ist eines der Mittel, seine Persönlichkeit und Wirklichkeit in der Vorstellung des andern auf die von seiner Soziabilität erforderte Qualität und Form zu bringen.«[30] Wir sehen den andern nicht schlechthin als Individuum, auch dann nicht, wenn uns »der Gedanke seiner realen, schlechthin individuellen Bestimmtheit« als »heuristisches Prinzip des Erkennens« leitet.[31] Der andere erscheint uns stets sozial verallgemeinert als Offizier, kirchlich Gläubiger, Beamter, Gelehrter, Familienmitglied. Das Rollenbild verschiebt, verschleiert die Individualitätserkenntnis.

Diese phänomenale Gegebenheit versucht Simmel zu begründen: Das »vollkommene Wissen um die Individualität des andern« (das vollkommene Gleichheit auch des tiefsten Individualitätspunktes voraussetzen würde) ist uns prinzipiell versagt.[32] Der Versuch, uns ein Bild vom anderen zu machen, führt stets zu Verschie-

29 »Sehen«, »verstehen«, »empfinden«: Damit ist etwa die Spannweite angegeben, innerhalb deren die Fragestellung Simmels – nach den Bedingungen dieser Erfahrungen – variiert.

30 Ebd., S. 25. »Als Mitbewohner derselben besonderen Welt«: Simmel hat in dem zitierten Zusammenhang den Fall einer Beziehung zwischen Mitgliedern desselben sozialen Kreises im Auge. Eine entsprechende »ganz automatisch wirksame Voraussetzung« gilt selbstverständlich auch, wie es gleich anschließend heißt, »für das Verhältnis der Zugehörigen verschiedener sozialer Kreise zueinander«.

31 Ebd.

32 Ebd., S. 24.

bungen, Ergänzungen, Typisierungen. Die soziale Verallgemeinerung, in der wir den anderen als Offizier, Beamten usw. sehen, ist lediglich die letzte einer Reihe solcher »Neugestaltungen«. Indem aber die Unmöglichkeit der reinen Individualiätserkenntnis uns schließlich in diese Neugestaltung der sozialen Verallgemeinerungen hineindrängt, ist sie auch Grund und Bedingung unserer spezifisch sozialen Erkenntnisfähigkeit. Erst durch die soziale Verallgemeinerung werden »die Beziehungen, die wir allein als die gesellschaftlichen kennen«, möglich.[33] Erst sie ermöglicht es dem Menschen, soziale Differenzierungen »in sich zu repräsentieren«. Erst die Verschleierung des schlechthin Singulären bringt die »Persönlichkeit und Wirklichkeit in der Vorstellung des anderen auf die von seiner Soziabilität erforderte Qualität und Form«. Was soziales Leben erst möglich macht, ist also für Simmel die gemilderte Wahrheit. Was menschliches Zusammenleben erlaubt, ist das verschleierte Verständnis. Gesellschaft wird erst möglich durch das, was wir nicht wollen: durch diejenigen Qualitäten unseres Erkenntnisvermögens, die uns von der reinen Individualitätserkenntnis abtreiben; die leisten, was wir nicht wünschen, um zu ermöglichen, was wir wünschen müssen: Gesellschaft als Beziehung zwischen sozial verallgemeinerten Personen.

Eine zweite Überlegung Simmels schränkt in gewisser Weise die erste ein. Simmel geht wieder einen Schritt zurück: »Eine andere Kategorie, unter der die Subjekte sich selbst und sich gegenseitig erblicken, damit sie, so geformt, die empirische Gesellschaft ergeben können, läßt sich in dem trivial erscheinenden Satz formulieren: daß jedes Element einer Gruppe nicht nur Gesellschaftsteil, sondern außerdem noch etwas ist.«[34] Auch hier wieder wird die gemeinte phänomenale Gegebenheit konkret beschrieben. »Wir wissen von dem Beamten, daß er nicht nur Beamter, von dem Kaufmann, daß er nicht nur Kaufmann, von dem Offizier, daß er nicht nur Offizier ist; und dieses außersoziale Sein, sein Temperament und der Niederschlag seiner Schicksale, seine Interessiertheiten und der Wert seiner Persönlichkeit, so wenig er die Hauptsache der beamtenhaften, kaufmännischen, militärischen Betätigungen abändern mag, gibt ihm doch für jeden ihm Gegenüberstehenden jedes Mal eine bestimmte Nuance und durchflicht sein soziales Bild mit außer-

33 Ebd., S. 25.
34 Ebd., S. 25 f.

sozialen Imponderabilien. Der ganze Verkehr der Menschen innerhalb der gesellschaftlichen Kategorien wäre ein andrer, wenn ein jeder dem andern nur als das gegenüberträte, was er in seiner jeweiligen Kategorie, als Träger der ihm gerade jetzt zufallenden sozialen Rolle ist.«[35] Rollenbeziehungen sind also stets durch dieses »Außerdem« mitgeprägt. In dem Wissen um dieses »Außerdem« tritt als phänomenale Gegebenheit in Erscheinung, »daß der Einzelne mit gewissen Seiten nicht Element der Gesellschaft« ist. Und eben dies bildet die »positive Bedingung dafür, daß er es mit andern Seiten seines Wesens ist: die Art seines Vergesellschaftet-Seins ist bestimmt oder mitbestimmt durch die Art seines Nicht-Vergesellschaftet-Seins«.[36]

Es liegt nun auf der Hand, daß diese Argumente von der Spannung Individuum-Gesellschaft bestimmt werden. Der vorausgesetzte Individualitätsbegriff ist nicht-empirischer Art. Der »tiefste Individualitätspunkt« eines Menschen ist für den anderen nicht nachformbar. Diese soziale Unwirklichkeit der Individualität geht aber ein in die Wirklichkeit der Gesellschaft: »Das Apriori des empirischen sozialen Lebens ist, daß das Leben nicht ganz sozial ist [...].«[37] In den Behauptungen über phänomenale Gegebenheiten treffen sich beide Gedankengänge in einem Einerseits-Andererseits: Einerseits gelingt es uns niemals, den anderen Menschen ohne die soziale Verallgemeinerung, die der Rollenbeziehung entspricht, zu sehen; andererseits ist die soziale Beziehung auch niemals ganz durch das Rollenbild geprägt, stets schwingen »außersoziale Imponderabilien« mit, das Wissen um ein »Außerdem« – und zwar so, daß dieses »Außerdem« und »Außerhalb« die Beziehungen doch im ganzen mitbestimmt. Oder in einem Satz: »Der ganze Verkehr der Menschen innerhalb der sozialen Kategorien wäre ein anderer«, wenn wir *rein* individuelle oder *rein* soziale Beziehungen begründen könnten.

Jenseits dieser Spekulation, die eigentümlich faszinierend ein bestimmtes soziales Bewußtsein formuliert, bleiben zwei Feststellungen, die als allgemeine Kennzeichnungen des Rollenverhältnisses

35 Ebd., S. 26.

36 Ebd.

37 Ebd., S. 27. – Die Frage »Wie ist Gesellschaft möglich?« hat bei Simmel die ständig mitschwingende Nebenbedeutung: Wie ist Gesellschaft für die (sich modern reflektierende) Individualität erträglich?

gelten können. Die »soziale Verallgemeinerung« Simmels deckt sich mit einem Teilaspekt der bereits erwähnten sozialen Abstraktionsprozesse: der Subsumtion individueller Personen unter positionelle Kategorien. Diese Fähigkeit ist, wie Simmel gesehen hat, eine Erkenntnisbedingung des rollendifferenzierten Verhaltens, eine Bedingung gesellschaftlicher Beziehungen, »wie wir sie kennen«. Weiter ist festzuhalten, daß die Beziehungen zwischen Rolleninhabern nicht völlig durch diese Abstraktion bestimmt werden oder, vorsichtiger: nicht völlig bestimmt werden müssen. Die Omnipräsenz der »Imponderabilien«, die Simmel beschreibt, ist eine Plausibilitätsfrage. (Als »außersozial« kann er sie übrigens nur bezeichnen, weil er in diesem Argument »soziales Sein« mit »Rolle« gleichsetzt und sich so die Brücke baut, um seinen Dualismus von »Vergesellschaftet-Sein« und »Nicht-vergesellschaftet-Sein« in die phänomenale Gegebenheit sozialer Beziehungen überhaupt einzuschieben.)

Ob ein Versuch, Allgemeinaussagen über subjektive Rollenverhältnisse zu formulieren, über Simmel hinauskommen kann, können wir hier dahingestellt sein lassen, – in jedem Fall sollte der *begriffliche Ansatz* für die vergleichende Analyse der verschiedensten Gehalte offenbleiben.

Gewiß lassen sich die verschiedensten *Klassifikationen* möglicher Rollenverhältnisse entwickeln. So liegt es etwa nahe, die »Aneignung« der *eigenen* sozialen Rolle – Simmel handelt von der Beziehung zu *Fremd*rollen – nach dem traditionellen dialektischen Schema aufzugliedern: die problemlos-spontane Identifikation des Einzelnen mit seiner sozialen Rolle – die Diremption von Rolle und Einzelnem, als Neben- und Gegeneinander der als individuell reflektierten Existenz und des entfremdeten »Sein für andere« – die geleistete Einheit beider, als rollengerechte Individualisierung wie als individuelle Prägung der Rolle.[38] Solche Klassifikationen ver-

38 Hier wäre freilich nicht nur an einen Prozeß der Anpassung von Individuum und Rolle zu denken, sondern auch an das, was Simmel in einem dritten Gedankengang seines Exkurses den »Allgemeinheitswert der Individualität« nennt (S. 28 ff.): Der Prozeß der Positionszuordnung unterstellt – »nicht psychologisch, sondern phänomenologisch« – eine grundsätzliche »Harmonie« zwischen dem Angebot ungleichartiger Individuen und dem Angebot ungleichartiger Positionen. »Von hier aus wird nun das Apriori sichtbar [...], das dem Einzelnen eine Grundlage und ›Möglichkeit‹, einer Gesellschaft zuzugehören, bedeutet. Daß jedes Individuum durch seine Qualität von sich aus auf eine bestimmte Stelle innerhalb eines sozialen Milieus hingewiesen ist: daß diese ihm ideell zugehörige Stelle auch wirk-

danken ihren Reiz den geschichtsphilosophischen Analogien. Für interkulturelle Vergleiche sind sie kaum ein geeigneter Ansatz. Generell wiederholen sie nur die Erkenntnis, daß es hier »etwas« gibt, mit dem sich der Einzelne identifizieren kann, aber nicht identifizieren muß.

Offen für vergleichende Analyse bleiben aber nicht nur die Rollenverhältnisse, sondern selbstverständlich auch solche Variablen wie die Methoden der Rollenzuordnung, der Grad der Rollendifferenzierung, die Art der Rollensummierung. Wird das übersehen, so liegt es in der Tat nahe, der Rollenanalyse eine prinzipiell »methodische Blindheit gegenüber dem historischen Charakter der Gesellschaft« vorzuwerfen.[39] Jürgen Habermas, der diesen Vorwurf erhoben hat, stellt zunächst sehr allgemein fest: »Mit der operationellen Einführung dieser Kategorie erschließt sie (die Rollenanalyse) ganze Bereiche gesellschaftlichen Verhaltens exakter Analyse, den Rollencharakter selbst muß sie freilich als solchen unterstellen.«[40] Es kommt nun hier offensichtlich darauf an, was man unter »Rollencharakter« verstehen will. Zweifellos ist die eben erwähnte Diremption von Individualität und Rolle (auch) ein spezifisch modernes Phänomen. Zweifellos haben sich in industriellen Gesellschaften besondere Methoden der Rollenzuordnung, eigentümliche Formen der Rollendifferenzierung und Rollensummierung entwickelt: »Die Vervielfältigung, die Verselbständigung und der beschleunigte Umsatz abgelöster Verhaltensmuster gibt erst den ›Rollen‹ eine quasi dingliche Existenz gegenüber den Personen, die sich darin ›entäußern‹ und in der zu Bewußtsein kommenden Entäußerung den

lich in dem sozialen Ganzen vorhanden ist – das ist die Voraussetzung, von der aus der Einzelne sein gesellschaftliches Leben lebt und die man als den Allgemeinheitswert der Individualität bezeichnen kann.« Dieser allgemeine Gedanke ließe sich in eine sozialpsychologische und sozialstrukturelle Fragestellung übersetzen. Er bewahrt uns vielleicht eher als andere Ansätze vor der spezifisch modernen Versuchung, die Erfüllung sozialer Rollen als Produkt eines Zweikampfes zwischen Individuum und Rolle zu betrachten. »Daß die Individualität des Einzelnen in der Struktur der Allgemeinheit eine Stelle findet, ja, daß diese Struktur gewissermaßen von vornherein, trotz der Unberechenbarkeit der Individualität, auf diese und ihre Leistung angelegt ist«: diese Unterstellung, ihre Art und Sicherheit, ist wahrscheinlich grundlegender als die erwähnte »rollengerechte Individualisierung« und »individuelle Prägung der Rolle«.

39 Habermas, Jürgen, *Theorie und Praxis*, Neuwied/Rh. und Berlin 1963, S. 175.

40 Ebd., S. 173.

Anspruch auf Innerlichkeit entfalten – wie die Geschichte des bürgerlichen Bewußtseins, zumal im 18. Jahrhundert, zeigt.«[41] Wahrscheinlich sind diese Entwicklungen eine Bedingung der modernen soziologischen Reflexion des Rollenphänomens. (Wobei die wissenssoziologischen Zusammenhänge freilich schwierig zu fassen sind, – gerade hier reicht es ausnahmsweise nicht aus, die Erklärung in das Arkanum der amerikanischen Gesellschaft zu versenken.) Was aber ist nun für Habermas der unterstellte »Rollencharakter«? Unversehens läßt er ihn mit der gerade beschriebenen »Vervielfältigung« und der zum »Bewußtsein kommenden Entäußerung« *zusammenfallen*: »Wird sie (die Rollenkategorie) aber in der Anwendung auf gesellschaftliche Verhältnisse schlechthin zu einer universalhistorischen Kategorie verallgemeinert, muß die Rollenanalyse mit ihrer eigenen geschichtlichen Bedingtheit überhaupt gesellschaftliche Entwicklung als eine geschichtliche ignorieren – so, als sei es den Individuen äußerlich, ob sie, wie der Leibeigene des hohen Mittelalters, einigen wenigen naturwüchsigen Rollen, oder aber, wie etwa der Angestellte in der industriell fortgeschrittenen Zivilisation, vervielfältigten und beschleunigt wechselnden, in gewissem Sinne abgelösten Rollen subsumiert sind.«[42] Übergehen wir die Frage, wie naturwüchsig dem Leibeigenen des Mittelalters seine Rollen erschienen sein mögen. Die Wandlungen, die Habermas hier andeutet, gehören jedenfalls gerade zu jenen Problemen, deren »exakter Analyse« die Rollenkategorie dienen soll. Das wäre freilich ein ganz ungewöhnlich törichtes Unterfangen, wenn gleichzeitig »die Rollen als solche [...] in ihrer Konstellation zu den Rollenträgern konstant gesetzt« würden.[43]

Der Einwand kann sich freilich und sollte sich auch immer neu formieren. Denn es trifft zu, daß die Rollenanalyse geschichtliche Entwicklung als »die Abwandlung immer gleicher Grundverhältnisse« sieht.[44] Wir haben versucht, diese Grundverhältnisse zu formulieren. Aber wie das auch immer geschieht: derartige Unterstellungen bleiben fragwürdig und sollten in Frage gestellt werden.

41 Ebd., S. 174.
42 Ebd.
43 Ebd.
44 Ebd.

VII

Im Rahmen *soziologischer Theorien* (im engeren Sinne) hat der Rollenbegriff keine größere und keine geringere Bedeutung als irgendwelche anderen Begriffe, die bestimmte Aussageelemente abgrenzen. Er kann dazu dienen, das Explorandum zu formulieren (z. B.: Wie ist ein Wandel der familiären Rollenstruktur im Sinne der Gleichberechtigung zu erklären?), er kann die Anfangsbedingungen fixieren, und er kann schließlich in die These selbst eingesetzt werden. Irgendeinen erklärenden Wert selbst hat der Rollenbegriff nicht. Seine Funktion in diesem Zusammenhang besteht darin, daß er aus einer Fülle von Phänomenen allgemeine, vergleichbare und möglichst präzis umgrenzte Kennzeichen ablöst und als Aussageelemente anbietet.

Aber auch in diesem Sinne ist seine Brauchbarkeit begrenzt. Der Rollenbegriff bezieht sich auf ein relativ stark fortgeschrittenes Institutionalisierungsniveau. Viele Phänomene der Vergesellschaftung erfaßt er nur peripher. So erfaßt er etwa soziale Differenzierungen nicht-normativer Art nur insofern, als sie durch die Rahmenbedingungen von Rollenstrukturen mitbedingt sind. In ganzen Bereichen soziologischer Probleme bleibt seine Verwendbarkeit ziemlich gering, z. B. für die Analyse von Klassenkonflikten.[45]

Die Aussageelemente nun, die die Rollenanalyse der soziologischen Theorie anbieten kann, lassen sich unter zwei Kategorien subsumieren: Einmal können sich bestimmte Thesen auf *Rollen* bzw. Rollenstrukturen und Methoden der Rollenzuordnung beziehen (z. B. auf den Zusammenhang von sozialem Wandel und bestimmten Methoden der Rollenzuordnung; von ökonomischer Basis und familiären Rollenstrukturen; von Vorgesetztenrollen und der Chance, persönliche Autorität zu gewinnen). Ferner können Thesen über

45 Gewiß ist, wie Dahrendorf (ebd., S. 60 f.) betont, der Konflikt zwischen Arbeiter und Unternehmer nicht unbedingt persönlicher Art, sondern »strukturell gegeben«. Aber diese strukturelle Gegebenheit scheint mir höchst unvollkommen und peripher dadurch bestimmt, daß beide »Träger sozialer Rollen« seien, »die (unter anderem) durch widersprüchliche Rollenerwartungen definiert sind«. Man wird hier kaum ohne den (in der Soziologie) ehrwürdigen Begriff des Interesses auskommen können und sich weiter daran erinnern müssen, daß sich Rollennormen durchsetzen können, die geradezu darauf angelegt sind, interessenblind zu machen.

rollenkonformes bzw. über abweichendes *Verhalten* formuliert werden (z. B. über den Zusammenhang von Positions-Prestige und Rollenkonformität; von abweichendem Verhalten und dem Grad der Verhaltensinformation, den die Normabsender haben oder haben könnten). Es scheint mir ein wesentlicher Vorzug der Rollenanalyse zu sein, daß sie Aussagen über Rollen *und* über rollenkonformes bzw. abweichendes Verhalten ermöglicht. Diese Möglichkeit läßt sich darauf zurückführen, daß der begriffliche Ansatz eine doppelte Klassifikationsleistung begründet: die Heraustrennung bestimmter Handlungsabläufe (des rollen*relevanten* Verhaltens) aus dem Kontinuum sozialen Verhaltens, insbesondere auch aus der Fülle der Standardisierungen, und die Scheidung des rollenrelevanten Verhaltens in konforme und abweichende Handlungen. Damit werden innerhalb des gleichen Bezugsrahmens sowohl Bestimmungen der Handlungsbereiche möglich, die in einer Gesellschaft unter einem besonderen Konformitäts*druck* stehen, wie differenzierte Aussagen über den Konformitäts*grad*. Diese Verbindung dürfte analytisch wie theoretisch besonders aussichtsreich sein, – und entsprechend erscheint mir der Vorschlag Dahrendorfs nicht sehr opportun, die Konformitätsfragen pauschal an die Psychologie zu delegieren. Freilich wäre es wenig sinnvoll, über derartige Kompetenzzuordnungen zu streiten. Gefährlich wird der Vorschlag Dahrendorfs erst durch die Prämisse, die ihm zugrunde liegt: Die Frage der Verhaltenskonformität soll im Bereich der Soziologie abgedeckt werden durch die Gleichsetzung von Rolle und rollenkonformem Verhalten. Am Anfang aller Forschung und Konstruktion der neueren Soziologie stünde der Satz: »Der Mensch verhält sich rollengemäß.« Und noch deutlicher: »Soziologische Theorien beruhen auf der Annahme, daß soziale Rollen mit menschlichem Verhalten gleichgesetzt werden können.« »Für den Soziologen sind Rollen irreduzible Elemente der Analyse.«[46] Das ist die Geburt des Homo Sociologicus. Und zugleich die Geburt eines Problems, das sich aus dieser Gleichsetzung ableitet: Es ergibt sich für den Soziologen zwangsläufig »nahezu ein Gegensatz zwischen seiner für Zwecke der Theorie fruchtbaren Konstruktion« – dem Homo Sociologicus als dem prinzipiell rollengemäß handelnden Menschen – »und seiner Idee der menschlichen Natur«.[47] Man könnte auch sagen: seinem Common sense.

46 Ebd., S. 77 und S. 45 Anm.
47 Ebd., S. 87.

Aber warum sollte die Konstruktion des Homo Sociologicus fruchtbar sein? Sie ist m. E. zunächst und vor allem unnötig. Entweder formulieren wir theoretische Aussagen über Rollen und Rollenstrukturen. Dann zwingt uns nichts, gleichzeitig anzunehmen, daß die Menschen sich rollenkonform verhielten. Es zwingt uns nichts, diese Frage nicht einfach offenzulassen. Oder wir formulieren Aussagen über rollenkonformes bzw. abweichendes Verhalten, dann *stellen* wir die Konformitätsfrage. Merkwürdigerweise ist die Unterstellung Dahrendorfs in der deutschen Diskussion ausdrücklich oder stillschweigend akzeptiert worden.[48] Entsprechend wurde die Problematik der Konformitätswirkung soziologischer Theorien plötzlich im Lichte dieser Konformitätshypothese gesehen. Nun zweifelt wohl niemand daran, daß diese Probleme existieren und daß sie sich mit zunehmender öffentlicher Wirksamkeit der Soziologie zunehmend verschärfen. Aber sie sind hier am falschen Nagel aufgehängt. Der verhaltenskonforme Homo Sociologicus, so furchterregend er aussehen mag, ist eine Konstruktion, die auch innerhalb der Soziologie keinerlei Bedarf deckt. Sie deckt im Gegenteil einen Teil der Chancen, die der Ansatz der Rollenanalyse eröffnet, wieder zu.

Man könnte freilich einwenden, daß Aussagen über Rollenstrukturen implizite eine gewisse Häufigkeit des entsprechenden Verhaltens unterstellen. Das ist sicher richtig. Sofern sich solche Aussagen, wie wir vorschlagen, primär an feststellbaren Handlungsabläufen orientieren, sind sie auch auf die Feststellbarkeit gewisser Häufigkeiten angewiesen.[49] Aber solange keine Angaben über den Geltungsgrad der Rollennormen gemacht werden, bleiben diese Häufigkeiten – absolut wie relativ – unbestimmt. Es ist wenig zweckmäßig, die fehlende Information durch die Annahme einer hundertprozentigen Konformität zu ersetzen. Gewiß bleibt auch die übliche Unbestimmtheit von Häufigkeits-Unterstellungen unbefriedigend. In vielen Fällen werden wir uns damit abfinden müssen.

48 Selbst Tenbruck, der methodisch schärfste Kritiker, scheint diese Konformitätshypothese hinzunehmen. – Möglicherweise ist auch oft übersehen worden, daß der Homo Sociologicus im Sinne Dahrendorfs nicht der Mensch als Rollenspieler ist, sondern der Mensch, der sich prinzipiell rollenkonform verhält. Erst aus dieser Unterstellung ergeben sich für Dahrendorf die moralischen und politischen Probleme, die er diskutiert.

49 S. oben, S. 27.

Aber prinzipiell bieten sich noch erhebliche Möglichkeiten, die Analyse der Geltungsstrukturen von Normen und Rollennormen auszubauen, – Möglichkeiten des Ausbaus der soziologischen Analyse wie der Erweiterung soziologischer Theorien.

Schwerer bestimmbar ist die Funktion des Rollenbegriffs im Rahmen *soziologischer Theorie im weiteren Sinne*, der »Theorie der Gesellschaft«. Die Aufgabe einer solchen Theorie hat S. F. Nadel besonders vorsichtig formuliert: ein konzeptionelles Schema zu entwickeln, »das dazu dient, das Problemfeld abzustecken und so die Grundlage für eine empirische Erforschung durch angemessene Methoden zu schaffen. Genauer, die begrifflichen Annahmen dienen dazu, Phänomene zu klassifizieren, sie in relevante Einheiten zu zerlegen, ihre Wechselbeziehungen aufzuzeigen und Verfahrensregeln und Interpretationsschemata zu umreißen«.[50] Es dürfte ohne weiteres einleuchten, daß die Rollenanalyse ebendiese Aufgabe zu leisten vermag. Ihr besonderer Vorzug liegt zweifellos darin, daß sie bereits im Ansatz auf die Analyse von »Wechselbeziehungen« zwischen »relevanten Einheiten« abzielt, also auf die Darstellung von Strukturen. Die Aufzählung Nadels wäre lediglich noch dahingehend zu ergänzen, daß ein konzeptionelles Schema dieser Art Aussageelemente, Bausteine für soziologische Theorien im engeren Sinne zu gewinnen versucht.

Soweit geht es also ausschließlich um eine vorbereitende Aufgabe. Nun heißt es aber am Schluß der »Theory of social structure« sehr viel weniger vorsichtig: Im Laufe der Entwicklung und Anwendung einer solchen begrifflichen Konzeption erreichen wir eine intensive Einsicht *»into the working of society«*.[51] Einsicht in das Funktionieren, die Arbeitsweise, das Getriebe, die Bewegung der Gesellschaft? Die Formulierung ist bezeichnend, wir begegnen ihr in der theoretisch-soziologischen Literatur in ähnlicher Form immer wieder. Was wird hier eigentlich beansprucht?

Wir können wohl ausschließen, daß einfach ein Realitätsanspruch des begrifflichen Schemas unterstellt wird (obwohl gerade Nadel in dieser Beziehung ungewöhnlich weit geht). Es deutet auch alles darauf hin, daß es sich nicht bloß um eine metaphorische Redewendung handelt, die »im Ernstfall« sofort zurückgezogen würde. In einer sehr allgemeinen Umschreibung wird man wohl zunächst

50 Nadel, *Theory of Social Structure*, S. 1.

51 Ebd., S. 154.

sagen können, daß in solchen Formulierungen die Tendenz zutage tritt, eine allgemeine soziologische Theorie nicht nur als Vorbereitung spezieller theoretischer Aussagen zu begreifen, sondern sie gleichsam auch am anderen Ende festzumachen, als Fortsetzung und Teil einer Sozialanthropologie.

Aber diese Tendenz wird meist nur zaghaft formuliert, mehr angedeutet als ausgesprochen. Gerade in der Konzeption soziologischer Grundbegriffe wirkt sie sich daher eher verwirrend aus und schafft die schon eingangs erwähnte Ambivalenz und Unsicherheit.

Fragen wir deshalb genauer: Was wird eigentlich unterstellt, wenn von Einsichten »into the working of society« die Rede ist? Unterstellt wird, daß Menschen, die sich vergesellschaften, sich Regeln auferlegen, Ordnungen schaffen. Unterstellt wird ferner, daß sie dies in einer höchst artifiziellen Weise tun, artifiziell wie das Feuermachen, der Werkzeuggebrauch, die Sprache. Unterstellt wird schließlich, daß sich das Artificium der Gesellschaft zwar inhaltlich, aber nicht konstruktiv unendlich variabel gestalten läßt. Dauerhafte Vergesellschaftung erfordert z. B. die Konstruktion sozialer Verhaltensregelmäßigkeiten auf Grund von Abstraktions-Vereinbarungen, den Entwurf sanktionierbarer Normen, den Bezug normativer Subsysteme aufeinander, die soziale Verallgemeinerung der Individuen zu Rollenträgern.

Nun sind dies natürlich bereits stark abstrahierende Feststellungen, die Zusammenhänge auftrennen und analytisch brauchbare Kennzeichen isoliert herausheben. Es würde uns keinen Schritt weiterführen, wenn wir behaupten würden, mit diesen Feststellungen – und nur mit diesen – »*das* Getriebe der Gesellschaft« zu Papier gebracht zu haben. Dennoch können wir den Anspruch formulieren, daß diese Feststellungen etwas darüber aussagen, wie Menschen sich vergesellschaften, – wie Gesellschaft, so wie wir sie kennen, konstruiert ist. Dahinter mag der noch weiter gehende Gedanke stehen, daß es sich hier um Bedingungen der Möglichkeit von Vergesellschaftung handle. In einem formallogischen Sinne ließe sich dieser Gedanke in einem Modell von Prämissen und Ableitungen auch konkretisieren. Methodisch aber führt es uns weiter, wenn wir zeigen können, daß sich mit Hilfe soziologischer Grundbegriffe Behauptungen über gesellschaftliche Strukturen formulieren lassen, die *universale Gültigkeit* beanspruchen. Diese Behauptungen beziehen sich also auf »Gesellschaft« i. S. von »*alle* Gesellschaften«, die wir kennen. Dabei können eventuell Qualifikationen eingeführt werden wie die Beschränkung auf Gesamtgesellschaften oder auf die Vergesellschaftungsprozesse, die einen gewissen Grad von Dauerhaftigkeit und Festigkeit erreicht haben. Selbstverständlich wären diese Behauptungen leer, wenn sie nicht widerlegbar wären. Die Frage ist also stets, ob sich der Widerlegungsfall zureichend eindeutig fixieren ließe. Für den Rollenbegriff – in der hier entwickelten Form – können wir diese Frage bejahen.

Der Universalitätsanspruch wäre unserer Ableitung entsprechend widerlegt, wenn sich eine Gesamtgesellschaft finden ließe, in der keine Verhaltensregelmäßigkeiten feststellbar wären, die im Fall abweichenden Verhaltens durch sanktionierende Reaktionen bekräftigt würden; in der nicht inhaltlich verschiedene Verhaltensregelmäßigkeiten dieser Art an verschiedene Klassen von Individuen gebunden wären; in der nicht für einige dieser Klassen von Individuen dauerhafte (tradierbare) Stellenwerte in der Gesellschaft vorgesehen wären, für deren Besetzung gesorgt würde. (Wahrscheinlich könnte man hier noch mehr riskieren und hinzufügen, daß einige dieser Stellenwerte stets auch sprachlich ausdrücklich *benannt* sind.)

Es erscheint mir also gerechtfertigt, wenn in der Diskussion über den Rollenbegriff immer wieder der Anspruch auftaucht, daß mit diesem Grundbegriff etwas sozial Grundlegendes getroffen werde. Nur ist es notwendig, diesen Anspruch aus dem vagen Hin und Her von vorsichtigen und riskanten Redewendungen herauszulösen und in einer angreifbaren Form zu formulieren. Das geschieht durch die Formulierung der Universalitätsthese. Wird eine Theorie der Gesellschaft als Serie von Universalitätsthesen dieser Art aufgebaut, dann bereitet sie nicht nur spezielle soziologische Theorien vor, sondern erhält auch einen allgemeinen und kontrollierbaren sozialanthropologischen Sinn.

Die Universalitätsthese präzisiert aber nicht nur einen zunächst vagen Allgemeinheitsanspruch. Sie gibt auch den konzeptionellen Erwägungen einen klaren Bezugsrahmen. Diese Erwägungen müssen auf die Vergleichbarkeit abzielen. (In unserem Fall also z. B. auf die Vergleichbarkeit von Aussagen über verschiedene Systeme der Rollenzuordnung, der Rollensummierung, der Rollenstruktur.) Das aber sollte die Frage herausfordern, wie weit der Bogen der Vergleichbarkeit jeweils gespannt werden soll. Ist es möglich, Begriffe zu bilden, mit denen überprüfbare Aussagen über universale Phänomene menschlicher Vergesellschaftung und ihre Abwandlungen formuliert werden können, dann ist der Bezugsrahmen der Vergleichbarkeit keineswegs ungenauer, sondern genauer bezeichnet als üblich. Dieser Anspruch aber wirkt auf den Prozeß der begrifflichen Abstraktion zurück: er erhält eine eindeutige Zielsetzung, und er ist einer bestimmbaren Belastungsprobe ausgesetzt. So erklärt sich, daß der Rollenbegriff, der hier an einer expressis verbis »weit« gefaßten Aufgabe orientiert wird, ungewöhnlich eng definiert ist.

Über die Präventivwirkung des Nichtwissens

Die Soziologie gilt mit Recht als eine Wissenschaft der Übergriffe, die überall hineinredet. Zugleich aber hat sich eine Art soziologische Esoterik entwickelt, die niemanden sonst noch etwas anzugehen scheint, ein Werkeln mit Kategorien und Problemen eigener Art. Vielleicht läßt sich zeigen, daß beide Tendenzen nicht notwendig unverbunden nebeneinander herlaufen müssen. Ich möchte es jedenfalls versuchen, indem ich aus Erwägungen, die so allgemein sind, daß ihnen die Zwecklosigkeit auf der Stirn geschrieben zu sein scheint, einige Anregungen für die kriminologische Forschung ableite.

In der allgemeinen soziologischen Theorie haben sich zahlreiche Argumente angesammelt, die den sozialen Sinn der Strafe dartun, ihre schützende, erhaltende, bindende Kraft. Zum Beispiel:[1] Die strafende Reaktion auf den Normbruch bringt nicht nur die jeweilige »Intensität der Kollektivgefühle« zum Ausdruck, die der Normbrecher verletzt hat, sie wirkt auch auf diese Kollektivgefühle zurück, erhält sie am Leben, verhütet, daß sie einschlafen (Emile Durkheim). Der Vollzug der Strafe gegen den Normbrecher, die abweisende, feindliche Haltung gegen einen Einzelnen, stärkt den Zusammenhalt, die Solidarität der Gruppe als Ganzes. In der gemeinsamen Ablehnung eines Abweichers, Außenseiters, Angreifers konstituiert sich die Gemeinsamkeit der Gruppe stets wieder aufs neue (George Herbert Mead). Die Strafe steht auch nicht im Gegensatz zu einer zwangfreien, inneren Anerkennung der Norm, sie verteidigt vielmehr die von »innen heraus Gehorsamen« gegen den Normbrecher, ja sie schafft erst den schützenden Raum, den Sicherheitsbereich, in dem freiwillige Normkonformität gedeihen kann (Theodor Geiger). Diese und viele ähnliche Argumente sind nicht

1 Zum folgenden vgl.: Durkheim, Emile, *Les Règles de la Methode Sociologique*, dt.: *Die Regeln der Soziologischen Methode*, hg. von René König, Soziologische Texte Bd. 3, Neuwied 1961, S. 155-164 (die Argumente zur Funktionalität der Strafe sind bei Durkheim eingefügt in die Überlegungen zur Funktionalität des Verbrechens); Mead, George Herbert, The Psychology of Punitive Justice, in: *American Journal of Sociology*, 1918, S. 585 ff.; Geiger, Theodor, *Vorstudien zu einer Soziologie des Rechts*, hg. von Paul Trappe, Soziologische Texte Bd. 20, Neuwied a. Rh. und Berlin 1964, S. 215 f.

neu, sie sind soziologische Akzentuierungen alter rechtsphilosophischer Gedanken. Aber sie haben innerhalb der soziologischen Theorie eine eigene und eine zentrale Bedeutung erhalten.

Die Strafe – die negative Sanktion auf abweichendes Verhalten – ist ein Lieblingskind der Soziologie geworden. Dafür sprechen gute Gründe. Aber es drängt sich am Rande auch die Frage auf, ob diese vielleicht doch etwas merkwürdige Beliebtheit der Strafe nicht auch blind, vielleicht farbenblind machen könne. Blind vor allem für die Grenzen der Leistungsfähigkeit negativer Sanktionen, die Grenzen ihrer »Funktionalität« für das Normensystem, für den sozialen Zusammenhalt, für den äußeren und inneren Frieden der Friedfertigen.

Diesen Zweifel erwägend, fand ich Hilfe bei William Makepeace Thackeray, dem englischen Erzähler, Essayisten, Satiriker. Aus seiner Glosse »On Being Found Out« wähle ich einige Passagen aus.

»Stellen Sie sich einmal vor, daß jeder, der ein Unrecht begeht, entdeckt und entsprechend bestraft wird. Denken Sie an all die Buben in allen Schulen, die verbleut werden müßten; und darin die Lehrer und dann den Rektor. [...] Stellen Sie sich den Oberbefehlshaber vor, in Ketten gelegt, nachdem er vorher die Abstrafung der gesamten Armee überwacht hat. Kaum hätte der Geistliche sein »peccavi« gerufen, würden wir den Bischof ergreifen und ihm einige Dutzend verabreichen. (Ich sehe meinen Lord Bischof von Double-Gloucester in einer höchst unbequemen Positur auf seinem höchstehrwürdigen Sessel sitzen.) Nachdem der Bischof dran war, wie wäre es mit dem Würdenträger, der ihn ernannt hat? [...] Die Prügelei ist zu schrecklich. Die Hand erlahmt, entsetzt über die vielen Rohre, die sie schneiden und schwingen muß. Wie froh bin ich, daß wir *nicht* alle entdeckt werden, ich wiederhole es, – und, meine lieben Brüder, ich protestiere dagegen, daß wir bekommen, was wir verdienen.

[...] Was für eine wundervolle, eine schöne Fürsorge der Natur, daß das weibliche Geschlecht meist nicht geschmückt ist mit der Begabung, uns zu entlarven. [...] Möchten Sie, daß Ihre Frau und Ihre Kinder Sie so kennen, wie Sie sind, und Sie präzis nach Ihrem Wert würdigen? Wenn ja – mein lieber Freund: Sie werden in einem tristen Hause wohnen, und frostig wird Ihr trautes Heim sein. [...] Du bildest Dir doch nicht ein, daß Du so *bist,* wie Du ihnen erscheinst. Nicht doch, mein Guter! Gib diese monströse Einbildung auf, und sei dankbar, daß *sie* nicht Bescheid wissen«.[2]

Thackeray hat vieles zugleich im Sinn. Dieser Auszug ist tendenziös, er konzentriert die Satire auf einen Gedanken: auf die höchst unangenehme Vorstellung einer Gesellschaft, in der die Menschen wechselseitig alles voneinander herausfinden. Legen wir Thackeray noch etwas weiter fest: Diese Gesellschaft, die er schildert, ist zwar höchst unangenehm, aber wir brauchen glücklicherweise nicht zu befürchten, einmal in sie hineinzugeraten. Es ist eine »unmögliche Gesellschaft«. Aber warum?

Ist es möglich, dies zu begründen? Argumente gegen Utopien pflegen selbst utopisch zu werden. Es ist höchst problematisch, die Möglichkeit bestimmter Gesellschaftsstrukturen schlechthin zu bestreiten. Nun scheint mir allerdings Thackeray in so listiger Weise einige fundamentale Zusammenhänge der Vergesellschaftung – »wie wir sie kennen« – gleichsam ausgeklinkt zu haben, daß es sich vielleicht doch lohnt, sich auf eine Polemik einzulassen. Wir sollten das Ziel freilich etwas zurückstecken und gleich eingestehen, daß in den Gegenargumenten »unmöglich« und »unrealistisch« als Syndnyme fungieren.

Thackerays schrecklich-unmögliche Gesellschaft beruht, so scheint es mir, auf drei Unterstellungen, die in einem implikatori-

2 Thackeray, William Makepeace (1811-1863), *On Being Found Out*, Werke Bd. 20, London 1869, S. 125-132. Die Glosse ist zuerst in der von Thackeray 1859 begründeten Monatsschrift »Cornhill Magazine« als Teil der »Roundabout Papers« erschienen. – Den Hinweis auf Thackeray verdanke ich Robert K. Merton, der in seiner Abhandlung »Continuities in the Theory of Reference Groups and Social Structure« einen fast gleichlautenden Auszug zitiert (in: *Social Theorie and Social Structure*, Glencoe/Ill. 1957, S. 345). Merton geht in zwei Zusammenhängen auf das Problem der Verhaltensinformation ein: In einer »provisional list of group properties« zählt er den Grad der »visibility or observability« innerhalb der Gruppe als eines von 25 Gruppen-Merkmalen auf (S. 319-322). Ausführlicher werden dann verschiedene Aspekte des Informationszugangs (Kenntnis von Normen, Werten, Verhaltensabläufen) auf S. 336-357 behandelt. – Der Hinweis Mertons auf Georg Simmel, der (auch) diesen Gesichtspunkt der »observability« (Übersehbarkeit) in die Soziologie eingeführt habe, kann als eo ipso zutreffend gelten. Aber Simmel hat sich, soweit ich sehe, bezeichnenderweise nur wenig für die Zusammenhänge von Verhaltensinformation und sozialer Kontrolle interessiert. Dies und nicht sein angeblich geringes systematisches Interesse dürfte der Hauptgrund dafür sein, daß er über eine Reihe von Randbemerkungen nicht hinausgegangen ist.

schen Zusammenhang stehen. Alle drei sind jeweils für sich genommen und zusätzlich in ihrem implikatorischen Zusammenhang fragwürdig.

Die erste »unmögliche« Unterstellung dürfte die Annahme der Durchsetzbarkeit *totaler Verhaltensinformation* sein. In dieser Gesellschaft, die er schildert, gibt es offenbar kein Geheimnis. Die Anderen oder doch irgendwelche Instanzen erfahren über kurz oder lang alles, was ich tue und unterlasse.

Nun ist die Kenntnis des Verhaltens anderer Menschen eine Kondition der Vergesellschaftung. Zugleich aber ist diese Kenntnis stets begrenzt: Wir erreichen nur ein partielles Wissen voneinander, ein Teil unseres Verhaltens bleibt auch in der engsten sozialen Beziehung für den anderen im dunkeln, unbekannt. Thackerays Groteske beruht darauf, daß er eine Kondition menschlicher Vergesellschaftung perfektioniert. Die wechselseitige Verhaltensinformation ist aber möglicherweise nur im Zustand der Nicht-Perfektion eine Bedingung der Möglichkeit des sozialen Lebens.

Es ist leicht, sich die Begrenztheit unseres Wissens voneinander zu veranschaulichen. Dazu würden für jeden von uns schon die ersten Ansätze einer Auto-Soziographie genügen. Wir brauchten uns nur zu fragen, welcher Sektor unseres Verhaltens anderen Menschen, mit denen wir zu tun haben, bekannt ist, welche Informationsquellen ihnen zur Verfügung stehen, wo die wahrscheinlichen und wo die sicheren Grenzen ihrer Kenntnisse liegen. Diese Fragen wären natürlich auch umzudrehen, – dann zeigt sich vielleicht besonders deutlich, daß wir unser eigenes Informationsniveau, sofern wir es nicht ausdrücklich reflektieren, im Alltag stark überschätzen. Wir orientieren uns ja faktisch nicht allein an einer bestimmten Summe von Informationen über andere Menschen, sondern an psychologischen Versionen, an Charakter-Bildern, die wir uns voneinander zurechtlegen. Solche Charakter-Bilder sind aber wesentlich auch eine Ergänzung, eine Extrapolation: sie kompensieren und verdecken die Informationslücken.

Wir stoßen weiter sofort auf die Tatsache, daß in den einzelnen sozialen Einheiten und Kreisen, denen wir angehören – in der Familie, im Freundeskreis, in Vereinen, in der Universität, der örtlichen Gemeinde – verschiedene Verhaltenskonten von uns geführt werden. Hier – so würde Thackeray wahrscheinlich sagen – profitieren wir von der verhältnismäßig starken Trennung der verschiedenen »privaten« und »öffentlichen« Gruppierungen in unserer Gesellschaft: Die jeweils begrenzten Kenntnisse anderer über unser Verhalten akkumulieren sich relativ wenig, sie fließen selten in einer Hand zusammen. Die Gefahr einer Gesamtbilanz ist ziemlich gering.

Am aufschlußreichsten ist aber wohl die Tatsache, daß in den eben erwähnten sozialen Einheiten nicht nur eine jeweils begrenzte, sondern eine *verschiedenartig* begrenzte Verhaltenstransparenz besteht. Offensichtlich kommen diese Unterschiede nicht zufällig zustande. Grad, Umfang, Art und Quelle der Verhaltensinformation sind unter anderem abhängig vom Gehalt der sozialen Beziehungen, der Größe der sozialen Einheit, der Häufigkeit der üblichen Interaktionen, der Organisationsform, insbesondere auch der hierarchischen Struktur. Die Verhaltensinformation hängt also eng mit anderen Kennzeichen der sozialen Struktur zusammen. Freilich ist es eine letztlich wohl inhaltsleere Vermutung, daß es für jede soziale Struktur so etwas wie ein »funktionales Optimum« der Verhaltenstransparenz gäbe – wie Robert Merton erwägt.[3] Aber man kann zweifellos im einzelnen zeigen, daß die Verhaltenstransparenz jeweils nicht uferlos ausdehnbar ist, ohne bestimmte Formen des sozialen Zusammenlebens zu stören, ja zu zerstören.[4]

Der Versuch, in einer bestimmten sozialen Einheit die Verhaltenstransparenz zu perfektionieren, wird irgendwann auf *Sperren* stoßen: auf subjektive – psychisches Unbehagen der Betroffenen, Renitenz, Gegenreaktionen – und auf objektive, die Grenzen des organisatorisch und technisch Möglichen bzw. der tragbaren sozialen Kosten.

Die Schwellenwerte und die Art dieser Sperren sind natürlich hochgradig variabel. So ist vor allem das individuelle Bedürfnis nach einem Spielraum der »Informations-Immunität«, wie wir es heute beobachten, von spezifisch modernen Bedingungen geprägt: Wir protestieren im Namen der individuellen Autonomie, der persönlichen Selbständigkeit gegen ausgedehnte Verhaltenskontrollen. Wir reagieren mit Unbehagen, ja mit gereiztem Mißtrauen insbesondere auf autoritäre Informationsinteressen, auf alles »Hineinsehen von oben«. Wir haben uns weitgehend an die Abkapselung der Kernfa-

3 Merton, *Social Theory and Social Structure*, S. 244.
4 Merton (S. 343) spricht hier von »excessive knowledge«.

milie mit ihrem Binnenraum des Privaten und Intimen gewöhnt, eine moderne Form der Geheimbündelei. – Es ist ziemlich müßig, weil letztlich sicher nicht entscheidbar, zu fragen, ob sich hinter diesen modernen Phänomenen allgemeine Erscheinungsformen psychischer Sperren gegen unbegrenzte Informationstendenzen finden ließen. Doch erscheint die Annahme einleuchtend, daß stets ein Zusammenhang besteht zwischen dem *Grad der Solidarität*, der Verbundenheit und der jeweils ohne Widerstreben *akzeptierten* Verhaltenstransparenz sozialer Gruppen. Insofern aber unterstellt werden kann, daß der Einzelne stets in mehreren Gruppierungen unterschiedlichen Solidaritätsgrades soziiert ist, dürften auch stets Bedingungen vorliegen, die eine potentielle psychische Widerstandsbereitschaft gegen beliebige Informationserweiterungen begründen.

Greifbarer sind selbstverständlich die organisatorisch-technischen Sperren gegen eine Perfektionierung der Verhaltensinformation. Es würde sich lohnen, eine vergleichende Typologie der politischen Verbände unter diesem Gesichtspunkt zu entwerfen. Zu fragen wäre nach den Bedingungen des unterschiedlichen Informationsbedarfs der politischen Spitze; nach den sozialen Kosten, die zu diesem Zweck in Kauf genommen werden; nach den organisatorischen Mitteln: den verschiedenen hierarchischen Kanälen mit ihrer jeweils begrenzten Informationskapazität, den Spitzel- und Beichtzwangsystemen; schließlich nach dem technischen Potential zur Ermittlung und Speicherung von Informationen, insbesondere den Modifikationen der Technik der Schrift und entsprechend der »Schriftlichkeit der Verwaltung«. In allen heute übersehbaren Konstruktionen dieser Art aber bleibt auch die Frage nach ihrer Unvollkommenheit sinnvoll. Es bieten sich stets wieder neue Chancen, sich den Informationsinteressen zu entziehen. Selbst Orwell kann seine Utopie der perfekten Verhaltensinformation als Roman schreiben: Die Geschichte, die er erzählt, kann nur in Gang kommen, weil die Perfektion – trotz der eingebauten Fernsehapparaturen – eben nicht erreicht ist. Es läßt sich doch etwas »im geheimen« tun.

Diese Perfektion ist auch, wie wir behaupten, nicht *erreichbar*. Die beiden bisher genannten »Sperren«, die psychischen und die organisatorischen, zeigen die Widerstände, die bereits dem Durchsetzungsversuch entgegenstehen. Es bietet sich aber eine weitere Begründung unserer Behauptung an, die mir zugleich einfacher und schlagender zu sein scheint.

Eine vollkommene Verhaltensinformation würde zwangsläufig auch die Information über jedes *normrelevante* Verhalten, also auch über jede *Abweichung von den geltenden Normen* einschließen. Das setzt ja auch Thackerays endloser Entlarvungsprozeß voraus – ja, das ist die eigentliche Pointe der Informations-Perfektion und zugleich die Klippe, an der sie scheitert. Thackeray muß hier nämlich eine zweite Unterstellung einschieben: die Annahme, daß *ein soziales Normensystem diese lückenlose Information über abweichendes Verhalten aushalten könnte.* Indem wir diese zweite Annahme bestreiten, ergänzen wir zugleich auch unsere Argumente gegen die Möglichkeit einer vollkommen »durchsichtigen« Gesellschaft.

Kein System sozialer Normen könnte einer perfekten Verhaltenstransparenz ausgesetzt werden, ohne sich zu Tode zu blamieren. Eine Gesellschaft, die jede Verhaltensabweichung aufdeckte, würde zugleich die Geltung ihrer Normen ruinieren. Und Thackerays Gesellschaft wäre zusammengebrochen, wahrscheinlich längst bevor der Bischof und der Oberbefehlshaber dran wären. Normbrüche sind unvermeidbar. Aber es ist vermeidbar – und es wird stets vermieden –, daß sie alle ans Tageslicht kommen.

Bevor ich dies zu begründen versuche, möchte ich Sie bitten, einen Blick auf die Geltungsstruktur einiger unserer strafrechtlich sanktionierten Normen zu werfen, der nichts beweist, aber einiges zeigt.

Wir gehen aus von folgendem

Modell der Geltungsstruktur soziale Normen:

(a)	(b)	(c)	(d)	(e)
Verhaltensgeltung: Normkonformes Verhalten	*Sanktionsgeltung:* Abweichendes, sanktioniertes Verhalten	*Nichtgeltung I:* Normbrecher bekannt, nicht sanktioniert	*Nichtgeltung II:* Normbrecher unbekannt, Normbruch bekannt	*Nichtgeltung III:* Normbrecher unbekannt, Normbruch unbekannt, (»Dunkelziffer«[5]

5 Der Begriff der Dunkelziffer wird in sehr verschiedenen Bedeutungen verwendet: Zur Bezeichnung unserer Kategorie d, der Kategorien d und e und schließlich (wie

Das Modell gibt zunächst einen Bezugsrahmen für Quantifizierungen. Es kann zur Untersuchung von Rechts- und von Sittennormen dienen. Eingesetzt werden müssen jeweils: die Bestimmung des Geltungsbereiches (im folgenden: Bundesrepublik Deutschland), die Zeiteinheit (im folgenden: ein Jahr – 1962), die Zähleinheit (im folgenden und in der Regel: Personen, nicht Fälle).[6]

Die Resultate, die sich aus der Quantifizierung der Verhaltensstruktur einiger Strafrechtsnormen ergeben, sind in der Tabelle 1 zusammengestellt.[7] Tabelle 2 gibt zum Vergleich eine Quotenberechnung, die sich auf die Sequenz der einzelnen Ermittlungsetappen bezieht.[8]

Die Berechnungen sind ein erster Versuch, der zahlreiche Unsicherheiten in Kauf nehmen mußte. Ebenso versteht es sich von selbst, daß die Ergebnisse noch nicht allein schon deshalb, weil sie vielleicht überraschen, vollkommen irreführend sind.[9]

hier) der Kategorie e. Leider kann der Begriff der »Latenz«, den Wehner für e einsetzen will, gleichfalls irreführen (Verwechslungsgefahr z. B. mit Normlatenz i. S. Theodor Geigers). – Sachlich ist natürlich stets zu fragen, für wen ein Normbruch unbekannt bleibt (für den Lehrer oder für die Klasse, für den Chef oder für die Kollegen, für die Polizei oder die Dorfbevölkerung usw.). Entsprechend muß das Subjekt von Aussagen über e (und auch über d und c) jeweils definiert werden. In der Regel wird man sich auf die Sanktionsinstanzen und ihre Organe beziehen.

6 Fälle normkonformen Verhaltens – also der Verhaltensgeltung – sind nur zählbar, wenn sich die normrelevanten Situationen eindeutig identifizieren lassen (z. B. »Pünktliches Erscheinen bei Arbeitsbeginn«, aber nicht »Ehebruch«).

7 Anm. d. Hg.: Aus Gründen der leichteren Lesbarkeit haben wir auf die Wiedergabe der Tabelle verzichtet. Schließlich sind die Zahlen veraltet und dienen auch nur der Illustration theoretischer Überlegungen.

8 Wir gehen im folgenden auf diese zweite Berechnung nicht ausdrücklich ein, teilen sie aber mit, weil sie eher als Tabelle 1 einen groben Vergleich mit anderen Erhebungen ermöglicht. So etwa: van Vechten, Courtlandt C., Criminal Case Mortality, in: Wolfgang, Marvin E., Savitz, Leonard, Johnston, Norman (Hg.), *The Sociology of Crime and Delinquency*, New York, London 1962, S. 50-55; Bloch, Herbert A. und Geis, Gilbert, Man, *Crime and Society. The Forces of Criminal Behaviour*, New York 3/1965, S. 141 ff.

9 Vielleicht sollte ich hier ausdrücklich die Bitte anfügen, diesen Versuch nicht in dem Stile zu zitieren, »die Untersuchung xyz hat erwiesen, daß...«. Die Unsicherheiten resultieren keineswegs nur aus der Einführung bestimmter Annahmen. Die auf Heller und Pfennig detaillierten Angaben der Kriminal- und Strafverfolgungsstatistik sind bekanntlich nicht weniger dubios. – Das Unternehmen, aufgrund der verfügbaren Unterlagen ein Gesamtbild zusammenzusetzen, hat drei Motive: erstens soll ein methodischer Ansatz zur Quantifizierung der Geltungs-

Beschränken wir uns vorerst auf zwei Fragen.

Erstens: Wie steht es mit der Konformität, der vermutlichen Verhaltensgeltung? Zunächst ergibt sich, wie zu erwarten war, daß viele Strafrechtsnormen eine Quote der Verhaltensgeltung von über 99 % (bzw. 999 %) aufweisen. Unterhalb dieser 99 %-Quote liegen, wie gleichfalls zu erwarten, vor allem Abtreibung und Unzucht zwischen Männern (96 bzw. 81 %), aber auch Betrug mit einer Verhaltensgeltung von 96 % und Diebstahl (83 %). 4 von 100 Personen begehen also – wenn diese Zahlen zutreffen – im Laufe eines Jahres strafrechtlich relevante Betrugsdelikte, 17 vom Hundert einfache oder schwere Diebstähle.

Faßt man die Strafrechtsnormen in größere Gruppen zusammen, so daß als verhaltenskonform nur diejenigen Personen gezählt werden, die vermutlich keines der Delikte dieser Gruppe begangen haben, so ergibt sich für die Sittlichkeitsdelikte insgesamt lediglich eine Verhaltensgeltung von 90 % – ein Normbruch unter zehn strafmündigen Personen –, für Delikte der Klasse I eine Verhaltensgeltung von 95 vom Hundert.

Zweitens: Nach den Dunkelzifferschätzungen – die natürlich die eben genannten Zahlen stark beeinflussen – kann man nur dann von verhältnismäßig kleinen Quoten sprechen, wenn die Straftaten von weniger als 75 % der Täter der Polizei unbekannt bleiben. Teilweise weit über 75 % liegt die Dunkelzifferquote z. B. bei Mord und Totschlag einschließlich Versuch (86 %), Notzucht (91 %), Unzucht mit Kindern (91 %), Betrug (92 %). Schließlich ergibt sich auch hier wieder eine 99 %-Kategorie (Unzucht zwischen Männern und Abtreibung).

Für die Sittlichkeitsdelikte insgesamt ist eine Dunkelziffer von etwa 99 % zu vermuten, für die Straftaten der Klasse I von 97 %.

Springen wir wieder in allgemeinste Überlegungen zurück. Normen haben zwangsläufig etwas Starres, Unverbindliches, Fixiertes, etwas »Stures«, – und damit stets auch etwas Überforderndes, Illu-

struktur sozialer Normen gezeigt werden, der mir aussichtsreich erscheint; zweitens halte ich es für nützlich, einmal versuchsweise, aber auch bis zum bitteren Ende zu demonstrieren, welche Probleme sich ergeben, wenn man die verschiedenen verfügbaren Daten aus ihrer Isolierung herausholt und zu integrieren versucht; drittens schließlich ergibt sich m. E. doch so viel Realitätsgehalt, daß mir die Vermutung gerechtfertigt scheint, diese Resultate seien der sozialen Wirklichkeit näher benachbart als unsere üblichen Vorstellungen.

sionäres. Diese Starrheit entspricht dem Anspruch jeder Normsetzung, Regelmäßigkeiten durchzusetzen, Verhalten zu binden, zu fixieren, voraussehbar zu machen. Das Sanktionssystem muß die Starrheit zumindest weitgehend übernehmen, es kann und muß sich aber gleichzeitig auch entlasten. Eine solche Entlastung schafft – zwar nicht allein, aber zu einem höchst wesentlichen Teil – die Begrenzung der Verhaltensinformation. Sie öffnet eine Sphäre, in der sich das Normen- und Sanktionssystem nicht beim Wort nehmen muß, ohne doch seinen Geltungsanspruch offenkundig aufzugeben. Sie verhindert es, daß gleichsam die Zahnräder des normativen Verhaltenssystems allzu eng in die ungeschliffene Lebensrealität – mit ihren stets wechselnden Konstellationen – eingreifen. Sie ermöglicht ein Ausweichen, eine Entdramatisierung, – eine Unschärfe-Relation des sozialen Lebens, die letztlich ebenso der guten Meinung dient, die wir uns voneinander, wie der, die wir uns von unserem Normensystem bilden. Tiefstrahler können Normen nicht ertragen, sie brauchen etwas Dämmerung.

Wiederum ist es leicht, sich den Sachverhalt als solchen zu veranschaulichen. Am deutlichsten tritt er in Erscheinung, wenn wir Grenzen der Verhaltensinformation nicht nur hinnehmen, sondern bewußt manipulieren. So kann etwa der Informationsverzicht zu einem Element der Strategie von Vorgesetzten, Erziehern, Kontrollierenden aller Art werden. Beispiele liegen nahe: Die schematisierten Arbeitsanweisungen in der industriellen Produktion werden oft der Individualität des einzelnen Arbeiters nicht gerecht, seinem persönlichen Arbeitsrhythmus, seinen eingefahrenen Gewohnheiten, seinen besonderen Begabungen und Begabungslücken. Er erreicht eventuell die gleiche Leistung wie andere, aber mit abweichenden, verbotenen Methoden. Nun aber wird es für den Vorgesetzten zu einer Ermessensfrage, ob er die schematisierte Vorschrift um jeden Preis durchsetzt – was eventuell wichtig sein kann –, ob er die Abweichung feststellt und toleriert – was die Geltung der Norm in Frage stellt – oder ob er die Abweichung nicht bemerkt und es damit vermeidet, daß sich die Frage überhaupt zuspitzt. (Freilich muß er wirklich *wegsehen* können. Ein Vorgesetzter, der sich in solchen Situationen nicht dumm stellen kann, ist es.) Ähnliche Situationen, mehr oder minder reflektiert, ergeben sich Tag für Tag: Der Erzieher, der nicht alle Fehler des Kindes gleichzeitig korrigieren kann oder will, muß sich entschließen, einige nicht zu sehen. Widersprechende Verhaltenserwartungen von verschiedenen Seiten bringen uns in ein Dilemma, aus dem wir oft nur herauskommen, wenn eine Seite uns durch Informationsverzicht eine Tür öffnet. Das Abklingen altersschwacher Normen (wie veralteter, aber noch nicht aufgegebener Strafgesetze) kann durch Lockerung des Informationsgrades überdauert werden, ohne die Würde des Gesetzes und die Autorität der Instanzen allzu offenkundig in Frage zu stellen.

Das letzte Beispiel ist besonders wichtig: jeder Normwandel, jedes Abklingen *einzelner* normativer Forderungen, würde die gesamte normative Ordnung verunsichern, wenn wir nicht diese Chancen der Entdramatisierung und damit auch der gezielten Isolierung einzelner Normen nützen könnten. Zwar handelt es sich, genaugenommen, in allen erwähnten Fällen des bewußten Informationsverzichts auch um einen Sanktionsverzicht. Aber dieser soweit wie möglich »vorgeschobene Sanktionsverzicht« ist zumindest die vergleichsweise ungefährlichste Methode der Entspannung. Jeder spätere Rückzug, wie der Verzicht auf Verfolgung, Anklageerhebung und Verurteilung, ist als Verzicht viel eindeutiger artikuliert.

Erinnern wir uns noch an ein anderes Phänomen der bewußten oder halbbewußten Anerkennung des Nutzens der Dunkelziffer. Es gehört zur Weisheit insbesondere der »guten Gesellschaft«, daß sie einem Übeltäter, vor allein aus den eigenen Reihen, die *Entdeckung* seiner Tat als *zusätzliche* Schuld ankreidet, – oder überhaupt als eigentliche Schuld. Was man ihm übelnimmt, ist vor allem, daß sein Verhalten nicht verborgen geblieben ist. Skandalös ist weniger der Normbruch als der Skandal. Erst durch die öffentliche Affäre wird die Innung blamiert, erst die öffentliche Affäre offenbart aber auch eindeutig, daß die Norm empfindlicher, verletzlicher ist, als ihre öffentliche Präsentation wahrhaben will. Der Satiriker mag die Scheinheiligkeit der demonstrativen Entrüstung in solchen öffentlichen Affären entlarven. Der Soziologe wird zunächst einmal feststellen, daß diese Scheinheiligkeit zweckmäßig ist, insofern sie, wenn auch in fragwürdiger Synthese, der Norm gibt, was sie braucht: die Heiligkeit und den Schein.

Nun sind dies extreme Beispiele. Der Wert der Dunkelziffer ist keineswegs davon abhängig, daß er reflektiert wird. Wie häufig dies geschieht, läßt sich im übrigen auch schwer ausmachen. Noch problematischer dürfte es sein, den Umfang der subjektiv vermuteten Dunkelziffern einzuschätzen, – das, was uns im Alltag mehr oder minder dunkel vorschwebt, wenn wir eine hohe oder niedrige Verhaltensgeltung einer bestimmten Norm unterstellen.[10] Alle bisherigen Überlegungen sprechen jedoch dafür, daß man im allgemeinen eine starke Diskrepanz zwischen den *faktischen* und den *kognitiven Geltungsstrukturen* annehmen kann. Viele soziale Kräfte, ganz allgemein: das »Norminteresse« jeder Gesellschaft, müssen dahin wirken, daß wir uns ein vergleichsweise günstiges Bild der Geltungsstruktur sozialer Normen zurechtlegen.

Wir geraten mit diesen Überlegungen freilich hart an die Grenze der Konstruktion prästabilierter Harmonien. Es sei daher ausdrücklich daran erinnert, daß die bisher vorgetragenen Überlegungen nicht für die »Funktionalität« jeder beliebigen Dunkelzifferquote plädieren, sondern gegen und mit Thackeray den Entlastungseffekt der Dunkelziffer hervorheben. – Das wahrscheinlich wichtigste Argument für die Bedeutung dieser Entlastung steht freilich noch aus.

In Thackerays schrecklicher Gesellschaft wird nicht nur jeder ertappt, sondern auch jeder, der ertappt wird, bestraft. Das ist seine dritte Unterstellung. Nicht zuletzt weil diese dritte Unterstellung unrealistisch ist, war es auch die zweite. Normensysteme könnten sich in einer totalen Entlarvungsatmosphäre auch deshalb nicht behaupten – selbst nicht in einem gefängnisartigen Herrschaftssystem –, weil kein Sanktionssystem der Belastung gewachsen wäre, die Thackeray ihm zumutet.

Formulieren wir den gleichen Gesichtspunkt vorsichtiger: Die Sanktionsgeltung ist eine unerläßliche Geltungskomponente der Norm, aber sie kann in der Regel nur einen sehr kleinen Teil der Geltung tragen. Sie kann ihre Schutzfunktionen nur erfüllen, wenn

10 Ein ingeniöses Beispiel für die möglichen Verkürzungen solcher Reflexion gibt ein anonymer Autor in den *Jahrbüchern der preußischen Monarchie unter der Regierung Friedrich Wilhelm des Dritten*, Jahrgang 1798 (Unger, Friedrich, Berlin 1798, S. 386 ff.). Unter dem Titel »Hat es sich bei uns verändert? und wie?« vergleicht er den Geist des jetzigen Zeitalters mit dem Geist der Vorzeit. Für die Vorzeit stehen jeweils bestimmte Jahreszahlen – zwischen 1298 und 1698. Der Vergleich ist thematisch übersichtlich aufgegliedert: »Wahre und falsche Religiosität, Toleranz und Intoleranz« – »Klügere Richtung der Mildtätigkeit« – »Kirchenzierrathen« – »Rechte der Menschheit« – »Regenten und ihre Gemahlinnen« – »Luxus« usf. Unter dem Stichwort »Mord« finden sich zwei Zeilen: »1598 gab es zu Sölden in der Neumark eine Alternmörderinn. 1798 weisen wir dergleichen Scheusal nicht auf.«

sie *quantitativ auf einen bestimmten Spielraum beschränkt* bleibt, einen Spielraum, der natürlich jeweils verschieden, aber wahrscheinlich stets viel geringer ist, als wir im Alltag unreflektiert annehmen. Die Nichtentdeckung von Normbrüchen ist daher auch, ja vor allem zur Entlastung der Sanktionskomponente wesentlich.

Sehen wir uns noch einmal das Beispiel unserer heutigen Strafrechtsnormen an:

Die Sanktionsgeltung einzelner Strafrechtsnormen (bezogen auf sämtliche bekannte und vermutete Normbrecher) kann man nur dann vergleichsweise *gering* nennen, wenn weniger als 1 % der Täter bestraft werden. (Vgl. Tabelle I, Spalte 10.) Die Strafrechtsnormen der Klasse I liegen hier etwa auf der Grenze. Unter 5 % bleiben u. a. Mord und Totschlag einschließlich Versuch, Notzucht, Unzucht mit Kindern, Raub und räuberische Erpressung und Betrug. Relativ sehr hoch ist die Sanktionsgeltung, wenn sie über 10 % liegt (Urkundenfälschung).

Die Verkehrsdelikte, die wir leider nicht erfassen konnten, würden sicherlich unter der 1 %-Grenze liegen. Ob das auch für die Delikte des § 130 StGB gilt, die in der Kriminalstatistik immer noch unter dem Titel »Anreizung zum Klassenkampf« geführt werden, möchte ich offenlassen.

Bleiben wir weiter auf den Spuren Thackerays und nehmen wir an, daß die Verhaltensinformation in einer sozialen Einheit sehr stark über das bisherige Maß hinaus ausgedehnt wird, daß entsprechend mehr Sünder gefaßt werden und schließlich bestraft werden müßten. Wir kennen diese Tendenz ja auch als kriminalpolitische Intention: mit der Hoffnung auf eine mittelbare oder unmittelbare Steigerung der Verhaltensgeltung. (Also $\nabla_e \rightarrow \Delta_b \rightarrow \Delta_a$ oder unmittelbar $\nabla_e \rightarrow \Delta_a$)

Ein solcher Versuch kann, wie aus zahlreichen Beispielen bekannt, schon deshalb scheitern, weil die *Sanktionsorganisation* der vermehrten Anlieferung von Sündern nicht mehr gewachsen ist. Er kann aber auch, was vor allem bei Sittennormen wesentlich ist, zu einer Abstumpfung der *Sanktionsbereitschaft* führen, zu einer Sanktionsmüdigkeit, einem Ausleiern der Spannkraft, die nun einmal die Hüter der Sanktionsgeltung – d. h. uns alle – auszeichnen sollte. Was dann entsteht, ist nur eine weitere Version der Schwarzmarktsituation der Norm.

Setzt man dagegen voraus, daß Sanktionsorganisation und Sanktionsbereitschaft der Belastung standhalten, so erfolgt eine exzessive Vermehrung der Sanktionen. Eine Zunahme freilich, die auch nur entfernte Ähnlichkeit mit Thackerays Spekulationen hätte, müßte dazu führen, daß die Normen, die bewahrt werden sollen, zu Tode sanktioniert werden.

Wenn auch der Nachbar zur Rechten und zur Linken bestraft wird, verliert die Strafe ihr moralisches Gewicht. Etwas, das beinahe jedem reihum passiert, gilt nicht mehr als diskriminierend. Auch die Strafe kann sich verbrauchen. Wenn die Norm nicht mehr oder zu selten sanktioniert wird, verliert sie ihre Zähne, – muß sie dauernd zubeißen, werden die Zähne stumpf. Selbst der praktische Nachteil, den die Strafe bringt, schwächt sich in dem Grade ab, in dem er allgemein wird.

Aber nicht nur die Sanktion verliert ihr Gewicht, wenn der Nachbar zur Rechten und zur Linken bestraft wird. Es wird damit auch offenbar – und zwar in denkbar eindeutiger Weise –, daß auch der Nachbar die Norm nicht einhält.

Diese Demonstration des Ausmaßes der Nichtgeltung der Norm wird sich aber ebenso wie der Gewichtsverlust der Sanktion auf die Konformitätsbereitschaft auswirken. Werden allzu viele an den Pranger gestellt, verliert nicht nur der Pranger seine Schrecken, sondern auch der Normbruch seinen Ausnahmecharakter und damit den Charakter einer Tat, in der etwas »gebrochen«, zerbrochen wird.

Thackeray hat das mit List angedeutet, indem er die Sanktion die Hierarchie hinaufklettern läßt, bis sie schließlich auch den Bischof und den Oberbefehlshaber erreicht. Zugleich kommt damit eine neue, aber wichtige Nuance ins Spiel: Das Sanktionieren ist offensichtlich eine Statusfrage. Daß man die Kleinen hängt, die Großen laufen läßt, ist keine vom Ressentiment diktierte Verleumdung, sondern eine Bauernregel (wie »Regen bringt Segen«). Die Großen entziehen sich der Sanktion freilich nicht nur, weil man sie eher laufen läßt, sondern vor allem, weil sie die größeren Chancen haben, sich nicht entdecken zu lassen. Dunkelziffern sind käuflich erwerbbar, – z. B. sehr einfach: mit dem Kauf einer Villa und selbst eines Autos. Wenn nun die Sanktionsgeltung durch Ausdehnung der Verhaltenskontrolle erhöht wird, ist die Wahrscheinlichkeit recht groß, daß verhältnismäßig statushohe Sünder aus der Dunkelziffer-Gruppe in die Gruppe der Sanktionierten abwandern. Nun ist aber die Würde der Norm keineswegs unabhängig von der Würde der an den Pranger gestellten Normbrecher. Zu Kavaliersdelikten werden ja nicht Delikte, die auch Kavaliere begehen, sondern Delikte, bei denen auch Kavaliere erwischt werden. Die Sanktion statushoher Sünder mag dem Ruf des Sanktionssystems zugute kommen, – aber nicht dem Ruf der übertretenen Normen. Thackeray hat offensichtlich diesen weiteren Effekt gesehen, der sich ergibt, wenn man die Hierarchisierung des Sanktionssystems wegdenkt, – wobei die weitere Frage entsteht, ob nicht auch die unterstellte vollkommene Egalisierung zu den nicht-perfektionierbaren sozialen Erscheinungen zu rechnen ist.

Beschränken wir uns auf die drei bisher kritisierten Unterstellungen: »Unmöglich« erscheint uns eine totale Verhaltenstransparenz menschlicher Gesellschaften; ein Normensystem, das die Entdeckung aller Normbrüche aushalten würde; ein Sanktionssystem, das seine Schutzfunktion bewahren könnte, wenn es mit allen Normbrüchen, die passieren, fertig werden müßte. Der Zusammenhang dieser Annahmen ergibt die Konstruktion Thackerays, und er impliziert zugleich, wie wir gesehen haben, die möglichen Gegenargumente.

Nun wird man einwenden können, daß ich lediglich die jeweiligen Perfektionsannahmen kritisiert habe, ohne selbst quantitativ präzisierte Thesen formulieren zu können. Das trifft zu. Aber die Kritik richtet sich nicht nur gegen eine satirische Utopie. Die quantitative Betrachtungsweise, die wir hier in Ansätzen versucht haben, richtet sich auch gegen die eingangs erwähnte funktionalistische Theorie der Strafe. Sie zeigt nämlich, daß Mead, Geiger und viele andere ihrerseits aufgrund quantitativer Annahmen argumentieren, die sie nicht reflektieren, ja, ohne es offenbar überhaupt zu merken, *daß* sie quantitative Relationen unterstellen.[11] Die Sanktion hat, sobald eine gewisse Qualitätsgrenze überschritten ist, keineswegs mehr »die nützliche Funktion«, die Intensität der Kollektivgefühle zu erhalten, die das Verbrechen verletzt. Sie fördert auch jenseits dieser Grenze nicht mehr die Solidarität der Gruppe, und sie trägt nicht mehr zur freiwilligen Normkonformität bei. Alle diese Konsequen-

11 Ob sich dieser Einwand in modifizierter Form auch gegen Durkheim formulieren ließe, ist eine Frage, die sich bei näherem Zusehen als eigentümlich schwierig erweist. In erster Linie aber bleibt zweifellos festzuhalten, daß Durkheim unter den »Klassikern« gerade derjenige gewesen ist, der am intensivsten die Probleme quantitativer Relationen bereits in seinen theoretischen Ansätzen reflektiert hat.

zen sind nur wahrscheinlich, solange die Strafe ein »Minderheitsphänomen« bleibt. Die ihr zugeschriebenen *Qualitäten* sind davon abhängig, daß ihr *quantitatives* Gewicht im Rahmen der Geltungsstruktur sozialer Normen gering bleibt.

Wird das übersehen, so verbaut man sich auch mögliche Einsichten in die Prozesse des Normwandels. So ist es etwa keineswegs ausgemacht, daß das Abklingen sozialer Normen durch eine Reduktion der Verhaltensgeltung – eine Zunahme der Normbrüche – eingeleitet wird. Auch eine Reduktion der Dunkelzifferquote kann diesen Prozeß inaugurieren. Worauf dann zu achten wäre, ist die spezifische »quantitative Empfindlichkeit« der Sanktionskomponente. Die Sanktion ist nicht nur ein wesentlicher Träger der Normgeltung, sondern auch der Seismograph des Normwandels.

Die Konsequenzen, die sich m. E. für die kriminologische Forschung ergeben, sind in diesen Überlegungen, wenn auch reichlich verfremdet, bereits enthalten. So mag eine abschließende Bemerkung genügen.

Die kriminologische Forschung beschränkt sich heute – von allerdings bedeutenden Ausnahmen abgesehen – auf die Untersuchung der drei mittleren Komponenten der Geltungsstruktur (d-c-b). Das heißt mit anderen Worten, daß sie die Resultate des Selektionsprozesses der staatlichen Sanktionsapparatur reflektiert. Die »Täter« der Kriminologie sind folglich, um nur ein auf der Hand liegendes Beispiel herauszugreifen, nicht die Normbrecher, sondern die Teilgruppe der dingfest gemachten Normbrecher mit ihren erweislich höchst besonderen Merkmalen. Insofern die Sündenregistratur der Kriminologie diesen institutionellen Selektionsprozeß reflektiert (übrigens bezeichnenderweise mit einer deutlichen Abneigung, die Institutionen selbst – Polizei, Staatsanwaltschaft, Gerichte – zum Forschungsthema zu machen), verdoppelt sie Realitäten, die zu untersuchen wären.

Es sind nun nicht allein methodische Schwierigkeiten zu überwinden, wie sie sich etwa bei der Erforschung der Dunkelziffer stellen. Hier sind die ersten Schritte ja auch bereits getan.[12]

Zugleich sollte auch versucht werden, einen Bezugsrahmen für Erklärungsmöglichkeiten zu finden. Dazu kann unser Modell der

12 Ein besonders interessanter Versuch ist die Erhebung von Nye, F. Ivan, Short, James F. Jr. und Olsen, Virgil J., Socio-Economic Status and Delinquent Behavior, in: *American Journal of Sociology*, 1958, S. 381-389.

Geltungsstruktur vielleicht beitragen: Es ermöglicht die Formulierung und Klassifizierung bestimmter Strukturen in einer Reihe von Quoten, aus denen ich hier die einfachsten herausgegriffen habe. Damit öffnet sich aber weiter die Chance, das relative Gewicht und Veränderungen einzelner Teile aus Annahmen über bestimmte Wechselwirkungen der Geltungskomponenten erklärend abzuleiten.

Unberührt von solchen Versuchen werden freilich die Einsichten bleiben, die uns auf den Weg führten. Wer doch recht hat, ist Thackeray.

Die Strafe kann ihre soziale Wirksamkeit nur bewahren, solange die Mehrheit *nicht* »bekommt, was sie verdient«. Auch die Präventivwirkung der Strafe bleibt nur bestehen, solange die Generalprävention der Dunkelziffer erhalten bleibt.

Glanz und Elend der Strafe beruhen auf »der wundervollen, der schönen Fürsorge der Natur«, der wir es verdanken, »daß *sie* nicht Bescheid wissen« – oder doch sehr wenig.

Realitätsverlust in Gruppen

Eine Frau von etwa 50 Jahren sagt den Weltuntergang voraus. Sie erhält diese und andere Botschaften von Wesen aus dem Weltraum in die Feder diktiert. Um diese Frau bildet sich eine Gruppe von etwa 25 bis 30 Personen, gut ausgebildete Leute meist aus der Mittelschicht, die ihre Prophezeiung glauben, einige mit leichter Skepsis, die meisten mit Gewißheit. Die Gruppe ist im ganzen ruhig, unauffällig und bemüht sich nur wenig um Außenstehende.

Der Weltuntergang, eine Art Sintflut, wird zum Zeitpunkt der ersten Botschaft in 3 ½ Monaten erwartet. Die gläubige Gruppe wird vier Tage vor der Katastrophe von einem Weltraumschiff abgeholt und gerettet werden.

Die Mitglieder der Gruppe lassen nun ihre weltlichen Interessen fahren, ein Arzt verliert seine Stellung, andere geben ihre Anstellung auf, Geld und Besitz werden gleichgültig.

Die Mehrzahl der Gläubigen versammelt sich zur versprochenen Stunde im Haus des Mediums (einige, vor allem Collegestudenten, sollten ruhig nach Hause gehen – es sind Semesterferien –, dort sollten sie einzeln abgeholt werden).

Das Weltraumschiff erscheint nicht. Doch kommt nach einigem Warten neue Botschaft: Es war diesmal nur ein Test, eine Generalprobe. Ein neuer Termin wird bekanntgegeben, einen Tag vor der erwarteten Katastrophe.

Einige neue Bedingungen sind zu beachten. Bestimmte Losungsworte sind nötig, man soll keine Metalle bei sich tragen, keine Dokumente zur Identifizierung, keine Knöpfe an der Kleidung. Um Mitternacht wird ein Mann an die Tür klopfen und die Gruppe zum Landeplatz führen.

Niemand klopft an die Tür, das Weltraumschiff erscheint wieder nicht. Große Enttäuschung. Alle, die auswärts allein gewartet hatten, verloren ihren Glauben. Doch diejenigen, die zusammengeblieben waren, überwanden die Enttäuschung. Nach verschiedenen Versuchen, eine Erklärung zu finden, empfing morgens um 5 Uhr das Medium die erlösende Botschaft: Gott hat die Welt verschont, weil die Gruppe an ihre Rettung geglaubt hat.

Beeindruckt durch diese Auslegung, reden sich die Mitglieder der Gruppe ihre Zweifel gegenseitig aus, ja überzeugen sich so, daß ihr

Glaube fester wird, als er vorher war. Auch diejenigen, die vorher einige skeptische Distanz hatten, verlieren ihre Zweifel und sind nun vollständig überzeugt. Jetzt werden auch die Aktivitäten nach außen verstärkt. Pressekonferenzen werden gegeben, Vorträge gehalten, neue Gläubige sollen gewonnen werden.[1]

Diese Geschichte wird sich häufig im Zuge chiliastischer Bewegungen so oder ähnlich wiederholt haben. Vor allem aus der amerikanischen Sektengeschichte ist bekannt, daß gläubige Gruppen das Ausbleiben prophezeiter Katastrophen und versprochener Erlösungen ertragen haben, ohne auseinanderzufallen. Die Geschichte der von Leon Festinger beschriebenen sogenanntn Lake-City-Gruppe spielt Anfang der 30er Jahre. Sie ist durch teilnehmende Beobachtung besonders gut belegt.[2]

Wir kennen aus jüngerer Zeit auch moderne Varianten. So verlassen 1960 im Südwesten der USA 135 Männer und Frauen im Glauben an die Botschaft eines Propheten ihre Häuser und verbringen eng zusammengedrängt 42 Tage in unterirdischen Bunkern, diesmal freilich nicht aus Angst vor einer Sintflut, sondern vor einem Atomkrieg. Auch hier wird eine Erklärung für das Ausbleiben der Katastrophe gefunden, die den Glauben festigt.[3]

Eine atomare Katastrophe hatte auch der Führer der Sekte, die Anfang der 70er Jahre im Massenselbstmord von 912 Menschen in Guayana endete, im Laufe seiner Karriere vorausgesagt. Auch hier

1 Nach Festinger, L., Riecken, H., Schachter, S., *When Prophecy Fails*, Minneapolis 1956 und Festinger, L., *A Theory of Cognitive Dissonance*, Stanford 1957, S. 252-259. – Der folgende Erklärungsversuch läuft in vielem parallel mit der dissonanztheoretischen Erklärung Festingers. Auf alle Übereinstimmungen und Divergenzen gehe ich nicht ein. Der wesentliche Unterschied zu Festinger besteht darin, daß ich mich primär für die Struktur eines bestimmten Gruppen-Typus interessiere, für den Zusammenhang seiner spezifischen Merkmale. Wie Festinger halte ich die wechselseitige soziale Bestätigung für einen wesentlichen Faktor im Prozeß des Realitätsverlustes, aber nicht »social support« im allgemeinen, auch nicht die Bestätigung von außen durch Zugewinn neuer Gläubiger, sondern die Einbindung aller Mitglieder in Gruppenautorität.

2 Festinger u.a., *When Prophecy Fails*, S. 237 ff.

3 Hardyk, J. A., Braden, M., Ein weiterer Fall von widerlegter Prophezeiung. Bericht über einen mißlungenen Bestätigungsversuch, in: Steinert, H. (Hg.), *Symbolische Interaktion*, Stuttgart 1973, S. 62 ff. »Mißlungen« nach dieser Untersuchung ist lediglich die Annahme Festingers, die Enttäuschung werde im Versuch verarbeitet, weitere Gläubige außerhalb der Gruppe zu gewinnen.

mit genauem Datum. Auch hier, ohne nach dem Scheitern der Prognose sein Ansehen zu verlieren.[4]

Das gleiche Muster findet sich auch ohne die Überhöhung durch religiös gespannte Erwartungen. Im zweiten Weltkrieg nutzten einige der in den USA lebenden Japaner das Angebot, für ihr Herkunftsland zu optieren. Sie wurden in Sammellagern interniert mit dem Versprechen, nach dem Krieg nach Japan transportiert zu werden. Diejenigen, die amerikanische Staatsbürger waren, verloren ihre Staatsbürgerschaft. In den Lagern brachten es viele der Internierten fertig, den Zeitungs- und Rundfunkberichten über die japanischen Niederlagen nicht zu glauben. Alle Nachrichten dieser Art galten als Propaganda. Selbst nach Kriegsende, auf dem Rücktransport auf amerikanischen Schiffen, hielt sich noch die Version, die Amerikaner, im Krieg geschlagen, seien von den siegreichen Japanern zu diesem Transport gezwungen. Die Gefangenen in der Sicht der Internierten waren die Besatzungen der amerikanischen Schiffe. Auf einem dieser Schiffe, so wird berichtet, waren auch bei der Einfahrt in den japanischen Hafen nahezu alle überzeugt, als Sieger heimzukehren.[5]

Für alle erwähnten Fälle gilt: Eine eindeutige Erwartung wird eindeutig widerlegt (auch im Fall der japanischen Internierten muß die Widerlegung durch immer neue Zeitungs- und Rundfunkberichte und sicher zunehmend auch durch das Verhalten der amerikanischen Bewacher denkbar offensichtlich gewesen sein). Eine eindeutige Erwartung wird eindeutig widerlegt, aber nicht aufgegeben. In allen Fällen ist dieses Festhalten eine Leistung von Gruppen. Es ist die Gemeinsamkeit des Glaubens, die alle zusammen so widerstandsfähig macht. Man stützt sich wechselseitig.

Nun lassen sich so eklatante Diskrepanzen von Erwartung und Erfahrung nicht reaktionslos schlucken, auch dann nicht, wenn es viele zusammen versuchen. Um die Erwartung aufrechterhalten zu können, bedarf es Interpretationen, die in irgendeiner Form die Enttäuschung überbrücken.

Eine typische Methode zur Lösung des Problems ist das Nach-

4 Krause, Ch. A., *Die Tragödie von Guayana – Der Massenselbstmord*, Frankfurt, Berlin, Wien 1978.

5 Festinger, L., *A Theory of Cognitive Dissonance*, S. 244 ff. nach Sady, R. R., *The Function of Rumours in Relocation Centers*, unveröff. Dissertation, University of Chicago 1948.

schieben von Zusatzannahmen. Die Lake-City-Gruppe zieht nach der ersten Enttäuschung nicht in Zweifel, was sie von Anfang an geglaubt hat: Es gibt außerterrestrische Wesen im Weltall – die Botschaften an bestimmte Menschen senden –, wer an sie glaubt, gehört zu einer auserwählten Gruppe, die gerettet wird – sie muß nur ein Weltraumschiff an einem bestimmten Ort zu einer bestimmten Zeit erwarten. Keine dieser Annahmen wird aufgegeben, sie werden nur durch weitere ergänzt. Notwendig werden bestimmte Losungsworte; Identitätsausweise, Metallgegenstände und Knöpfe sind hinderlich.

Auch der zweiten Enttäuschung hält der Glaube der Gruppe stand. Sie zweifelt nicht an der Echtheit der ersten und der folgenden Botschaften. Im Gegenteil: *Nur weil* die Gruppe an die Botschaften geglaubt hat, hat Gott die Welt verschont.

Mit diesem ingeniösen Argument gelingt es, sich dem Ideal abwehrender Enttäuschungsverarbeitung zu nähern: der Umkehrung einer Widerlegung in eine Bestätigung. Gewiß, das Weltraumschiff ist nicht gekommen – aber eben deshalb war seine Ankunft nicht nötig, weil wir es erwartet haben. Die Enttäuschung der Erwartung erweist ihre höhere Wahrheit.

Die beschriebenen Gruppen erleiden, was wir einen Realitätsverlust nennen. Dies nicht deshalb, weil sie etwas erwarten, was wir, im Namen eines Common sense urteilend, für höchst unwahrscheinlich halten. »Unrealistische« Erwartungen erweisen sich oft als zutreffend und gelegentlich auch dann als vernünftig, wenn sie nicht zutreffen. Ein Realitätsverlust beginnt erst, wenn wir uns an evident fehlgeleitete Annahmen festklammern und Enttäuschungen so verbiegen, daß sie uns nicht mehr enttäuschen. Das kann zu einer »Erwartungsvereisung« führen, zum Aufbau einer nicht mehr korrekturfähigen Version von Realität. Alles, was passiert, bestätigt dann, was man ohnehin weiß. Das ist das Ende des Vermögens, aus neuen Erfahrungen neue Konsequenzen zu ziehen, das Ende aller Lernfähigkeit.

Solche Prozesse des Realitätsverlustes sind nicht an bizarre Glaubensgewißheiten gebunden. Sie können für Gruppen der verschiedensten Art zur Bedingung ihrer Existenz werden. Die Verfestigung von Realitätsverlusten ist weniger eine Konsequenz bestimmter Prämissen des Fürwahrhaltens als bestimmter Gruppenstrukturen, in die man hineingerät und die man schwer wieder los wird.

Wann sind Gruppen in der Gefahr, in solche Sackgassen zu geraten? Welche Bedingungen erhöhen die Wahrscheinlichkeit, daß sich ein »Realitätsverlust in Gruppen« vollzieht?

Die These: Gruppen sind in erhöhter Gefahr, auf Enttäuschungen mit Realitätsverlusten zu reagieren,

(1) wenn ihre Existenz an enttäuschungsoffene Basisprämissen gebunden ist (»riskante Ideologien«) und diese Basisprämissen enttäuscht werden,

(2) wenn sie sozial isoliert sind

(3) und wenn die Bindung der Mitglieder an die Gruppe den Charakter einer Autoritätsbindung hat (Gruppenautorität).

(1) Natürlich gibt es für jede Gruppe Enttäuschungen verschiedenen Grades. Existenzgefährdend werden Enttäuschungen erst, wenn sie Basisprämissen der Gruppe betreffen, Glaubensinhalte, die als Kriterien für die Zugehörigkeit zu dieser Gruppe gelten. »Wer davon nicht überzeugt ist, gehört nicht zu uns.«

Solche Basisprämissen, oft als selbstevident wenig oder nicht reflektiert, finden sich wohl in allen Gruppen. Aber nicht alle Basisprämissen können überhaupt enttäuscht werden. Wenn eine Gruppe in der Hoffnung lebt und von dieser Hoffnung zusammengehalten wird, den Lohn irdischer Mühen in einer Existenz nach dem Tode zu finden, dann gründet ihr Zusammenhalt auf einer unwiderlegbaren Erwartung. Ihre Basisprämisse ist prinzipiell enttäuschungsfest.

»Riskante Ideologien« haben Gruppen mit enttäuschungsoffenen Basisprämissen. Enttäuschungsoffen sind Basisprämissen vor allem in zwei Fällen.

Zum einen, wenn sie terminierte Prognosen enthalten: Dies wird an einem bestimmten Tag, in einem bestimmten Jahr passieren. Solche Prognosen sind im allgemeinen kurzfristig. Die gläubigen Gruppen werden mit Fälligkeitsdaten konfrontiert. Abgeschwächt wird das Risiko, wenn sich die Prognose auf ein »Bald«, ein nicht genau bestimmtes Morgen, auf ein unmittelbar bevorstehendes, aber nicht zeitlich fixiertes Ereignis bezieht. Doch kann sich hier eine prekäre Zwischenlage ergeben. Wenn die Gruppe glaubt, das Ereignis, das sie erwartet, selbst auslösen zu können, verwandelt sie das »Bald« durch ihre eigene Aktion in ein »Gleich«. In dieser Lage der selbst zu erfüllenden Prophezeiungen sind z. B. oppositionelle

Gruppen, die überzeugt sind, durch Terrorakte eine allgemeine Revolten-Lawine lostreten zu können.[6] Auch Gruppen, die über besondere Heilkräfte zu verfügen glauben, die rasch zur Heilung führen, setzen ihre Erwartungen auf ein »Gleich«.

Ähnlich enttäuschungsgefährdet wie zeitlich terminierte Prognosen kann die Festlegung auf ein »Nie« sein: Nie wird ein Mitglied die Gruppe verlassen, nie wird sie verraten werden. Oder die festgeschriebene Überlegenheits-Prämisse: Nie werden wir den minderwertigen Nachbarn unterliegen. Die Überzeugung »Nie wird dies geschehen« ist nicht dagegen gefeit, jederzeit auf die Probe gestellt zu werden. Das Risiko ist zeitlich nicht fixiert, aber permanent.

Nun kann eine Gruppe auf Enttäuschungen ihrer Basisprämissen

6 So die Gruppe der RAF. Ihre Basisprämisse war die Erwartung, durch gewaltsame Aktionen einer »Stadtguerilla« eine Massenmobilisierung auslösen zu können. Die ersten Zeichen dieser Mobilisierung wurden nicht nur bald, sondern gleich erwartet: »Vertrauen in die Massen setzen, heißt, auch in der scheinbar gegen die revolutionären Elemente gerichteten Einstellung der Massen, im deformierten Klassenbewußtsein die nur verschütteten revolutionären Elemente entdecken und freilegen.« (Kollektiv RAF, *Über den bewaffneten Kampf in Westeuropa*, Rotbuch 29 (Wagenbach) 1971, S. 22). »Wir müssen uns in erster Linie auf diejenigen Massen stützen, die die Fahne der Revolution bereits aufgenommen haben. Ihr Kampf wird, wenn er richtig geführt wird, die heute noch abseits stehenden Schichten des Proletariats mobilisieren und mitreißen. Im Verlaufe dieses Prozesses wird die Industriearbeiterschaft, die konsequenteste und zuverlässigste revolutionäre Kraft, die Führung übernehmen und die sozialistische Revolution bis zum Ende garantieren.« (Ebd., S. 27) »Die Bomben gegen den Unterdrückungsapparat schmeißen wir auch in das Bewußtsein der Massen.« (Ebd., S. 59) Die Skeptiker »sehen in der politischen Apathie des Proletariats nur die Apathie, nicht den Protest gegen ein System, für das es sich nicht zu engagieren lohnt; sie sehen in der hohen Selbstmordquote des Proletariats nur den Akt der Verzweiflung, nicht den Protest. [...] Sie sehen im Rausschmiß von DKP-Lehrern nur das Ende des Marsches durch die Institutionen, nicht den Anfang der Revolutionierung der Kinder und Eltern, die erstickt werden soll.« (Internationales Komitee zur Verteidigung politischer Gefangener in Westeuropa, Sektion Stuttgart (Hg.), *Texte der RAF*, Malmö 1977, S. 401.) Was an theoretischem Aufwand von der RAF geleistet wurde, bezieht sich kaum auf diese Basisprämisse selbst. Sie bleibt ohne argumentative Begründung rhetorische Proklamation. Diese Argumentationslosigkeit hat es vermutlich erleichtert, auch einer argumentativen Verarbeitung der eklatanten Enttäuschungen aus dem Wege zu gehen. Die Enttäuschungen wurden umgelenkt auf Nahziele wie die Gefangenenbefreiung und gespeichert in der Aufladung der allgemeinen Aggressivität. So gelang es, den Bestand der Gruppe, die zweifellos Opfer der hier beschriebenen Struktur war, ohne (soweit wir wissen) explizite Korrektur der Basisprämisse jahrelang zu bewahren.

natürlich verschieden reagieren. Sie kann auseinanderlaufen. Sie kann versuchen, der Enttäuschung möglichst schmerzlos zu entrinnen, etwa durch partielles Zurückstecken – wenn der Inhalt der Prognose das erlaubt – oder indem sie bestimmte Ereignisse ausklammert durch Verleugnung oder einklammert durch Verdrängung. Doch sind diese mittleren Wege der Enttäuschungsverarbeitung häufig verbaut. Mit kleinen Korrekturen ist es nach Lage der Dinge oft nicht getan. Verleugnungen und Verdrängungen können schwerlich die ganze Arbeit tun. Eine Gruppe, die ihr Selbstverständnis eindeutig widerlegungsoffen artikuliert, hat sich zu strikt auf Tatsächlichkeiten eingelassen, um der Konfrontation mit dem, was passiert, einfach aus dem Weg gehen zu können. Solche Gruppen werden entweder zerbrechen oder Zuflucht suchen in realitätsverlierende Deutungen.

Gelingen solche Deutungen und gelingt es, sie im Mitgliederkreis durchzusetzen, kann die Gruppe die Enttäuschung ihrer Basisprämissen überleben. Das ist eine Leistung eigener Art. Die Bestandskraft der Gruppe erweist sich als stärker als alle Einwände der Realität. Die Gruppe hat sich in gewissem Sinne dem Lauf der Welt überlegen gezeigt.

(2) Riskante Ideologien werden sich eher entwickeln und schützen lassen, wenn sich eine Gruppe nach außen abschottet. Isoliert sich die Gruppe, dann können Neuzugänge peinlicher auf ihre Gesinnungseignung überprüft werden und die eigene Legende effizienter vor unkontrollierbaren äußeren Einflüssen geschützt werden.

Isolierung der Gruppe kann bedeuten, daß sich jedes einzelne Mitglied vom »Rest der Welt« löst. Die Brücken zum Weg zurück werden abgebrochen, die berufliche Stellung aufgegeben, Hab und Gut verschleudert, Familienbindungen, bürgerliches Ansehen werden gleichgültig. Jedes Zerschneiden einer Bindung schreibt dann eine prinzipielle Entscheidung fest und soll eine prinzipielle Entscheidung festschreiben: Ich will künftig nicht mehr die Wahl haben.

Als Kollektiv isoliert sich die Gruppe oft schon durch die Eigenart ihrer riskanten Basisannahmen. Sie lebt ringsum in einer Welt des Unglaubens. Diese Distanz kann verschärft werden durch Kontakt- und Informationssperren. Doch läßt sich darauf auch verzichten, wenn sich im gläubigen Kollektiv die Überzeugung verwurzelt, daß jedes Argument, das störend von außen eindringt, eo ipso faul sei. »Damit sind wir fertig.«

Starke Außenspannungen sorgen dafür, den eigenen Glauben durch den Unglauben der anderen zu stabilisieren. Die vermeintliche Blindheit der da draußen, das Hochgefühl der eigenen Überlegenheit stärkt die Kompromißlosigkeit des Rechthabens. Man muß auch deshalb durchhalten, um die Differenz zu den andern aufrechtzuerhalten.

Selbstisolierungen werden zu Selbstfestlegungen, wenn die Gruppenmitgliedschaft sich in Rechtsbrüchen bewähren soll. Die Kriminalisierung öffnet den Zugang zur Gruppe und versperrt zugleich den Ausgang. Mit jeder Aktion dieser Art, die dem Akteur die Akzeptanz durch die Gruppe sichert, wird er dringlicher von dieser Akzeptanz abhängig.

Selbstisolierungen von Gruppen provozieren Gegenisolierungen, und sei es zunächst nur durch das Stigma der Absonderlichkeit oder der Lächerlichkeit. Die Steigerungen reichen über viele Stufen von Verfärbungen und Verfinsterungen bis zur Stigmatisierung als öffentliche Gefahr. Die Tür, von innen zugeschlagen, wird von außen verschlossen.

(3) Realitätsverluste in der Verarbeitung von Enttäuschungen werden wahrscheinlicher, wenn sich riskante Ideologien und soziale Isolierungen mit Gruppenautorität verbinden.

Die Zuschreibung von *Autorität* meint hier nicht einfach eine Anerkennung der Überlegenheit anderer, deren Rat und Vorbild man folgt. Der Autoritätsabhängige erkennt nicht nur die Überlegenheit des anderen an, er will auch selbst von ihm anerkannt werden. Autorität üben Personen aus, deren Anerkennung ausschlaggebend für das Selbstwertgefühl des Autoritätsabhängigen wird. Ihr Urteil wird für ihn zum Urteil über sich selbst, ihr Zweifel zum Selbstzweifel. Das Streben nach Anerkennung durch Autoritäten ist stets auch ein Streben nach Anerkennung unserer selbst.[7]

Gruppen-Autorität tritt am reinsten in egalitären Gruppen zutage. Aber sie verträgt auch eine gewisse Hierarchisierung; ein einzelner mag besondere Autorität haben, eine Teilgruppe die Sprachre-

7 Popitz, Heinrich, *Phänomene der Macht*, Tübingen 21992, S. 27 ff., S. 114 ff., S. 132 ff.

gelungen bestimmen. Entscheidend ist, daß die Zugehörigkeit zur Gruppe für den einzelnen einen »autoritativen Wert« hat – am Dazugehören hängt sein Selbstwertgefühl – und daß jedes Mitglied der Gruppe am Geben und Nehmen von Zugehörigkeits-Anerkennungen beteiligt ist. (Oder fast jedes Mitglied, Randseiter kann es auch hier geben.)

Das Zugehörigkeits-Urteil reduziert sich hier nicht auf eine formelle Entscheidung über Aufnahme oder Ausschluß. Es steht permanent zur Debatte, prägt das Zueinanderverhalten des Alltags. Jedes Mitglied kann jederzeit die Zugehörigkeitsgewißheit oder den Zugehörigkeitszweifel des anderen stärken und schwächen, durch Vertrauen oder Mißtrauen, durch Nähe oder Distanz, Zuwendung oder Abwendung. Probleme der Zugehörigkeit können in kleinen Dosen immer und überall aufkommen.

Da jedes Mitglied nach Anerkennung seiner Zugehörigkeit strebt und zugleich auch Mit-Hüter der Zugehörigkeit ist, sind alle Teilhaber der Gruppenautorität. Es entsteht ein Autoritäts-Zirkel, in dem jeder gefangen ist und den jeder in Gang hält.

In solchen Gruppen etabliert sich eine soziale Kontrolle von besonderer Penetranz. Man wird nicht von einem einzelnen, sondern von allen kritisch beobachtet. Man kann sich hinter niemandem verbergen. Es gibt keinen Kontrollschatten.[8]

Je stärker sich die Gruppe nach außen abkapselt, um so dringlicher braucht jeder einzelne die anderen zur Bestätigung der gruppenspezifischen Interpretation von Realität. Er braucht den anderen, braucht ihn dringlich als jemanden, der das gleiche für wahr hält wie er selbst. Mit dieser Dringlichkeit von Übereinstimmung verbinden sich Ängste. Die Angst vor allem, ein Mitglied könne ausbrechen. Der Alptraum dieser Gruppen ist die Figur des Dissidenten. Der Abtrünnige ist die gestaltgewordene Möglichkeit des Zweifels. Er entzieht der Gruppe, er entzieht dem einzelnen die Stütze der Übereinstimmung. Es fällt ein Glied aus der Kette, an der man selbst hängt.

Was geschieht, wenn Gruppen dieser Art die Enttäuschung ihrer Basisprämissen erleben? Beobachten wird man vor allem zwei Reaktionen: Selbstagitation und Diskriminierung des Zweiflers.[9]

8 Ebd., S. 140 ff.

9 Zum folgenden aus der umfangreichen Literatur: Neidhardt, F., Über Zufall, Eigendynamik und Institutionalisierbarkeit absurder Prozesse, in: von Alemann, H.,

Die Gegenwehr gegen die Enttäuschung wird zunächst darin bestehen, daß man versucht, vermutete oder ausgesprochene Zweifel rings um sich herum auszuräumen. Man sucht nach Argumenten, die das Offenkundige überspielen. Gelingt es einigermaßen, den Nachbarn zum Zuhören zu bringen, ergibt sich zumindest die Chance, so etwas wie einen Rückstoß-Effekt der eigenen Rhetorik auszulösen. Auch wenn man vielleicht den andern nicht überzeugen kann, überzeugt man sich selbst. Indem man die Bedenken anderer zu übertönen versucht, redet man sich die eigenen Zweifel aus. So können Überzeugungsversuche den Effekt haben, daß sie zwar niemandem recht einleuchten, der zuhört, wohl aber allen, die sprechen. (Das übrigens macht den bloß Zuhörenden, den Schweigenden in solchen Situationen zusätzlich verdächtig. Er tut nichts, um sich selbst zu überzeugen.) Gelingt es, viele in diese Selbstagitation einzubeziehen, ist man auf dem richtigen Wege, Erklärungen zu finden, die als Enttäuschungsabwehr für alle akzeptabel werden.

In dieser Atmosphäre wird offene Skepsis gefährlich. Der Zweifel muß nach Möglichkeit unterdrückt werden. Wer offen zweifelt, wird zunächst zum Zentrum von Bekehrungsversuchen. Mißlingen sie, wird der Angriff auf den Zweifel umgesetzt in die Diskriminierung des Zweiflers. Der Zweifler verliert seine Zugehörigkeitsqualität.

Nun sind solche Diskriminierungen ebenso wie die Selbstagitation Methoden, die zwar durch Gruppenautorität intensiviert werden, doch im Prinzip finden sie sich in vielen Zusammenhängen. Auch Gruppen ohne Autoritäts-Bindungen werden sich vor Gefährdungen ihres Zusammenhalts oft auf gleiche Weise schützen – Verbindungen etwa, die nur durch die Gleichheit der Interessen zusammengehalten werden oder nur durch eingefahrene Gewohnheit.

Es sind nicht spezifische Methoden des Konformitätsdrucks, die autoritätsgebundene Gruppen erfinden, um ihren Bestand zu erhalten, sondern die psychische Wirkung dieser Methoden auf die autoritätsabhängigen Mitglieder.

»Die Situation ist so, daß man also Einwände, die eigentlich heute naheliegen, wo man sich fragt: Warum ist das eigentlich nicht bedacht worden?, daß man die beiseite geschoben hat, man wollte was

Thorn, H. P. (Hg.), *Soziologie in weltbürgerlicher Absicht. Festschrift für René König*, Opladen 1981; von Bayer-Katte, W., Claessens, D., Feyer, H., Neidhardt, F., *Gruppenprozesse. Analysen zum Terrorismus*, Bd. 3, Opladen 1982.

machen, das war das Bestimmende, und alles, was dagegen sprach, das wurde in irgendeiner Weise auch theoretisch abgewertet, moralisch negativ sanktioniert, und es wurde auch gar nicht mehr so zur Diskussion gestellt, weil man schon fürchtete, dann als unsicherer Kantonist zu gelten oder vor sich selber vielleicht als Kneifer dazustehen.«[10]

Vor sich selbst als Kneifer dastehen – das ist der Haken, an dem die Betroffenen hängen. Das Urteil der Gruppe ist für sie ein autoritatives Urteil, das heißt immer zugleich: ein Urteil, das sie über sich selbst fällen. Daher ist die Trennung von Gruppen dieser Art ein so schwieriger, oft mißglückender Prozeß. Man nimmt das Verdikt der Gruppe mit sich mit. Selbst wenn die Trennung äußerlich gelingt, bleibt ein Stück Selbstverurteilung zurück.

So wird auch das kollektive Beharrungsvermögen, die Bestandskraft solcher Gruppen verständlicher. Die Bindung, die hier entstanden ist, beruht nicht auf dem Druck irgendeiner Gruppeninstanz, sondern auf der miteinander verknoteten Selbstbindung aller Beteiligten.

Die These bezog sich zunächst auf Gruppen, die alle drei Merkmale (enttäuschte Basisprämissen, soziale Isolierung, Gruppenautorität) *kombinieren*. Die Erläuterungen im einzelnen zeigten aber auch, daß *jedes* der drei Merkmale für sich genommen eine abwehrende Enttäuschungsverarbeitung fördert:

(1) Gruppen, deren Basisprämissen enttäuscht werden, sind in größerer Gefahr, ihren Bestand mit Realitätsverlusten zu erkaufen, als Gruppen, die periphere Enttäuschungen erleben (und als Gruppen mit enttäuschungsimmunen Basisprämissen). Man kann als Begründung zusätzlich zum Gesagten hinzusetzen: Der Glaube an riskante Ideologien wird häufig von vornherein eine ungewöhnliche Glaubensbereitschaft voraussetzen, die durch eingeschränkte Erfahrungsoffenheit geschützt wird.

(2) Sozial isolierte Gruppen werden sich eher als sozial integrierte Gruppen an enttäuschten Basisprämissen festklammern können. Die Isolierung bedeutet an sich schon einen Erfahrungsverzicht. Zugleich bietet sie auch eine Entlastung von Erklärungszwängen.

10 H. Mahler in einem Fernsehinterview. Zitiert in: Jäger, H., Schmidtchen, G., Süllwold, L., *Lebenslaufanalysen. Analysen zum Terrorismus*, Bd. 2, Opladen 1981, S. 159.

Man muß nur diejenigen überzeugen, die sich bereits im Schneckenhaus befinden.

(3) Gruppen, die durch Gruppenautorität gebunden sind, werden eher als andere Gruppen in der Lage sein, ihre Interpretationen von Realität auch gegen evident widersprechende Erfahrungen aufrechtzuerhalten. Der Autoritätszirkel bewährt sich als Abwehrmechanismus. Er erfordert und erzeugt Übereinstimmung.

Wir können die Ausgangsthese also auch in enger gefaßte Einzelthesen zerlegen:

Gruppen werden ihre Enttäuschungen mit erhöhter Wahrscheinlichkeit im Sinne eines Realitätsverlustes verarbeiten,
– wenn ihre Basisprämissen enttäuschbar sind und enttäuscht werden
– *oder* wenn sie sich sozial isolieren
– *oder* wenn sie durch Gruppenautorität geprägt sind.

Gehen wir von dieser Zerlegung in Einzelthesen wieder zur Kombination der Merkmale zurück, dann können wir nicht nur wiederholen (was Thema der gesamten Argumentation war), daß die Kombination der drei Merkmale die Gefahr des Realitätsverlustes steigert, sondern auch hinzufügen: Solche Kombinationen liegen nahe, da jedes der drei Merkmale die *Tendenz zur Verbindung* mit den anderen in sich enthält.

(1) Gruppen mit riskanten Ideologien werden eher als andere Gruppen in Isolierungen abgedrängt und können sich durch Autoritätsbindungen enger zusammenschließen.

(2) Isolierte Gruppen werden eher als integrierte Gruppen dazu tendieren, riskante Ideologien aufzubauen und geschlossene Autoritätsbindungen zu entwickeln.

(3) Gruppen, die durch Gruppenautorität zusammengehalten werden, bringen es eher fertig als andere Gruppen, ihre Mitglieder auf riskante Ideologien festzulegen und sich gegen die Außenwelt abzuschließen.

Die Gruppenmerkmale, die Realitätsverluste fördern, ziehen sich gleichsam wechselseitig an, bahnen sich wechselseitig den Weg. Damit potenziert sich die Gefahr – qualitativ wie quantitativ –, daß sich Gruppenstrukturen bilden, die auf Erwartungsvereisungen angelegt sind.

Das primäre soziale Gehäuse

Hier ist die Rede von der ersten Vergesellschaftung des Menschen, die wir in einigen Grundzügen rekonstruieren können, den nomadisierenden Gruppen der Sammler und Jäger der Altsteinzeit. Schon in dieser ersten Vergesellschaftung hat sich die Konfiguration des »primären sozialen Gehäuses« ausgebildet, die sich als universal erweisen sollte.

Dazu einige Daten.[1] Die ältesten Funde des homo erectus (des ältesten Typus der Gattung homo nach dem homo habilis, von dem wir wenig wissen) sind 1,8 Millionen Jahre alt. Von da aus wird die nomadisierende Lebensweise durchgehalten über den Neandertaler (300 000) bis zum Ende der letzten Eiszeit (10 000) und dem Beginn der Seßhaftigkeit und Agrikultur im Vorderen Orient (8 000).

Die Menschen lebten, wie gesagt, in Gruppen. Hier war also bereits das zellenbildende Prinzip der Vergesellschaftung wirksam: Die Bildung sozialer Einheiten mit Grenzziehungen zwischen Zugehörigen und Nichtzugehörigen, Grenzen, die nicht umstandslos zu überqueren sind. Diese Gruppen von vielleicht 20 Mitgliedern oder auch mehr bestanden aus beiden Geschlechtern, die Kinder zur Welt brachten, hegten und sozialisierten. Es waren also »Gesellschaften« im vollen Sinne des Begriffs.[2] Sie glichen in vielem wandernden Herden mancher Tierarten mit den Erwachsenen vorneweg und hintendran und den Jungen in der Mitte. Das meint der Ausdruck »primäres soziales Gehäuse«: die in die Mitte genommenen Kinder.

Dieter Claessens spricht im Anschluß an Hugh Miller von den Meriten der Gruppenbildung als »Insulation«.[3] Eng zusammenge-

1 Diese und die folgenden Zahlenangaben zur Urgeschichte sind natürlich mit einem beträchtlichen Gib- und Nimm-Spielraum zu lesen. Eine Übersicht gibt Alt, Kurt W., Paläoanthropologie und prähistorische Anthropologie, in: *Anthropologie als Natur- und Kulturgeschichte des Menschen. Freiburger Universitätsblätter* 1998/1, S. 51 ff.

2 Zum Begriff der Gesellschaft: Popitz, Heinrich, *Der Aufbruch zur artifiziellen Gesellschaft*, Tübingen 1995, S. 126 ff.

3 Claessens, Dieter, *Das Konkrete und das Abstrakte. Soziologische Skizze zur Anthropologie*, Frankfurt/M. 1980, S. 60 ff.; Miller, Hugh, *Progress and Decline. The Group in Evolution*, Oxford 1964.

drängte Artgenossen bilden wie schon in Tiersozietäten und selbst im Pflanzenreich einen schützenden Binnenraum, der relativ umweltunabhängig eine freiere und höhere Entwicklung ermöglicht. Es entsteht eine Gruppen-Außenhaut, die im Innern ein Sicherheitsgefühlt schafft und nach außen die Pression von Naturbedingungen mildert. Im »sozialen Uterus« der Gruppe kann es auch ein extrem hilfloser Nachwuchs wagen zu spielen.

Über welche Fähigkeiten verfügten die ersten Architekten primärer sozialer Gehäuse?

Der homo erectus war sprachfähig. Er war zur sprachlichen Lautgebung in der Lage aufgrund seines gegenüber den Primaten erweiterten Rachenraumes, und er verfügte semantisch nicht nur über Ausdrucks- und Signalfunktionen, sondern auch über deskriptive Kompetenzen.[4] Die Gruppen konnten also ihre Aktivitäten verbal koordinieren, und sie konnten ihre Erfahrungen auch sprachlich auf die nächste Generation tradieren. Das Gehirn, begabt zur symbolisierenden Abstraktion, hatte im Vergleich zu den Primaten und frühen Hominiden ein beträchtliches Volumen erreicht.[5] In aufrechter Körperhaltung waren sie in der Savanne orientierungsfähig und über weite Strecken beweglich. Die frei gewordenen Hände konnten zur Manipulation der Umwelt genutzt werden. Aus der tastenden und greifenden Konfrontation von Objekten entwickelte sich die Fähigkeit zur Veränderung des Gegenständlichen.

Die ersten Werkzeuge, grob behauene Geröllsteine, sind schon vor dem Auftreten des homo erectus entstanden.[6] Der erste Fund eines von drei Seiten beschlagenen Faustkeils, das Allzweckwerkzeug der Altsteinzeit, wird auf 600 000 Jahre datiert. Daneben entstanden Werkzeuge zum Spalten, Schärfen, Glätten und Schaben sowie die Speerspitze für die Jagd; der Grabstock zum Ausgraben von Wurzeln und Erdtieren, der Bohrer zum Feuermachen, der Schaber zum Ausschaben von Fellen, Schneidewerkzeuge zur Zerlegung der Beute. Dies waren keine Techniken, die vor permanenten Gefähr-

4 Vgl. Eccles, John, Sprache, Denken, Gehirn, in: *Kindlers Enzyklopädie Der Mensch*, Bd. 11, München 1981.

5 Vgl. Alt, *Paläoantropologie*, S. 55 – Der Ausdruck »Primaten« wird hier durchgehend i. S. von »Alloprimaten«, also mit Ausschluß des Menschen gebraucht.

6 Vgl. Müller-Beck, Hans Jürgen, Der Mensch – ein Techniker. Uranfänge und Entwicklung der Technik zur menschlichen Lebenssicherung, in: *Kindlers Enzyklopädie Der Mensch*.

dungen schützen konnten, aber doch der Beginn des Versuchs, die Natur menschengerecht umzumodeln. Die Sammler- und Jägergruppen waren in begrenztem Ausmaß auch schon Produktionseinheiten.

Ein großer Vorteil im Vergleich zu allen anderen Säugetieren war die Breite der Ernährungsbasis.[7] Schon die Hominiden müssen begonnen haben, sich zugleich von Pflanzen und Fleisch zu ernähren. (Einig Affenarten wie die Paviane und Schimpansen sind nur gelegentlich Fleischfresser.) Die Vielfalt der Ernährungsmöglichkeiten wurde weiter gesteigert durch die Fähigkeit, Feuer zu zünden und zu beherrschen. Fleisch konnte gebraten und gekocht werden. Auch das gelang, wie Höhlenfunde zeigen, schon vor mehr als einer Million Jahren.[8]

Hier interessiert das *Beziehungsgefüge* dieser Gruppen. Wie hielten sie zusammen? Ergaben sich differenzierte Funktionen – welche? Bildeten sich Zuordnungen einzelner Mitglieder – welche? Sind hierarchische Strukturen entstanden – welche?

Offenkundig war die Lebensform, die in diesen Sammler- und Jägergruppen gefunden wurde, außerordentlich stabil. Immerhin hat der Mensch den weitaus größten Teil seiner Geschichte als nomadisierender Sammler und Jäger gelebt.

Die folgende Rekonstruktion beruht auf der Prämisse, daß die Beziehungsmuster der Sammler- und Jägergruppen an sehr frühe Phasen der Naturgeschichte des Lebendigen anknüpfen. Vieles ist bereits im Biogramm der Säugetiere angelegt.[9] Daß diese Beziehungsmuster mit der vitalen Konstitution des Menschen verbunden sind, zeigt auch ihr Weiterwirken durch alle Fährnisse des geschichtlichen Wandels hindurch. Sie leben als Substrat moderner Gesellschaftsstrukturen fort. Sie sind uralt und quicklebendig.

7 Vgl. Sahlins, Marshal, *Stone Age Economics*, New York 1973.

8 Von neuen Funden berichtet Steinert, Harald, Wann entzündete der Mensch zum erstenmal absichtlich ein Feuer?, in: *Süddeutsche Zeitung* vom 28. August 1990, Nr. 199.

9 »Biogramm« nach Earl W. Count, der von der Konfiguration von Körperbau und der Lebensweise einer Gattung spricht: vgl. *Das Biogramm. Anthropologische Studien*, Frankfurt a. M. 1969.

I

Vier Bezüge sind für die Bildung und Dauer des primären Gehäuses konstitutiv.[10]

1) Die Wirbeltiere sind biparental,[11] wie ihre höchste Klasse, die Vögel, jeden Frühling der Welt vorführt. Mit dem Auftreten der Säugetiere gewinnt *das stillende Weibchen* ein eindeutiges Primat.[12] Eine neue Art und eine neue Intensität der Kontakte zwischen zwei Körpern entsteht. Damit verliert der Vater an Bedeutung, die Sorge beider Geschlechter für den Nachwuchs geht verloren. (Mit einigen zeitlich begrenzten Ausnahmen, etwa bei den Wölfen, Füchsen, Dachsen und manchen großen Raubtieren.)

Die Mutter-Kind-Bindung wird vom Menschen fortgeführt, freilich mit ganz unvergleichlicher Nachhaltigkeit. Es entsteht eine Verbundenheit zwischen Mutter und Kind über die primäre Aufzuchtsphase hinaus. Kein Säugetier, auch kein Primat, kennt die Tendenz zur lebenslangen Bindung zwischen den Generationen.[13]

In der ungewöhnlich langen vollständigen Abhängigkeit des Menschenkindes und der Differenziertheit der Kommunikationsmöglichkeiten leuchtet etwas auf, das wir bei Tieren vielleicht in ersten Ansätzen vermuten, aber kaum nachweisen können: die Individualisierung der Mutter-Kind-Beziehung, einer Beziehung über die Generationenschwelle hinweg. Vermutlich ist diese Individualisierung der Mutter-Kind-Beziehung die Schlüsselerfahrung des menschlichen Vermögens, im Anderen – und in sich selbst – eine Existenz in einem Fall begreifen zu können.

2) Ein weiteres Charakteristikum der Gattung Mensch ist die Rückkehr des Mannes in den unmittelbaren Zusammenhang der Hegung und Aufzucht – die *Familisation des Mannes*, eines der merkwürdigsten Phänomene unter allen Merkwürdigkeiten der Hominisation. Es gibt, wie erwähnt, Vorläufer, und auch bei den Primaten wird von Ansätzen der Zuwendung des Männchens an die

10 Im einzelnen ist eine Terminierung nicht möglich. Die Struktur der Gruppe, so wie hier beschrieben, wird sich in einem Irgendwann zwischen homo erectus und homo sapiens sapiens verfestigt haben.

11 Vgl. Count, *Biogramm*, S. 30 ff.

12 Vgl. ebd., S. 104 ff.

13 Vgl. ebd., S. 127 ff.

Mutter-Kind-Dyade berichtet. Doch die Bindung des »menschlichen Mannes« ist exeptionell.

Der neue familiäre Status des Mannes kann sich in verschiedenen Handlungen zeigen: Im spezifischen Schutz einer, »seiner« Mutter-Kind-Dyade; der Fortsetzung sexueller Kontakte während der Schwangerschaft (im Unterschied zu den Primaten); in Pflegehandlungen, im spielenden Kontakt mit den Jungen und vor allem in der Nahrungsversorgung (»der Mann bringt etwas heim«). Das Erstaunlichste aber ist, daß dies keine vorübergehende Zuwendung sein muß. Wie die Mutter-Kind-Beziehung, so kann auch die Familisation des Mannes lebenslange Dauer gewinnen.

Noch niemand, soviel ich weiß, hat das plausibel zu erklären vermocht. Warum geht der Mann nicht seiner Wege? Ökonomische Zwänge einer dauerhaften Kooperation der Geschlechter – wie später etwa in der Agrikultur und im Handwerk – gibt es zunächst nicht. Ein sexuelles Monopol muß kulturell keine entscheidende Rolle spielen. Affektive Bindung ist wahrscheinlich, doch reicht sie aus zur Begründung einer Beziehung, die zur Institution wird? Man hat von der Eigenständigkeit einer »Bindungsmotivation« gesprochen.[14] Doch geht es hier nicht um ein allgemeines Streben nach Bindung, sondern um Bindungstreue. So bleibt nur die – zugegeben spekulative – Annahme, daß irgendwann im Laufe der Menschwerdung so etwas wie »Dauer« eine Eigenmotivation gewinnt; gewiß in Verbindung mit pragmatischen Motiven verschiedener Art, aber in keinem ganz aufgehend.

Menschliches Bewußtsein erschöpft sich nicht in reiner Präsenz. (Die außerordentlichen Augenblicke ausgenommen, in denen sich Zeit zu einem Zeit-Punkt zusammenzieht.) Vergangenes und Zukünftiges bleibt in der Regel mitgegeben. Sie werden aktiv einbezogen, wenn wir aufgrund vergangener Erfahrung etwas Zukünftiges planen. Menschliche Vorstellung ist, wie man gesagt hat, »time binding«, die Zeiten zusammenbindend.[15] Die drei Zeitdimensionen sind aneinander gebunden. Wenn Zukunft verlorengeht, wird die Gegenwart leer. So setzt sich in affektiven Bindungen der Anspruch auf Zukunft zur Erhaltung der Gegenwart fest.

14 Bischof, Norbert, Die biologischen Grundlagen des Inzesttabus, in: *Bericht über den 27. Kongreß der Deutschen Gesellschaft für Psychologie in Kiel,* Göttingen 1970, S. 125.

15 Count, *Biogramm,* S. 126

Zu der Wirklichkeit, die sich menschliches Bewußtsein entwirft, gehört die Selbstfesselung an die Zukunft. Die spezifisch menschliche Erfindung der persona »Vater« ist vermutlich nicht oder nicht nur durch einen sozialen Druck entstanden, sondern ein Produkt des menschlichen Vermögens zur Selbstfesselung.

Ob diese Überlegung plausibel erscheint, steht dahin. Doch taugt sie wohl zur Erinnerung, daß es hier etwas zu erklären gibt.

3) Typisch für die menschliche *Beziehung der Geschlechter* ist die chronische Sexualität. Es gibt keine jahreszeitlich fixierte Brunftzeit, und es gibt kein Aussetzen der sexuellen Erregbarkeit während der Schwangerschaft und Stillzeit.

Die erste Besonderheit, der Wegfall der Brunftzeit, ist im Vergleich der Gattungen relativ. Schon bei den höher entwickelten Säugetieren schwächt sich die Periodisierung der Sexualität ab, beim Schimpansen scheint sie ganz auszubleiben.[16]

Offenkundig wird die Bindung der Geschlechter ununterbrochen sexuell stimuliert. Und offenkundig ist die Wechselseitigkeit einer permanenten sexuellen Nähe, auch die Frau zieht sich niemals ganz aus ihr zurück.

Biologisch präformiert ist auch eine Tendenz zur Arbeitsteilung zwischen den Geschlechtern. Schon in den frühen Zusammenschlüssen der Sammler und Jäger muß sie sich gezeigt haben. Daß die Frauen vorwiegend die Arbeit des Sammelns übernahmen und die Männer auf Jagdbeute ausgingen, gehört zu den Standardannahmen der Literatur. Freilich war die Bedeutung des Jagens für die Ernährung der Gruppen bis zu Beginn der Großwildjagd vermutlich meist gering. Für den Alltag war diese Arbeitsteilung also nicht besonders prägend. Das gilt aber allgemein: Die Differenzierung von Funktionen wird zunächst weitgehend situativ gewesen sein. Die Männer wurden dort zu Spezialisten, wo besondere physische Stärke und Schnellkraft erforderlich waren, d. h. vor allem in Situationen des Konflikts. Daß sich dabei früh eine stärkere Aggressionsbereitschaft ausbildete, erscheint wahrscheinlich.

Im Verhältnis der Geschlechter wird sich noch eine weitere Beziehungsqualität ausgebildet haben, die spezifisch human zu sein scheint. Count schreibt mit spürbarer Verwunderung: »Mit Aus-

16 Vgl. Schurig, Das Entstehen des Bewußtseins, Frankfurt, New York 1976, S. 170; Count, *Biogramm*, S. 113 ff.

nahme der Vögel haben wir keine erwachsenen Individuen gefunden, die einem anderen etwas gegeben haben.«[17] Feststellungen dieser Art sind natürlich offen für Gegenbeispiele, die jederzeit gefunden werden können. (Count weist selbst auf einen solchen Fund hin.) Aber es scheint doch wahrscheinlich, daß »einem anderen Erwachsenen etwas geben« nicht zum Verhaltensstandard von Säugetieren gehört. Das Vermögen, etwas Wertvolles herzugeben, aus der Hand zu lassen, einem anderen zu überlassen, muß sich in der Phylogenese des Menschen ausgeformt haben. Und wo sonst als in der Verbindung der Geschlechter, die durch Sexualität und gemeinsame Aufzucht der Jungen dauerhaft vereint sind?

Geben und Empfangen kann sich über alle Lebensbereiche ausdehnen. Gegeben und empfangen wird nicht nur der Ertrag des Sammelns und Jagens, sondern auch zubereitete Speisen, hergestellte Werkzeuge. Es entsteht eine Kultur des Teilens. Diese Kultur des Teilens, entwickelt in der Bindung der Geschlechter und der gemeinsamen Aufzucht, wird zu einem konstitutiven Vermögen menschlicher Soziabilität.

4) Die folgenreichste Besonderheit der menschlichen Ontogenese ist die lange Zeit *vitaler Hilflosigkeit in der Kindheit*, gefolgt von *einer ausgedehnten Jugendperiode*. Ein Vergleich zeigt die Sonderstellung des Menschen.[18]

In Jahren	Halbaffe	Affe	Mensch
Abhängigkeit des Kindes	1	2	6-8
Zeugungsfähigkeit	2-4	8	14
Körperlich voll ausgebildet	7	12	20

Die Tendenz zur Verlängerung der Kindheit läßt sich auch weiter zurück in der Entwicklung einzelner Säugetierklassen verfolgen. Die Dauer der kindlichen Abhängigkeit korreliert mit der Ver-

17 Ebd., S. 119.
18 Nach Schurig, *Entstehen des Bewußtseins*, S. 172.

größerung des Hirnvolumens und der Differenzierung der Großhirnrinde. Intelligenz erfordert offenbar Zeit – Kindheitszeit.

Die lange Kindheit bietet eine einzigartige Sozialisationschance. Das Kind muß intensiv gehegt werden, und es bietet sich zugleich an für langfristige Kommunikationen vielfältiger Art. Intensität und Langfristigkeit werden zunächst erleichtert durch die relativ geringe Kinderzahl pro Geburt und insgesamt.

Von höchster Bedeutung aber ist die Lernoffenheit des Kindes, seine eminente Bildsamkeit. Das größte Lernpotential hat der Mensch, wie wohl jedes Lebewesen, in der primären Lernzeit, in der seine organische Entwicklung noch nicht abgeschlossen ist. Wesentlich der Ausdehnung dieser nachhaltigen Lernzeit verdankt der Einzelne die Entfaltung seiner Intelligenz – nicht nur der kognitiven, sondern auch der Intelligenz seiner Motorik und seiner Wahrnehmungsfähigkeit. Und wesentlich der Ausdehnung dieser nachhaltigen Lernzeit verdankt die Gesellschaft die außerordentliche Tradierbarkeit ihrer Erfahrungen und Kompetenzen, also ihre Kultur.[19]

Soweit die Bezüge, die sich mit dem primären sozialen Gehäuse ausbilden und die es tragen: Die Dyade Mutter-Kind – die Verwandlung des nur an der Paarung interessierten Mannes zu dem mit der Mutter-Kind-Dyade verbundenen Vater, – die Bindung der Geschlechter, verknüpft durch Sexualität, gemeinsame Aufzucht und das Wechselspiel von Geben und Empfangen, – die lange und intensive Sozialisation der Jungen. Man kann diese vier Bezüge wohl als die sozialen Essentiale der Hominisation verstehen.

II

Wir müssen offenlassen, welche familiären Strukturen sich in den Sammler- und Jägergruppen ausgebildet haben, ob sie »unabhängigen Kernfamilien« oder »erweiterten Familien« glichen, polygam oder monogam waren. Offen bleibt auch, ob die einzelne Gruppe in einer gemeinsamen familiären Struktur verbunden war oder ob

19 Die frühe Bedeutung der Geschwisterschaft läßt sich schwer abschätzen. Ihre Eigenbedeutung (wahrscheinlich i. S. klassifikatorischer Zuordnung) wird vor allem durch die Einbeziehung in die Inzestschranke offenkundig (s. These 8). Zur Bedeutung jugendlicher Altersgruppen s. These 5.

mehrere abgegrenzte familiäre Einheiten zusammengeschlossen waren. Es gibt keinen Grund zu der Annahme, daß sich hier stets das gleiche Muster durchgesetzt hat.

In jedem Fall liegt es nahe, daß in den einzelnen Gruppen über die vier besprochenen fundamentalen Bezüge hinaus auch weitere Zuordnungen entstanden, die gleichsam als Mantel zur Struktur des primären Gehäuses zu rechnen sind. Dazu gehören:

5) Im Gehäuse der Sammler und Jäger entstanden sicherlich *jugendliche Altersgruppen.*

Schon bei den Wirbeltieren gibt es Gesellungen zwischen Gleichaltrigen, die in einigen Fällen sogar älter zu sein scheinen als die elterliche Hegung. Die Orientierung der Jugendlichen an Gleichaltrigen nimmt dann in der phylogenetischen Stufenfolge der Säugetiere weiter zu.[20]

Es scheint sich also um ein Gesellungsmuster zu handeln, das sich mit höherer cerebraler Organisation verstärkt. Dazu kommt bei Raubtieren und bei Primaten die verlängerte Kindheit und Jugend, die Zeit gibt, eigene jugendliche Beziehungsstile zu entwickeln. Und nicht zuletzt natürlich das Spielen als Einübung der Tätigkeiten, die später zum Ernstfall werden.

Das alles fügt sich beim Menschen in spezifischer Weise zusammen: Die höhere Ausbildung des Gehirns, die Verfügung über längere Zeiträume, die mit eigenen kind- und jugendgerechten Verhaltensweisen gefüllt werden können, und die emotionale, kognitive und motorische Nutzung der Spielphantasie. Die Sonderheit jugendlicher Altersgruppen wird wohl mehr oder minder gewürzt durch ein Streben nach der Autonomie einer Eigenwelt, die gegen die Eingriffe der Älteren geschützt ist. Ob der Distanzbedarf stark ist oder nicht – menschliche Kultur hat es wohl stets mit »querliegenden« Vergesellschaftungen zu tun.

6) Die Beziehungsstruktur der Gruppe wird bestimmt durch *Dominanzen und Fügsamkeiten.*

In Tiergruppen etabliert sich gewöhnlich ein dominantes Tier als Spitze der Rangordnung.[21] Ausschlaggebend sind Erfahrungen, physische Stärke und Konfliktbereitschaft – wahrscheinlich in ähnlich intrikaten Mixturen, wie sie uns vertraut sind. Das Alpha-Tier

20 Vgl. Count, *Biogramm,* S. 33 f., S. 98, S. 106, S. 117.
21 Vgl. Ebd., S. 119 ff.

kann herausgefordert werden und seine Spitzenstellung verlieren. In der Regel setzen sich männliche Tiere durch, doch gibt es auch (gerade bei Primaten) Dominanzen von Weibchen. Neu zur Gruppe stoßende Tiere werden nach kurzer Zeit in die bestehende Rangordnung eingefügt. Bekannt sind auch eigentümliche Promotionen, die Weibchen auf die Ranghöhe der männlichen Partner befördern.

Dominanz wird vor allem demonstriert durch Paarungsmonopole und Präferenzen bei der Nahrungsaufnahme. Wirksam ist eine breite Palette von mehr oder minder tatkräftigen Einschüchterungen. Auch für körperliche Distanz kann durch Drohgebärden gesorgt werden. Dominante Tiere übernehmen auch Führungsaufgaben, geben das Signal zum Aufbruch aus Ruhestellungen, bestimmen die Wanderwege und beweisen ihre Konfliktkraft, wenn die Gruppe vor Raubfeinden oder Rivalen zu schützen ist.

So dürften auch die Sammler und Jäger angefangen haben. Die Hierarchisierung wirkte stabilisierend. Sie förderte die Einspielung von Verhaltensregelmäßigkeiten jenseits von Instinktbindungen und die Verfestigung von Erwartungen. Doch der Beziehungsspielraum erweiterte sich. Die Dominanz-Gefälle, die sich in den einzelnen Gruppen ausbildeten, sind sicherlich vielfältiger geworden. Aber welche Sonderbildungen sich immer ergaben, – ein hierarchisches Gefüge als das einfachste und physisch nächstliegende Organisationsprinzip wird sich wohl stets durchgesetzt haben.

7) Für den Typus der Gruppen, die wir besprechen, ist weiter charakteristisch die Entstehung von *Spezialisierungen*, die das *kooperative Niveau* der Gruppe erhöhen.[22] Eine solche Spezialisierung ist die Mitwirkung junger, noch kinderloser Primatenweibchen an der Pflege der Jungtiere. Die jungen Weibchen helfen der Mutter und lösen sie ab, wenn sie auf Nahrungssuche geht. Dieses sogenannte »*Tantenverhalten*« hat zahlreiche Vorzüge wie die Förderung der Überlebenschancen der Jungen, die Einübung von Pflegeroutine und die Vorbereitung der Adoption beim Tod der Mutter. Bezeichnend ist, daß diese vorzeitige Spezialisierung auf die Mutterrolle dem kooperativen Netz der Gruppe dient, und zwar dort, wo sie die höchste vitale Bedeutung hat, in der Konzentration auf die Neugeborenen. Unnötig, auf die »Menschlichkeit« dieser Konzentration hinzuweisen.

Eine andere Spezialisierung mit kooperativem Wert ist die *Wäch-*

22 Vgl. zum folgenden Schurig, *Entstehung des Bewußtseins*, S. 204 ff.

terfunktion. Ein einzelnes Tier verläßt die mit Nahrungssuche beschäftigte Gruppe, wählt eine erhöhte Position und beobachtet mit dem Rücken zur Gruppe die Umgebung. Offensichtlich will es vor Gefahren frühzeitig warnen und vielleicht auch Eindringlinge abschrecken. Die Gruppe ist entlastet, der Wächter bietet Sicherheit.

Auch die *Schutzfunktion* sei noch einmal erwähnt. Sie kann eine deutlich kooperative Qualität erhalten, wenn die Männchen eine Reihe bilden, die sich zwischen den Raubfeind und die bedrohte Gruppe schiebt und so den Weibchen und Jungen den Rückzug deckt.

All dies sind Verfahren, die auch für die Sammler- und Jäger-Gruppen naheliegend waren. Doch gab es Ansätze, in denen sich Spezialisierung und Kooperation zur Arbeitsteilung verschränkten? Die bloße Aufteilung von Sammeln und Jagen zwischen Frauen und Männern ist lediglich eine Trennung von Funktionen, keine arbeitsteilige Kooperation. Eine Arbeitsteilung käme erst zustande, wenn sich Gruppenmitglieder zusammentäten, um eine Gesamtleistung im Zusammenwirken verschiedenartiger Funktionen zustande zu bringen. Vielleicht ist dies bei der Herstellung von Werkzeugen oder Utensilien wie Feuerstellen oder Witterungsschutz geschehen. Aber dafür haben wir keine Anhaltspunkte. Begründbar vermuten können wir nur eine arbeitsteilige Organisation bei größeren Jagden.

Wie Raubtierbeispiele zeigen, gibt es drei Methoden, die über das simple Hinterherhetzen im geschlossenen Rudel hinausgehen. Erstens die modifizierte Hetzjagd, in der das Rudel der Jäger zunächst zusammenbleibt, aber bereit ist, jederzeit auseinanderzusprengen, um dem fliehenden Wild den Weg abzuschneiden. Zweitens die Einkreisung des Wildes mit der Teilung in eine zunächst abwartende Gruppe, die den Kreis schließt, und offensiven Jägern, die sich anschleichen und angreifen. Drittens – der Gipfel der List des Jagens – die Kooperation zwischen Jägern und Treibern. Die Treiber sind Schein-Angreifer, die lediglich die Fluchtrichtung steuern, die Jäger warten ab, bis ihnen das Wild zugetrieben ist. Hier wird die Flucht des Wildes nicht verhindert, sondern genutzt. (Ein ähnlicher Effekt kann auch mit dem Zutreiben auf Steilhänge erreicht werden.)

Wann die Sammler- und Jäger-Gruppe dieses dritte Niveau erreichten, hing nicht nur von ihrer Intelligenz ab, sondern auch vom Jagdangebot und der Bedeutung des Beutemachens für die Ernährung. Jedenfalls ist der Lerneffekt beträchtlich.

Jeder Einzelne kann lernen, sich einer kollektiven Aktion unterzuordnen. Er kann lernen, sich an einen gemeinsamen Plan zu halten, lernen, sich rasch und verläßlich mit anderen zu verständigen, lernen, mit welcher Effizienz viele Aktivitäten und viele Akteure zu einer gemeinsamen Strategie zusammengeschlossen werden können. Mit einem Wort: Aus der Jagderfahrung ergeben sich Einsichten in die Natur und Methoden organisierten Zusammenhandelns. Wahrscheinlich wird diese Einsicht auf andere Lebenstätigkeiten ausgestrahlt haben.

Damit lassen sich die zuerst genannten Grundbeziehungen, die an die Dyade Mutter–Kind anknüpfen, ergänzen. Im Mantel der Gesamtgruppe können sich neue Differenzierungen bilden: die horizontale Differenzierung der Altersgruppen, die vertikale Differenzierung hierarchischer Abstufungen und die Zusammenfügung von Spezialisierung und Kooperation zum arbeitsteilig organisierten Handeln.

8) Die Intensität der *Kontakte zwischen den Gruppen* wird in der Regel von ihrer räumlichen Nähe abhängig gewesen sein, und diese von der Dichte der Nahrungsressourcen. Häufig werden sich Tauschbeziehungen ergeben haben. Da die Gruppen meist in einem bestimmten Territorium mit gleichen Standorten zu bestimmten Jahreszeiten wanderten, wird es zu Territorialansprüchen und zur Abwehr von Eindringlingen gekommen sein. Aber entscheidend für die Gruppenkontakte und entscheidend für die interne Gruppenstruktur war zweifellos der Austausch von Heiratspartnern.[23]

Auch die frühen primären Gehäuse waren keine geschlossenen Gebilde. Sie trennten sich von Mitgliedern und nahmen Fremde auf. Diese Passagen werden sich auf ein bestimmtes Schema eingespielt haben. Typisch wurde der Export und Import junger, heiratsfähiger Frauen (oder Männer). Die Systematisierungen dieser Fluktuation erhalten die Form von *Exogamie-Geboten und Inzest-Verboten*.

Exogamie-Gebot und Inzest-Verbot stützen sich wechselseitig. Die Exogamie ist eine Methode, das Inzest-Tabu durchzusetzen, das Inzest-Tabu eine Methode, die Exogamie zu garantieren.

Das Inzest-Verbot dient der Vermeidung von Sexualität und

23 Daß hier von »Heirat« und »Ehe« gesprochen wird, impliziert nicht die Unterstellung eines bestimmten institutionellen Niveaus, wohl aber, wie besprochen, potentiell dauerhafte Bindungen.

Ehen zwischen bestimmten Verwandtschafts-Kategorien. Es ist universal in einem engeren Sinne (Vater – Tochter, Mutter – Sohn, Bruder – Schwester), bezieht aber in allen Kulturen auch irgendwelche entfernten Verwandten mit ein.[24] Die zeitweiligen Aufhebungen des Tabus sind als Ausnahme erklärbar.[25] Im übrigen ist Inzestvermeidung weder ein Naturgesetz – Übertretungen können sich häufen – noch eine spezifisch humane Konstruktion. Norbert Bischof hält es für nachweisbar, daß sich im Tierreich mit steigender Organisationshöhe instinktive Inzestbarrieren ausgebildet haben. Er bringt zahlreiche Beispiele für Strategien der Inzestvermeidung. Eine Ausnahme sind u. a. die Haustiere.[26]

Da Inzest-Tabuierungen universal sind, muß es auch überall (außer in zölibatären Gruppen) Exogamie-Gebote geben.

Es gibt Bibliotheken erklärender Theorien. Der Vergleich der Begründungsvorschläge des Inzesttabus und der Exogamie zeigt, daß beide sich nicht nur ergänzen, sondern jeweils auch auf eigenständigen Motiven beruhen.

Begründungen des Exogamie-Gebotes betonen die integrierende Funktion der ehelichen Bindung außerhalb der eigenen Gruppe.[27] Durch die Heirat in andere Gruppen ergeben sich überfamiliäre Sozialbeziehungen. Es werden neue Reziprozitäten geschaffen (für Lévi-Strauss wesentlich in der Form des Frauentausches), Reziprozitäten, die neuen Schutz bieten und neue Kooperationen ermöglichen, z. B. in der Großwildjagd, in fortgeschrittenen Systemen des Warentausches, im Beistand gegen Eindringlinge, im Aufbau von

24 George Peter Murdock hat die Universalitätsthese in einem systematischen Vergleich von 250 Kulturen überprüft. Vgl. Murdock, George Peter, *Social Structure*, New York 1949.

25 Nikolaus Siedler (*Die Universalität des Inzest-Tabus*, Stuttgart 1971) hat in einer detaillierten Untersuchung gezeigt, daß die meisten Berichte über ein Fehlen des Inzest-Tabus auf Mißverständnissen beruhen. Eindeutig sind lediglich zwei gut belegte Fälle: Ägypten zur Römerzeit und Persien (1. und 2. Jh. nach Chr.). In beiden Fällen ist eine frühere Geltung des Tabus erschließbar. Für die zeitweilige Aufhebung sind wahrscheinlich kulturelle Überlagerungen verantwortlich. – Ein gelegentliches Aussetzen der Inzest-Vermeidung, das häufiger vorkommt, markiert die Außerordentlichkeit der Personen (dynastischer Inzest) oder der Situation (z. B. Aufbruch zur Schlacht).

26 Vgl. Bischof, Norbert, *Die biologischen Grundlagen des Inzesttabus*. Vgl. auch Bischof, *Das Rätsel Ödipus*, München, Zürich 21989.

27 Der Klassiker der Exogamie-Theorie: Lévi-Strauss, Claude, *Les structures élémentaires de la parenté*, Paris 1949.

Rechtssicherheit. So verbinden sich die Gruppen zu höheren sozialen Einheiten. Neue Verwandtschaftsstrukturen bilden sich, neue Institutionen entstehen. Das Exogamie-Gebot fungiert hier als List der Idee, die aus dem engen Kreis der Gruppe in die Weite und Komplexität einer höheren Kulturstufe hinauslockt.[28]

Begründungen der Inzestvermeidung sehen interne *Abwehrkräfte* in den primären Gehäusen am Werk oder/und Tendenzen der *Abwendung* von Mitgliedern aus der Gruppe, in die sie hineingeboren wurden.[29] (Wobei wir die Annahme, ein pauschaler Instinkt löse das Problem von Grund auf, hier beiseite lassen.)

Abwehrend wirkt das Interesse der Eltern an der Unterdrückung inzestuöser Wünsche. Sie wehren Annäherungen der Kinder ab, sobald sie drohen, Rivalität und Eifersucht zu erzeugen. Freud hat das Drama dieses Konfliktes als Ödipus-Komplex drastisch beschrieben: die auf die Mutter gerichteten inzestuösen Wünsche des Sohnes und die furchterregende Abwehr des Vaters als Kastrationsdrohung.

In den Rahmen der internen Abwehrmethoden gehören auch die Usancen, Söhne und Töchter mit dem Erreichen der Geschlechtsreife möglichst getrennt zu halten, durch räumliche Distanz und Reduktion der Kontakte im Alltag.

Andere Erklärungsversuche vertrauen auf die Wirksamkeit instinktiver oder instinktähnlicher *Abwendung* der Heranwachsenden aus der familiären Intimität. So wird der Geschwister-Inzest unwahrscheinlich, weil die sexuelle Attraktion zwischen gemeinsam Aufwachsenden schwindet, und das um so mehr, je enger sie in der Kindheit zusammenlebten. Die Erfahrungen im israelischen Kibbuzsystem sollen diesen Ernüchterungseffekt bestätigen.[30]

Inzestvermeidung durch Abwendung kann auch dank psychischer Veränderungen in der Pubertät gelingen. Das Streben nach familiärer Geborgenheit wird gebrochen durch Überdruß am Allzuvertrauten. Die Jugendlichen emanzipieren sich aus der kindlichen Gehorsamsfessel. Die Faszination durch das Ferne, Fremdartige zieht sie aus dem eigenen primären Gehäuse heraus.

Begnügen wir uns hier mit der Einsicht, daß sich die verschiedenen Argumentationen ineinander fügen. Kontroversen der erklä-

28 Dazu Schelsky, Helmut, *Soziologie der Sexualität*, Hamburg 1955 (rde 2).

29 Vgl. zum folgenden Bischof, *Inzesttabu*.

30 Vgl. ebd. S. 136.

renden Literatur beruhen auch weniger auf sachlichen Widersprüchen als auf der Neigung, sich in Positionen einzumauern, die begriffliche Gegensatzpaare festschreiben wie »instinktiv« versus »normativ« oder »biologisch« versus »sozial«.

Unsere Frage ist, inwieweit sich in dem primären Gehäuse der Sammler und Jäger Exogamie-Gebote und Inzest-Vermeidungen durchgesetzt haben. Es gibt Gründe für die Vermutung, daß dies sehr langsam und lange Zeit ziemlich unvollkommen geschehen ist.

Die Argumente für die Durchsetzung des Exogamie-Gebotes setzen die Möglichkeit und den Nutzen enger Kontakte zwischen den Gruppen voraus. Beides wird aber häufig nicht sehr weit gediehen sein. Der Raumbedarf der einzelnen Gruppen war in der Regel wohl beträchtlich und damit Kontakten abträglich, der Nutzen engerer Kooperation begrenzt. Die Ausdehnung von Verwandtschaftsstrukturen und die Integration in größere soziale Einheiten dürften erst mit der Seßhaftigkeit eine günstige Basis erhalten haben. Integration auf höherem Niveau setzt Nachbarschaft voraus. So dürften wesentliche Vorzüge der Exogamie – dauerhafte Kooperation und Integration in umgreifende soziale Verbände – noch wenig Anziehungskraft gehabt haben. Sicherlich gab es Austausch von Heiratspartnern, aber vermutlich in einer wenig systematischen Form.

Ähnliches gilt für das Inzest-Tabu. Wohl war Inzest zwischen Eltern und Kindern schon aus Altersgründen zeitlich begrenzt. Aber die Barrieren für den Geschwisterinzest, die angenommen werden, sind wahrscheinlich nicht so hoch gewesen, wie sie Erklärungen voraussetzen, die von einer zivilisierten Furcht vor Langeweile ausgehen. Eine Kenntnis der gemeinsamen biologischen Abstammung fehlte. Daß man bestimmte Degenerationserscheinungen als Folge von Inzest gedeutet hat, ist auszuschließen. Geschwister-Inzest dürfte häufig gewesen sein.

Da beides – Exogamie und Inzest-Vermeidung – brüchig war, konnten sich beide Regelungssysteme auch nur begrenzt wechselseitig stützen.

Dies sind Vermutungen, die eine unvollkommene Durchsetzung beider Regelungssysteme plausibel machen sollen, sich aber nur vage auf eine »lange« Anlaufperiode beziehen. Für eine bestimmte Terminierung fehlen Anhaltspunkte. Nicht in Frage gestellt wird die prinzipielle Offenheit auch der frühesten primären Gehäuse.

In der Konstruktion dieses Gehäuses steckt von vornherein die

Dynamik einer systematischen Fluktuation. Die Beziehungen, die sich hier konstituieren, können nur durch bestimmte Restriktionen ihr spezifisches Profil ausbilden und erhalten. Die Restriktionen wiederum erfordern den Austausch eines Teils der Mitglieder.

Das primäre soziale Gehäuse ist beschreibbar durch acht Kennzeichen: die vier Grundbeziehungen der Mutter-Kind-Dyade, die Familisation des Mannes, die Bindung der Geschlechter und die lange Abhängigkeit des Kindes; eingefügt in horizontale, vertikale und arbeitsteilige Verknüpfungen der Gesamtgruppe; nach außen offen durch regelhafte Fluktuation.

Dieses Beziehungsgeflecht, ausgebildet schon in der frühesten Vergesellschaftung des Menschen, hat sich in allen Gesellschaftsformationen durchgesetzt. Überall, wo Menschen sich dauerhaft vergesellschafteten, haben sie in den Grundzügen das gleiche primäre Gehäuse gebaut. Offensichtlich setzen sich hier bestimmte anthropologische Muster durch.

Ihr gemeinsamer Nenner ist wohl der Drang nach gesellschaftlicher Kontinuität – oder, wenn man will, dem gesellschaftlichen Weiterleben –, der dazu zwingt, eine Integrationsstruktur für die jeweils Neuen, die Neugeborenen bereitzustellen. In der Komplexität dieser Aufgabe spiegelt sich die biologische Tatsache, daß Menschen exeptionell fürsorgebedürftig zur Welt kommen und es exzeptionell lange bleiben.

Anhang

Zum Wiederbeginn der Soziologie in Deutschland nach dem Kriege

Das Folgende handelt weniger von der Entwicklung der Soziologie aus der Sicht der Gründerzeit als von dieser Gründerzeit selbst.

Zunächst: Von wem ist die Rede? Von der älteren Generation der Rückkehrer aus der Vertreibung, Adorno, König, Plessner, und den Hiergebliebenen, Gehlen, Schelsky, und von den Jüngeren, die die Nazizeit noch mit einigem Bewußtsein erlebt hatten, als Soldaten, Flakhelfer oder Schüler, eine »Generation am Rande«, grob abgegrenzt: diejenigen, die zwischen den frühen Zwanziger- und den frühen Dreißigerjahren geboren wurden. Was ich berichte, ist aus der Perspektive dieser Randgeneration gesehen.

Zeitlich beziehe ich mich auf die Gründerphase der Fünfzigerjahre. Für mich die Zeit von der Promotion – in Philosophie – 1949 bis zur Habilitation – in Soziologie – 1957. (Die frühesten Anfänge in den Vierzigerjahren, von denen ich an meinen Studienuniversitäten Göttingen, Heidelberg und Basel kaum etwas bemerkt habe, lasse ich beiseite).

Daß ich biographisch erzähle, bedarf wohl keiner besonderen Rechtfertigung, wenn es darum geht, unterschiedliche Erfahrungen miteinander zu vergleichen. Also: Wie kam es zu den industriesoziologischen Untersuchungen in der Hüttenindustrie? (»Technik und Industriearbeit«, »Das Gesellschaftsbild des Arbeiters«.) Erstens aus persönlichen Erfahrungen, zweitens als Reaktion auf die Entfremdungstheorie des jungen Marx, die ich im Philosophiestudium kennengelernt und über die ich meine Dissertation geschrieben hatte, und drittens aus einer Serie von Zufällen.

Eigene Erfahrungen, die ergaben sich schon in der Kindheit, als ich häufig aus dem bürgerlichen Wohnviertel ausrückte und in einem Arbeiterviertel Abenteuer suchte und fand. Ein Solidaritätsgefühl entstand, das sich im Arbeitsdienst und in der Soldatenzeit befestigte. Es waren nicht primär Lesefrüchte, die mich ins Ruhrgebiet führten.

Und dann doch auch Lesefrüchte. Das Marx-Studium brachte mir Wissen, Begriffe, offene Fragen und vor allem das Bedürfnis nach unmittelbaren, anschaulichen Konfrontationen.

Der Zufall schließlich – das klingt etwas märchenhaft. Ich hatte,

1951 in der Sozialforschungsstelle Dortmund gelandet, zunächst die Befragungsprotokolle einer Bergarbeiter-Studie gelesen, die mich sehr beeindruckten. Carl Jantke hat sie später unter dem Titel »Bergmann und Zeche« publiziert. Dann ergab sich die Chance, an einer Untersuchung teilzunehmen, die über Wohnwünsche der Bergarbeiter informieren sollte. Die Amerikaner hatten Interesse an der Ankurbelung der Kohleproduktion und finanzierten auch weitgehend den Bau neuer Bergarbeitersiedlungen. Bei der Planung sollte auch die neu importierte Sozialforschung mithelfen. Das geschah nicht ohne erzieherischen Elan. Ich erinnere mich, wie ein Amerikaner, mit dem ich durch das zerstörte Dortmund fuhr, auf die Ruinen zeigte und mir erklärte: »Alles das wäre nicht passiert, wenn es schon damals Sozialforschung gegeben hätte.«

Nun, um es kurz zu machen, unsere Forschungen, die später Elisabeth Pfeil veröffentlichte, schienen Eindruck zu machen, und eines Tages stand ich mit 100 000 Mark von der Rockefeller-Stiftung da, mit denen ich nach freiem Ermessen eine eigene Forschung beginnen konnte. Soweit der Zufall.

Von Anfang an war mein Freund Hans-Paul Bahrdt mit von der Partie (wir hatten uns im ersten Semester bei der Vorbereitung auf eine Fleißprüfung bei Nicolai Hartmann kennengelernt – über die Ästhetik Schopenhauers diskutierend...). Später kamen Ernst August Jüres und Hanno Kesting hinzu.

Vieles, was ich bisher erzählt habe, ist nicht so partikular, wie es scheint.

Zum ersten: Die Generation der Nachkriegs-Beginner waren wohl ausnahmslos keine »gelernten Soziologen«. Woher auch, die Lehre entwickelte sich nur sehr langsam. Soziologische Forschungen sind wohl in den meisten Fällen ohne Erwartungen an ein akademisches Fach »Soziologie« entstanden. Es ist zwar übertrieben, aber nicht ganz falsch zu sagen: daß es so etwas wie Soziologie gab, entdeckten wir erst, als wir sie betrieben.

Zwischen diesen Beginnern, zum zweiten, gab es zunächst keine überregionalen Kontakte. Im Ruhrgebiet bestand lediglich eine freundliche, doch sporadische Verbindung zwischen den Dortmundern und der Pirker-Lutz-Braun-Gruppe des gewerkschaftlichen Forschungsinstituts in Köln.

Der Durchbruch, mindestens für uns Dortmunder, aber auch für andere, war eine Tagung in Hamburg im Juni 1955 unter dem Titel

»Norddeutsches Soziologen-Nachwuchs-Treffen«, veranstaltet von den soziologischen Seminaren Göttingen, Kiel und Hamburg unter der Federführung von Helmut Schelsky. Absicht war, wie es in der Einladung hieß, »den wissenschaftlichen Nachwuchs für Soziologie an den norddeutschen Hochschulen einander bekanntzumachen und zur gegenseitigen Aussprache zu führen«. Darüber hinaus sollte die Tagung »den jungen Gelehrten Gelegenheit bieten, die Ergebnisse ihrer Untersuchungen einer größeren wissenschaftlichen Öffentlichkeit vorzulegen«.

Beides hat die Tagung erreicht. Bahrdt und ich begegneten wohl zum ersten Mal gleichaltrigen Soziologen jenseits des Ruhrgebiets. Wir hatten kaum etwas oder gar nichts voneinander gehört. Schelsky übrigens musste auf der ersten Einladung, die er verschickte, sogar unsere Vornamen erfinden. Hauptredner waren Bolte, Kluth, Goldschmidt, von Ferber, Bahrdt und ich; Zuhörer u.a. Dahrendorf und Habermas.

Einige Kontakte blieben erhalten und sind bis heute wichtig. Was immer wir vom Hörensagen vorher kannten – zum ersten Mal erfuhren wir im unmittelbaren Kontakt, daß in deutschen Landen vielerorts vergleichbare Fragen und Forschungen entstanden waren, aus welchen Ruinen auch immer. Für manche Beteiligte war dies die deutsche Geburtsstunde von Soziologie.

Ich möchte an dieser Stelle Helmut Schelsky einen Kranz winden. Er hat vielen Jüngeren geholfen, in nächtelangen Diskussionen zuhörend und anregend.

1955 kam auch, unabhängig von der Hamburger Tagung, ein industriesoziologischer Gesprächskreis zustande, der sich dann mit einiger Regelmäßigkeit im Frankfurter Institut für Sozialforschung traf. Das Ganze blieb informell und lief neben der Deutschen Gesellschaft für Soziologie ziemlich beziehungslos her. Teilnehmer waren, außer einigen Einzelgängern, die sporadisch kamen, die Autoren der Frankfurter Betriebsklima-Untersuchung, die Kölner Gruppe und die Dortmunder. Wichtig war der Kontakt, sachlich kam nicht viel heraus, alle drei Gruppen hatten ihre Untersuchungen schon abgeschlossen. Öffentlich aufgetreten sind wir erst am Berliner Soziologentag 1959. Danach verkrümelte sich das Ganze. Immerhin: Es gab so etwas wie Geselligkeit. Simmel hätte wahrscheinlich seine Freude dran gehabt.

Keine gelernten Soziologen – wenig überlokale Verbindungen

und, zum dritten, eine lang anhaltende Blockierung der Diskussion innerhalb des Faches unter den Älteren. Mindestens auf den Kongressen hätte doch etwas los sein können. Ich war sehr enttäuscht, als der Vorstand der Gesellschaft, in den ich in absentia gewählt worden war, in Plessners Göttinger Wohnung zusammenkam, um die Berliner Tagung zu planen. Hier müßten nun doch wohl die Streitfragen gestellt, die Konfrontationen vorbereitet werden. Aber es war lediglich von dem Erscheinungsbild der Soziologie in der Öffentlichkeit die Rede. Das Ganze schien mir abzuzielen auf eine viertägige Pressekonferenz in Permanenz. Später habe ich dann etwas milder geurteilt, als ich merkte, wie dringend etwas zum Prestigegewinn der Soziologie getan werden mußte, wenn soziologische Forschung und Lehre auf die Füße gestellt werden sollten.

Zur Blockierung der Diskussion noch eine Erinnerung. Es war Ende der Fünfzigerjahre – das genaue Jahr weiß ich nicht mehr –, als Stammer, der damalige Vorsitzende, den Versuch machte, die sterile Kontaktlosigkeit zwischen den Antipoden der Nachkriegs-Soziologie zu überwinden. Er lud sie in ein abgelegenes Hotel (bei Assmanshausen) zu einem Gespräch ein. Es war ein kleiner Kreis, zehn oder zwölf Teilnehmer, vor allem Adorno, Gehlen, Schelsky und René König, dazu als Jüngere in einer undefinierten Zeugenschaft Ralf Dahrendorf und ich. Debattanten waren vor allem Adorno und Gehlen, die sich rasch einig fanden in der Überzeugung, daß wir in der schlechtesten aller Welten lebten. René König schwieg. Die wirklich heiklen politischen Fragen wurden beiseite gelassen. Das Gespräch führte folglich auch zu nichts. So blieb es – abgesehen von einer späteren kurzen Notiz von Dahrendorf – das, was es damals sein sollte: geheim.

Sie konnten zueinander nicht kommen.

Über die Fragen, die uns beschäftigten, habe ich kaum gesprochen. Sie liegen ja auch in Publikationen vor. Nur eine Randbemerkung. Es fiel uns merkwürdigerweise schwer, soziologische Begriffe zu rezipieren. Warum das so war – welche zeittypischen Bewußtseins-Verwerfungen hier im Spiel waren –, wäre der Mühe wert zu erkunden. Noch sehr viel mehr Schwierigkeiten mit den neuen Begriffen hatten natürlich alle, die uns zuhörten. Das war eine der Barrieren, die es der Soziologie schwermachten, auch nur die benachbarten Fächer zu erreichen. Auch dazu eine Erinnerung. Als ich in meiner Basler Antrittsvorlesung versuchte, den Begriff der Sozialen

Norm auseinanderzulegen, sagte mir ein durchaus freundlich gesinnter alter Herr aus der Fakultät: »Also alles was recht ist, aber das klang wie Kabbala.« Und fünf Jahre später, als der Rechts- und Staatswissenschaftlichen Fakultät in Freiburg der Begriff der sozialen Rolle nicht einleuchten wollte, hellten sich die Mienen erst auf, als ich einige rollentheoretische Konzepte in Schüttelreime übersetzte. Heute gelingt es nicht mehr, das soziologische Vokabular aus dem öffentlichen Palaver zurückzurufen.

Doch die Zeit läuft ab, und ich muß endlich zu dem vorgegebenen Stichwort kommen, den Hoffnungen auf eine »angewandte Aufklärung«. Über das politische Bewußtsein der »Randgeneration«, der ich selbst angehörte, weiß ich erstaunlich wenig. Es wurde kaum darüber gesprochen, die engsten Freunde ausgenommen. Doch man kann wohl annehmen, daß allen das Entsetzen über das Geschehene in irgendeiner Weise im Nacken saß. Wenn man aber überhaupt die Frage nach den Gründen stellte, war der Verdacht unausweichlich, daß hier verborgene gesellschaftliche Strukturen wirksam geworden waren und vielleicht noch wirksam sind. Man konnte sich also für die eigene Gesellschaft nicht interessieren, ohne die Erwartung, daß es hier etwas zu entdecken, aufzudecken, aufzuklären gab. Gewiß ist Soziologie immer eine Entdeckungsreise in die eigene Gesellschaft gewesen – doch für die Randgeneration war dies von vornherein ein unvermeidliches Vorzeichen.

War das schon »angewandte Aufklärung«? Vorsicht. Zunächst waren wir selbst aufklärungsbedürftig – und wußten es.

Immerhin ergaben sich zwei Tendenzen wie von selbst: die Überzeugung, daß es blinde Stellen im gesellschaftlichen Bewußtsein zu finden galt, und die gesellschaftskritische Attitüde. Wir galten nicht nur als links, wir hielten uns auch dafür.

Aber noch einmal: Vorsicht. »Aufklärende« Soziologen sind nichts besonders Glorreiches – die Soziologie war ja selbst ein Kind der Aufklärung –, sie rudern nur in dem Boot, in dem sie ohnehin sitzen. Und vor allem: Die Soziologie steht, wie jeder weiß, nicht einer von soziologischen Konzeptionen unberührten Gesellschaft gegenüber; das gesellschaftliche Bewußtsein, auf das sie einredet, ist selbst zu einem erheblichen Teil ein Produkt soziologischer Belehrungen, Moden und Mythologien. Es scheint gelegentlich so, als laufe sie aufklärend einem Aufklärungsbedarf hinterher, den sie selbst geschaffen hat. Im Ruhrgebiet, um ein Beispiel zu nennen, war damals die von der amerikanischen Soziologie importierte »human relations«-Bewegung »zugange« (was alle Probleme löst, ist Nettigkeit im Umgang miteinander), und wir hatten alle Mühe, die Aufmerksamkeit wieder auf ein paar harte Tatsachen zu lenken. Jeder kann Beispiele wählen, wie er will, und Streitgespräche darüber beginnen, was soziologische Aufklärung und was von der Soziologie produzierter Aufklärungsbedarf ist.

So langfädig ich dies ausspänne – die Quintessenz bliebe die gleiche: Um Aufklärung, oder was er dafür hält, möge sich jeder nach bestem Vermögen sorgen und sich mit anderen verbinden – als Fach sollten wir darauf nicht pochen. Angesichts der unvermeidlich fortschreitenden Professionalisierung und Routinisierung des Faches sollten wir fortschreitend weniger vollmundig reden. Doch es könnte doch vielleicht ein Stück von dem bewahrt werden, was die Periode des Neubeginns auszeichnete und die Soziologie bei allen Defizienzen und Verdrießlichkeiten zu einer verlockenden Chance machte: die Offenheit.

Zum Begriff der Klassengesellschaft*

1. Immer noch ist die von Marx in Gang gebrachte Frage nach der Klassengesellschaft ein faszinierendes Thema des Nachdenkens über unsere Gesellschaftsordnung. Kann die Spannung, der Antagonismus zwischen den Gesellschaftsklassen noch als Charakteristikum unserer Gesellschaftsordnung verstanden werden? Oder ist die Ära der Klassengesellschaft bereits überwunden? Die Frage ist tausendmal abschließend beantwortet worden und hat sich tausendmal – allen Veränderungen der weltpolitischen Konstellation, allen Perioden wirtschaftlicher Sekurität zum Trotz – wie Phönix aus der Asche neu erhoben. Nun scheint es zwar sicher zu sein, daß die Definition, die Marx gegeben hat, nicht mehr einfach übernommen werden kann. Aber gerade die zeitgebundene Enge der Marxschen Fassung hat immer wieder zu begrifflichen Diskussionen gereizt, zu Versuchen, die Suggestivkraft der durch den Begriff bezeichneten Fragestellung begreiflich zu machen. Auf ein solches Experiment möchte ich mich heute ebenfalls einlassen, indem ich im bewußten Rückgriff auf Marx einige Ergebnisse empirisch-soziologischer Untersuchungen auf den Begriff der Klassengesellschaft beziehe.

Zunächst, in wenigen Sätzen zusammengefaßt, ein Resultat aus einer Untersuchung über das Gesellschaftsbild des Arbeiters. (In dieser Untersuchung wurden 600 gelenkte Gespräche mit Arbeitern aus der Hüttenindustrie geführt.[1]) Soweit sich die befragten Hüttenarbeiter überhaupt ein Bild von der Gesamtgesellschaft und ihrem spezifischen eigenen Ort innerhalb dieser Gesellschaft machen – und das ist bei der Mehrzahl der Fall –, sehen sie die Gesellschaft eindeutig als eine gesellschaftliche *Dichotomie*, aufgespalten in zwei prinzipiell voneinander getrennte, gegensätzliche Teile. Es

* Vortrag, gehalten als Antrittsvorlesung an der Albert-Ludwigs-Universität Freiburg im Breisgau am 23. Juli 1957 und am 7. Februar 1958 vor der »Gesellschaft der Freunde und Förderer der Akademie für Gemeinwirtschaft Hamburg«. – Die ursprüngliche Fassung habe ich nahezu unverändert beibehalten, weil mir die Vortragsform am geeignetsten für die knappe Skizzierung eines Gedankenganges zu sein schien, der auf sehr schmalem Pfade einen äußerst weitläufigen Fragenbereich zu durchqueren versucht.

1 Popitz, Heinrich, Bahrdt, Hans Paul, Jüres, Ernst August, Kesting, Hanno, *Das Gesellschaftsbild des Arbeiters*, Tübingen 1957.

gibt für sie keine hierarchische Vermittlung zwischen diesen beiden Teilen (die Angestellten z. B. werden meist einfach ausgeklammert), sondern nur ein evidentes *Unten* – die Industriearbeiterschaft – und ein sehr allgemein als »das Kapital«, »die hohen Herren«, »die anderen« usw. umschriebenes *Oben*. In dieser Beziehung unterscheiden sich die wenigen orthodoxen Marxisten nicht von den patriarchalisch denkenden, meist vom Lande kommenden Arbeitern, die unkompliziert die Gesellschaft als statisches Ordnungsgefüge anerkennen; die meist älteren sozialistischen Avantgardisten nicht von dem Typus des Resignierten, der eine unabwendbare Dichotomie als kollektives Schicksal hinnimmt; eine Gruppe gedankenreicher, aus persönlicher Erfahrung Skeptischer nicht von den Befürwortern eines fortschreitenden relativen Ausgleichs zwischen »Kapital« und »Arbeit« im Zeichen der Mitbestimmung. Es würde zu weit führen, wenn ich noch einmal versuchen würde, die Vielfältigkeit und Variationsbreite der Stellungnahmen zu veranschaulichen, um schließlich die überraschende Übereinstimmung in der Annahme einer dichotomistischen Konstruktion der Gesamtgesellschaft herauszuheben. Ergänzend erwähnt sei lediglich noch, daß ein Zusammengehörigkeitsgefühl, ja ein Kollektivbewußtsein der Arbeiterschaft nicht nur in einzelnen Stellungnahmen zum Ausdruck kommt, sondern auch die Basis für die verschiedenen Formen bildet, in denen sich die Arbeiter zur Gesamtgesellschaft ins Verhältnis setzen. Entsprechend werden auch alle Probleme der gesellschaftlichen Entwicklung unter dem Aspekt gesehen, welche Rolle und welche Chancen sich für *die* Arbeiterschaft – im Gegensatz zu den anderen – ergeben. *Daß* die Konsequenzen für beide Teile nicht gleiche oder ähnliche sind, wird in den meisten Fällen als selbstverständlich unterstellt.

Nimmt man diese Vorstellungen ernst, so muß sich die Frage stellen, ob sie nicht den soziologischen Theorien widersprechen, die entweder eine Überwindung der Klassengesellschaft zu erweisen versuchen oder in ihrer Deutung der gegenwärtigen Sozialstruktur diese Überwindung als gegebene Tatsache bereits voraussetzen. Eine solche Frage ist allerdings nur dann sinnvoll, wenn man das Votum der Arbeiter in seiner unmittelbaren Aussagekraft beim Wort nimmt, also auf Umdeutungen verzichtet, die mit Hilfe von Begriffen wie Ideologie, falsches Bewußtsein, Realitätsverlust, Verdrängung, Entfremdung usw. natürlich leicht zu bewerkstelligen wären.

Mit Hilfe solcher Begriffe läßt sich stets nachweisen, daß gerade der explizite *Widerspruch* der Betroffenen gegen die Rolle, die man ihnen theoretisch zuzuschreiben gedenkt, die eigene Theorie bestätigt und rechtfertigt. Da ich aber glaube, daß die Dichotomie-Vorstellung der Arbeiter einen evidenten und unverstellten Realitätsgehalt hat, werde ich gerade umgekehrt verfahren: Nicht die wertenden Stellungnahmen mit Hilfe soziologischer Begriffe umdeuten, sondern sie zur kritischen Revision eines soziologischen Begriffes, des Begriffes der Klassengesellschaft, verwenden.

2. Schon die Nationalökonomie der zweiten Hälfte des 19. Jahrhunderts ging davon aus, daß der Marxsche Klassenbegriff weder mit der ganzen Last seines schweren Gepäcks an Zusatzthesen noch in der simplifizierten Form des orthodoxen Marxismus haltbar sei. Trotzdem knüpfen die Definitionen bis heute meist ausdrücklich an irgendeinen wesentlichen Gesichtspunkt an, der sich bei Marx findet. Dazu boten sich vornehmlich an: Erstens der ursprüngliche Bezug des Klassenbegriffs auf ein bestimmtes Produktionsverhältnis – Sombart spricht später von »Wirtschaftssystem«, Cunow von »Wirtschaftsform«. Zweitens die Unterscheidung der Klassen nach ihrem jeweiligen Verhältnis zu den Produktionsmitteln – aus der Marxschen Alternative von Besitz und Nichtbesitz wird später die Unterscheidung von »Einkommens*quellen*« bei Simkhowitsch oder der »*Art* des Einkommens« bei Pesch. Drittens die Annahme, daß sich aus der Klassenlage ein Klassenbewußtsein entwickeln müsse – was in »gemeinsame Lebensbeurteilung« von Leopold von Wiese abgemildert, von anderen mit dem zweiten Gesichtspunkt zu dem Merkmal »wirtschaftliche Interessen« vereint wird. Hinzu kommen noch eine Reihe weiterer Kriterien wie Bildungschance, äußere Lebensstellung oder schließlich die ausdrückliche Betonung der verschiedenartigen innenpolitischen Machtstellungen.[2] Entscheidend aber für die Distanzierung von Marx ist nicht die Formulierung der einzelnen Kriterien und ihre von Fall zu Fall wechselnde Kombination, sondern die Tatsache, daß man das *Zweiklassenschema* der ursprünglichen Marxschen Konzeption nicht mehr durchhalten zu können glaubte. Die Argumente, die gegen das Zweiklassenschema

2 Vgl. die Zusammenstellung Theodor Geigers in: *Die soziale Schichtung des deutschen Volkes*, Stuttgart 1932, S. 8 ff.

ins Feld geführt werden, sind allgemein bekannt: Erinnert sei nur an den erfolgreichen Widerstand des Kleinbürgertums gegen die Proletarisierung, den sozialen Aufstiegsprozeß der Arbeiterschaft selbst, die Bildung des sogenannten »neuen Mittelstandes« der Beamten und Angestellten auf Grund des zunehmenden Umfangs der Verwaltungsaufgaben, schließlich an die Wandlung der industriellen Unternehmensformen und die ihr entsprechende Umgestaltung des Verhältnisses von Besitz und Verfügungsgewalt. Die Interpretation dieser Prozesse, die mit den Marxschen Prognosen nicht übereinstimmen, führt auf zwei verschiedenen Wegen zu dem gleichen Ergebnis, zu der These von der Überwindung der Klassengesellschaft.

Beide Argumentationen seien kurz angedeutet. Man hat erstens versucht, an der Abgrenzung der einzelnen Klassen auf Grund ihres Verhältnisses zu den Produktionsmitteln festzuhalten und gleichzeitig den eben erwähnten sozialen Wandlungsprozessen gerecht zu werden durch die Konstruktion eines *vielgliedrigen* Klassengefüges. Das ist nur möglich, wenn man die verschiedenen »Zwischenklassen« oder Zwischenschichten einer der beiden dominierenden Extremgruppen, Unternehmertum oder Arbeiterschaft, als Annäherungs- oder Derivationsformen zuordnet. Den wohl denkwürdigsten Versuch dieser Art hat Theodor Geiger in seiner 1932 veröffentlichten Untersuchung über die soziale Schichtung des deutschen Volkes unternommen. Aber bereits der Titel seines ersten nach dem Kriege erschienenen Buches »Die Klassengesellschaft im Schmelztiegel« gibt zu erkennen, daß der Versuch aufgegeben werden mußte. Geiger versucht dort im einzelnen nachzuweisen, weshalb die Eigenart der Zwischenschichten, ihre ökonomisch-soziale Situation wie ihre Mentalität, nicht zu erfassen sei, solange man an dem Marxschen Ansatz und an dem Begriff der Klassengesellschaft prinzipiell festhalte.

Einen zweiten Weg zur gleichen These zeigt gegenwärtig vor allem Helmut Schelsky. Er interpretiert den sozialen Aufstiegsprozeß der Arbeiterschaft wie die verschiedenen Deklassierungsprozesse, die sich insbesondere in Deutschland seit dem ersten Weltkrieg vollzogen hätten, als »Entschichtungsvorgänge«. Herausgebildet habe sich eine nivellierte Mittelstandsgesellschaft, deren Niveau, gemessen an der alten Schichtenstufung, etwa als die »untere Mitte«, also als kleinbürgerlich-mittelständisch bezeichnet werden könne. Die Klassenspannung als die »dominierende Sozialstruktur« seit der

Herausbildung der industriellen aus der frühbürgerlichen Gesellschaft sei folglich ein heute überwundenes »säkulares Zwischenspiel« gewesen.[3]

So verschieden beide Argumentationen sind: Beide scheinen mir den eigentlichen Erkenntniswert der Marxschen Konzeption nicht zu treffen. Dieser ist m. E. schon in dem Augenblick verschleiert worden, in dem das Zweiklassenschema aufgegeben wurde.[4] Geiger geht wie viele andere von der Voraussetzung aus, daß der Klassenbegriff sämtliche relevanten gesellschaftlichen Phänomene decken müsse. Er verwechselt die von Marx entworfene Klassenstruktur mit einem Schichtungsmodell der Gesamtgesellschaft – eine Verwechslung, an der Marx selbst allerdings nicht unschuldig ist. Aber als Schichtungsmodell, als Versuch einer sinnvollen Aufgliederung der Gesamtgesellschaft in verschiedene Bevölkerungsteile, die sich im Hinblick auf ihre ökonomisch-soziale Lage und ihre Mentalität voneinander unterscheiden, ist die Marxsche Theorie niemals besonders »realitätsnah« gewesen. Dazu ist sie viel zuwenig differenziert und viel zu blind gegenüber allen Phänomenen, die nicht zu der erwarteten Revolution des Proletariats passen wollen. Alles, was zwischen Proletariat und den herrschenden Kapitalisten liegt, der sogenannte Mittelstand im weitesten Sinne des Wortes, befindet sich für ihn lediglich *innerhalb* des Spannungsfeldes, ohne eigene Bedeutung, ohne eigenen Einfluß auf die gesellschaftliche Dynamik. Die fortschreitende Aufreibung aller dieser »Mittellagen« hat er zwar prophezeit – aber auch diese Prognose ist lediglich von der erhofften Entwicklung des Proletariats her formuliert; als Phänomen eigener Art sind ihm sämtliche soziale »Mittellagen« lediglich ein Ärgernis gewesen, darüber hinaus interessiert haben sie ihn nicht. Es ist sehr die Frage, ob seine Theorie der Klassengesellschaft die soziale *Schichtung* in England oder gar in Deutschland in der

3 Schelsky, Helmut, *Der Realitätsverlust der modernen Gesellschaft*, unveröffentl. Manuskript; ders., Sozialer Wandel, in: *Offene Welt*, Nr. 41, 1956; ders., Die Bedeutung des Schichtungsbegriffes für die Analyse der gegenwärtigen deutschen Gesellschaft, in: *Transactions of the Second World Congress of Sociology*, Bd. 1, London 1954.

4 Die gleiche These wird auch von Ralf Dahrendorf in seinem kürzlich erschienenen Buch *Soziale Klassen und Klassenkonflikt* (Stuttgart 1957) ausführlich entwickelt und m. E. überzeugend vertreten. Im Gegensatz zu Dahrendorf verwende ich hier den Klassenbegriff allerdings ausschließlich als historische Kategorie.

Mitte des 19. Jahrhunderts besser als unsere gegenwärtige Sozialstruktur beschrieben hat. Jedenfalls hätte auch ein Zeitgenosse von Marx mit ähnlichen Argumenten wie Geiger gegen Marx polemisieren können.

Ein entsprechender Einwand ist nun auch gegen die Nivellierungstheorie zu erheben, soweit aus ihr der Schluß gezogen wird, daß die Klassengesellschaft überwunden sei. Wenn gezeigt wird, daß bestimmte Unterschiedlichkeiten zwischen Bevölkerungsteilen zunehmend geringer werden, etwa im Hinblick auf das Einkommen, den Lebensstil oder die Mentalität, so spricht dies zwar gegen Erwartungen, die Marx gehegt hat, insbesondere gegen seine Verelendungstheorie; aber der Grundgedanke seiner Theorie der Klassengesellschaft ist mit solchen Einwänden noch nicht in Frage gestellt. Dieser Grundgedanke besteht m. E. darin, daß Marx die Sozialstruktur der kapitalistischen oder besser der industriellen Gesellschaft auf den Nenner der *Dichotomie* gebracht hat. Und zwar einer bestimmten Dichotomie, deren Wirksamkeit relativ unabhängig ist von der Existenz der Mittelschichten ebenso wie von Veränderungen in der Form der Herrschaftsausübung – etwa der sogenannten *managerial revolution*. Diese Dichotomie, in der Marx das entscheidende Spannungsmoment sah, das die gesellschaftliche Dynamik in Zukunft beherrschen werde, steht und fällt mit der Existenz der aus dem Industrialisierungsprozeß hervorgegangenen Arbeiterschaft und ihrer exzeptionellen Rolle innerhalb der Gesamtgesellschaft. Alle seine Erwartungen sind letztlich darauf konzentriert, daß diese neue, verhältnismäßig eindeutig fixierte und quantitativ überlegene Gesellschaftsklasse nicht in die bürgerliche Gesellschaft integriert werden kann. *Klassengesellschaft ist*, um es in einem Satz zu sagen, *die gesellschaftliche Dichotomie zwischen der Industriearbeiterschaft und der übrigen Gesellschaft* – den »Anderen«, seien sie nun repräsentiert durch freie Unternehmer, planende Manager oder verwaltende Funktionäre.

Reduziert man den Begriff der Klassengesellschaft so auf seinen Kerngedanken, dann fällt eine überraschende Übereinstimmung auf zwischen der von Marx behaupteten gesellschaftlichen Dichotomie und dem Gesellschaftsbild der Industriearbeiter selbst. Die Zwischenschichten, die Marx kurzerhand abschreibt, werden auch von den Industriearbeitern einfach ausgeklammert. Beide sind von der Sonderstellung der Industriearbeiterschaft innerhalb der Gesamtgesellschaft überzeugt, und beide haben die Tendenz, die Macht der »anderen Seite« in eigentümlicher Weise zu glorifizieren. Allerdings hat diese Übereinstimmung in sehr vielen Fällen kaum etwas mit der marxistischen Überlieferung innerhalb der Arbeiterschaft zu tun: Die Dichotomie-Vorstellung entspricht, wie schon erwähnt, auch einem völlig erstarrten, interesselosen Paria-Bewußtsein, ebenso wie einer ganz individuellen Resignation, die zu der Einsicht führt und sich mit der Einsicht bescheidet, daß man selbst nun einmal hoffnungslos »unten in der menschlichen Gesellschaft« sei; sie wird von den verschiedensten Typen mit völlig verschiedenen Motivationen und Argumenten vertreten, die meist wenig oder nichts mit den revolutionären Erwartungen zu tun haben, die Marx hegte. Aber gerade weil es sich um eine Koinzidenz handelt, die offenbar zum großen Teil *nicht* auf Beeinflussung beruht, ist die Frage zu stellen, ob die Dichotomie-Vorstellung der Industriearbeiter und die dichotomistische Konstruktion der Marxschen Klassengesellschaft nicht *eine gemeinsame Basis* besitzen.

3. Ich will versuchen, auf diese Frage eine Antwort zu geben, und stelle die These, um die sich die folgenden Bemerkungen gruppieren, an den Anfang: Hinter der von Marx konstruierten Dichotomie der bürgerlich-proletarischen Klassengesellschaft, die, wie er glaubte, auf dem Gegensatz von Besitz und Nichtbesitz an den Produktionsmitteln beruht, verbirgt sich eine weitere, m. E. grundlegendere gesellschaftliche Dichotomie, orientiert an dem Gegensatz von körperlicher und nicht körperlicher Arbeit.

Zeitverständnis und Zeitkritik sind seit der Konfrontation mit dem Industrialisierungsprozeß eine soziologisch zwar meist unreflektierte, aber im Grunde an sozialen Phänomenen orientierte *Philosophie der Arbeit* gewesen. Das gilt nicht nur für Hegel und Marx, nicht nur für die bürgerlichen Bildungsromane, es gilt auch und sogar besonders eklatant für die repräsentative Bildungsphilosophie unserer Zeit, für Spengler und Toynbee, für Ernst und Georg Friedrich Jünger, um nur einige Namen zu nennen. Das Selbstverständnis des Bürgertums hat sich an den Idealen der geistigen Arbeit orientiert und damit an den *unter den Begriff der Arbeit subsumierten* Ideen des Schöpferischen, der Individualität und der Bildung, wie das Selbstbewußtsein der Arbeiterschaft an der Evidenz der körperlichen Arbeit, ihrer scheinbaren gesellschaftlichen Priorität und ihrer sinnfälligen Produktivität. Aber diese Orientierung bleibt stets der Spannung zwischen den Gegensätzen selbst ausgesetzt; es gelingt niemals, sie aus der Polemik, der apologetischen Rechtfertigung, dem Wechselspiel zwischen Romantisierung und Diskriminierung des anderen Extrems zu lösen. Insbesondere mit der Deutung geistiger Tätigkeit *als Arbeit* wird die Evidenz der körperlichen Arbeit oder besser der Körperlichkeit der Arbeit bewußt – wie bei Hegel – oder unbewußt *antizipiert*. Dem entspricht die Romantisierung des mittelalterlichen Handwerkers, was gleichbedeutend ist mit seiner Vereinnahmung durch das bürgerliche Bildungsideal und zugleich erlaubt, die Distanz gegenüber der zeitgemäßen Handarbeit *zeitkritisch* umzudeuten; dem entspricht auch die Verkennung des Wesens körperlicher Arbeit überall dort, wo sie sich heute wirklich vollzieht: ein erheblicher Teil der Zeitkritik an der technisch bedingten Arbeit trifft, wie ich an anderer Stelle zu zeigen versucht habe, nicht die Technik und die Maschinenbestimmtheit, sondern die Körperlichkeit der Arbeit als solche.[5]

Nun sind geistige und körperliche Arbeit selbstverständlich weitgehend von der Wirklichkeit abstrahierte Gegenbilder, die sich im konkreten Einzelfall oft nahezu untrennbar – zunehmend mit wachsender Technisierung – durchdringen. Aber bis heute ist der körperlichen Arbeit, und hier insbesondere der Industriearbeit, der Charakter der untergeordneten Dienstleistung und Ausführung im Gegensatz zu Planung, Disposition, Entwurf und Anweisung geblieben. Dies ist gerade deshalb eine einschneidende und folgenreiche Festlegung, weil beide, Disposition und Ausführung, geistiges und körperliches Tun, auf den *gemeinsamen* Nenner »Arbeit« gebracht sind. Hierin liegt auch der entscheidende Unterschied etwa zur Spätantike: Die Unterscheidung von Freien und Sklaven konstituiert zwei Welten, die Dichotomie zwischen geistiger und körperlicher Arbeit ist der Schnitt durch die *eine* Gesellschaft. (Auch dies hat Hegel in seiner Rechtsphilosophie gesehen, wenn auch zu überspielen versucht.)

Nirgends wird die Suprematie von Menschen über andere Menschen so konkret, nirgends wirkt sie so bis in die Einzelheiten des Verhaltens bestimmend als dort, wo dispositive und körperlich aus-

5 Vgl. Das Problem der Technik und der technischen Arbeit, in: Popitz, H., Bahrdt, H. P., Jüres, E. A., Kesting, H., *Technik und Industriearbeit*, Tübingen 1957.

führende Arbeit unmittelbar aufeinandertreffen, also vor allem in der industriellen Produktion. Hier deckt sich der Unterschied zwischen beiden Tätigkeitsformen vollkommen mit demjenigen zwischen Befehl und Gehorsam. Der unmittelbare Arbeitsvorgesetzte im Industriebetrieb *muß* – das ist ein Kennzeichen seiner Arbeitsaufgabe – diesen Unterschied ständig konkretisieren: Durch diese Konkretisierung bestätigt und garantiert er die Hierarchie, die er vertritt. Die Ausführenden werden hingegen, solange die ausführende Arbeit den Sondercharakter der primär körperlichen hat, stets Objekt, nicht – wie z. B. selbst die unteren Büroangestellten – Teil der Hierarchie sein.

Was es bedeutet, wenn von einer Gesellschaft, die sich selbst als Kollektiv der Arbeit versteht, die körperliche Arbeit an eine bestimmte Gesellschaftsschicht unter dem Vorzeichen der untergeordneten Dienstleistung delegiert wird, tritt vielleicht am deutlichsten in den Arbeitervierteln der Großstädte, insbesondere des Ruhrgebietes, zutage. Der dominierende Lebensstil ist hier, um es auf eine kurze Formel zu bringen, noch immer durch die im strengen Sinne des Wortes *regenerative* Funktion der Nichtarbeitszeit, der Freizeit, bestimmt. Nicht zuletzt daher der so oft gepriesene, aber mißverstandene »ländliche Charakter« dieser Stadtteile.

Das wichtigste Kennzeichen der hier beschriebenen Dichotomie ist vielleicht überhaupt die wechselseitige *Fremdheit*, die viel größer ist, als es das ständige Bereden des Tuns und Lassens der jeweils »anderen Seite« vermuten läßt. Die Arbeiter können sich kaum ein Bild von der Tätigkeit der Büroangestellten machen; ihre Vorstellungskraft, die in anderen Fragen oft erheblich ist, läßt sie hier in einem überraschenden Ausmaß im Stich. Diese Schwierigkeit, sich die spezifische Arbeitsleistung der anderen zu vergegenwärtigen, ist zweifellos auch ein wesentlicher Grund für die Distanz und das Mißtrauen, mit dem sie den Verwaltungsinstitutionen wie dem bürokratischen Apparat überhaupt gegenüberstehen. Sie ist darüber hinaus wahrscheinlich auch ein ausschlaggebendes Motiv für die Tendenz, »denen da oben« eine Macht, Einigkeit und Raffinesse zuzuschreiben, die ins Imaginäre übersteigert ist. Dieses Bild freilich wirft die bürgerliche Zeitkritik spiegelbildartig zurück.

4. Die Bedeutung der auf dem Gegensatz und den Gegenbildern von geistiger und körperlicher Arbeit beruhenden gesellschaftlichen

Dichotomie reicht also weit über ihre spezielle Relevanz für das Bewußtsein der Industriearbeiter hinaus, wie unter anderem die erwähnte Tatsache des Komplementärverhältnisses der Gesellschaftsbilder zeigt Hier aber kommt es besonders auf die Feststellung an, daß das dichotomistische Gesellschaftsbild der Arbeiter zu einem wesentlichen Teil motiviert zu sein scheint durch die für ihre gesellschaftliche Situation bezeichnende Fremdheit nicht körperlich *konkretisierter* Leistung und, was ebenso wichtig ist, durch die Sinnfälligkeit und die handgreifliche Produktivität der physischen Arbeitstätigkeit. Da die Grenze, die von den Arbeitern auf Grund dieses für sie fundamentalen Sachverhalts gezogen wird, der von Marx konstruierten Klassengrenze entspricht, kommt jene eigentümliche Koinzidenz zustande, auf die ich schon hingewiesen habe.

Jene Koinzidenz gibt aber auch Anlaß zu fragen, *unter welchen Bedingungen* die Kriterien, mit deren Hilfe Marx die Grenzscheide durch die industrielle Gesellschaft zieht, und unter welchen Bedingungen schließlich auch die von uns angenommene Dichotomie soziologisch schlüssig und fruchtbar bleiben.

Wir müssen uns daran erinnern, daß sich für Marx noch kein Anlaß fand, seine Alternative von Besitz und Nichtbesitz an den Produktionsmitteln von dem Gegensatz »körperliche« und »geistige« oder »nicht körperlich konkretisierte« Arbeit zu unterscheiden. Beide Kriterien schienen sich vielmehr durchaus zu decken; denn die überwiegende Mehrzahl der Nichtbesitzer von Produktionsmitteln waren ja *körperlich* arbeitende Menschen. Marx hat daher das Phänomen der körperlichen Arbeit ohne weiteres subsumieren können unter das Faktum des Lohnarbeiterverhältnisses – des Zwanges zum Verkauf der eigenen Arbeitskraft – des Nichtbesitzes von Produktionsmitteln. Daß es sich hier um zwei verschiedene Maßstäbe handelt, trat erst sichtbar zutage, als sich die Angestellten zu einer eigenen, sozial und politisch bedeutungsvollen Schicht entwickelten.

Damit ergab sich ein Problem, das nicht in den Gesichtskreis von Marx getreten war, das sich aber scheinbar mit seinen Begriffen lösen ließ. Die Angestellten, sosehr sie sich auch entwicklungsgeschichtlich und in ihrem Prestige von der Arbeiterschaft unterschieden, standen zweifellos in dem gleichen Verhältnis zu den Produktionsmitteln wie diese: Beide mußten also zu einer Gesellschaftsklasse verschmelzen. Nun glichen sich zwar in der Tat die wirtschaftlichen Interessenlagen immer stärker an – wenn auch unter anderen Vorzeichen, als Marx geglaubt hatte –, es zeigten sich aber nur sehr geringe Ansätze für die Entwicklung eines gemeinsamen Klassenbewußtseins. Im großen und ganzen haben die Angestellten bis heute die Distanzierung von der Arbeiterschaft durchgehalten; ja, ihre spezifische soziale Verortung ist nicht zuletzt gerade durch diese Distanzierung begründet und abgesichert. Trotzdem haben die Adepten der Marxschen Lehre die Hoffnung aufrechtzuerhalten versucht. Sie haben immer wieder ihr Unbehagen mit der Selbstermahnung besänftigt, daß die objektive Erkenntnis mit dem nachhinkenden Fußvolk des subjektiven Bewußtseins Geduld haben müsse. Als letzte Möglichkeit blieb schließlich der Bannfluch des »falschen Bewußtseins«. Aber dieser Bannfluch verliert noch mehr als die Mahnung zur Geduld an Überzeugungskraft, je häufiger er wiederholt werden muß. Denn die Übereinstimmung von Klassenlage und Klassenbewußtsein ist zwar kein Dogma der zeitkritischen *Bestandsaufnahme* im marxistischen Sinne, als *Tendenz* muß sie aber feststellbar sein, als Fernziel der geschichtlichen Entwicklung muß sie sich am Horizont abzeichnen, wenn der Marxsche Klassenbegriff nicht jede Beziehung zum Selbstverständnis wie zum Verhalten der jeweils Betroffenen verlieren soll. Das Verdikt des »falschen Bewußtseins« bedeutet, in Permanenz wiederholt, schließlich nicht nur die Konkurserklärung einer marxistischen, sondern einer soziologischen Interpretationsmöglichkeit überhaupt.

Die Distanzierung der Angestellten von der Arbeiterschaft ist jedoch nun keineswegs nur ein Insistieren auf einem unrealisierbaren Wunschtraum. Es bedeutet weit mehr als eine begrifflich fragwürdige Notlösung, daß die arbeitsrechtliche und versicherungsrechtliche Unterscheidung von Angestellten und Arbeitern letztlich auf die Abgrenzung vorwiegend geistiger von vorwiegend körperlichen Leistungen hinausläuft. Denn diese Abgrenzung bietet den Angestellten selbst – ebenso wie den Arbeitern – ein durchaus praktikables Orientierungsprinzip für ihre soziale Verortung.

Dabei ist, besonders in Zweifelsfällen, der negative Aspekt einer solchen Grenzziehung mindestens ebenso bedeutsam wie der positive: Der untergeordnete Angestellte, der Kundenkartotheken führt, wird sich schwerlich selbst davon überzeugen können, daß seine Arbeit »geistiger« sei als diejenige des Monteurs, der einen klopfenden Motor zu reparieren hat. Aber daß er *nicht* körperlich arbeitet wie jener – das ist ein evidentes Unterscheidungsmerkmal.

Ein Unterscheidungsmerkmal, das sich zudem in hervorragender Weise dazu eignet, in *demonstrative* Haltung, Kleidung, in »berufsspezifische« Verhaltensstile umgesetzt zu werden. Positiv zu Hilfe kam und kommt die Möglichkeit, sich an älteren Vorbildern – wie dem Beamtentum – zu orientieren und sich damit in eine festgefügte Hierarchie einzugliedern. Auch dort noch, wo sich die Distanzierung von den Arbeitern weder nach der ökonomischen Lage noch nach Herkunft und Bildungsgang einleuchtend vollziehen läßt, erweist sich der Schreibtisch – dessen Uniformierung und Verallgemeinerung als »Produktionsmittel« eine der entscheidenden Etappen der Industrialisierung war – als ein starkes, ein überzeugendes Symbol für die Andersartigkeit, für die *nicht* körperlich »entäußerte« Form der eigenen Leistung.

Die Marxsche Konstruktion bewährt sich also offensichtlich nicht dort – das zeigt das Beispiel der Angestellten –, wo die Alternative von Besitz und Nichtbesitz an den Produktionsmitteln und der Gegensatz von körperlicher und nicht körperlicher Arbeit sich überschneiden. Die zweite Grenze scheint die stärkere zu sein.

Daß sozialgeschichtlich freilich auch die Dominanz dieser Grenzlinie eine bedingte Gültigkeit hat, braucht kaum betont zu werden. Der Versuch, von dieser Grenzlinie ausgehend Strukturmerkmale der »industriellen Gesellschaft« neu zu sehen, hat wie die meisten Versuche ähnlicher Art den Nachteil, daß er in denjenigen Bereichen an Fruchtbarkeit verliert, in denen sich die gesellschaftlichen Konsequenzen der Industrialisierung nur abgeschwächt oder doch vielfach durchbrochen zeigen, also vor allem in den Bereichen der landwirtschaftlichen Produktion und des Handwerksbetriebes alten Stils. Entscheidender aber als diese Einschränkung ist die Tatsache, daß die Grenzlinie zwischen körperlicher und nicht körperlicher Arbeit sich heute sichtbar als Funktion des technisch-industriellen Produktions*niveaus* erweist.

5. Welche eigentümliche, in der allgemeinen Diskussion aber nur wenig beachtete Problematik sich mit der fortschreitenden Entlastung der physischen Arbeitskraft ergibt, illustriert vielleicht am besten die nachdenkliche Bemerkung eines Arbeiters, mit dem wir uns über die Aspekte des technischen Fortschritts unterhielten: »Es wäre schön, wenn der technische Fortschritt dazu führt, daß die Arbeit ganz von Maschinen gemacht wird und von den Arbeitern nur noch

beaufsichtigt wird. Dann darf man diese Leute aber nicht als Faulenzer betrachten [...].« Dann darf »man« diese Leute, dann darf man uns aber nicht als Faulenzer betrachten: Hier klingt die Sorge an, daß eine alte Legitimation, die Legitimation der physischen Arbeitsbelastung, verlorengeht, ohne daß eine Legitimation neuer Art schon greifbar sich abzeichnet. Daher wird auch die eigene Unsicherheit auf das »Man«, auf das zu befürchtende Urteil der anderen transponiert. Vielleicht wäre diese Unsicherheit geringer, wenn bereits gesehen würde, daß die neue Tätigkeit auch Leistungsprobleme eigener Art in sich birgt. Aber auch dann wäre ein Umdenken notwendig; denn die neue Tätigkeit hat zweifellos nicht mehr die Evidenz der körperlich konkretisierten Arbeitsleistung, die Sinnfälligkeit des Tuns als Arbeit im herkömmlichen und vertrauten Sinne des Wortes – weder für den Außenstehenden und Zuschauer noch für den Ausführenden selbst.

Nicht nur der alte Mittelstand, nicht nur das Bildungsbürgertum, auch der Industriearbeiter – der »vierte Stand« im alten Sinne – kennt also die Gefährdung seiner sozialen Legitimation durch den Prozeß der technisch-industriellen Rationalisierung – ein in der Tat erstaunlicher Aspekt der »fortschreitenden Entwicklung zur Gleichheit des gesellschaftlichen Standes«, wie sie Alexis de Tocqueville vorausgesagt hat.

Kontinuierlich ist diese Entwicklung im industriellen Bereich und unter dem Aspekt der Arbeitsleistung gesehen allerdings keineswegs gewesen. Bis zum Stadium der Vollmechanisierung, d. h. bis an die Grenze der Entwicklung, die sich gegenwärtig in den meisten Industriezweigen (in Europa) vollzieht, hat der technische Fortschritt nicht zur Ablösung, sondern lediglich zu Veränderungen der physischen Arbeitsbelastung geführt. Erst das Stadium der Vollmechanisierung mit seiner Integration der einzelnen technischen Vollzüge zu einem Gesamtvollzug bringt wirklich eine weitgehende Substitution der physischen Arbeitsbelastung durch mechanische, hydraulische, pneumatische und elektrische Prozesse. Erst hier, erst heute tritt auch deutlich hervor, daß sich nicht nur die Art der Arbeits*leistung*, sondern auch die Art der Arbeits*folgen* in unserer Gesellschaft zunehmend angleichen. Und schließlich zeichnet sich erst heute auf Grund technischer Gegebenheiten die Möglichkeit ab, die untersten Glieder der organisatorischen Hierarchie, die Arbeiter, weitgehend aus der engen Fessel von permanenter Beaufsichtigung und prinzipiell unselbständiger Ausführung zu befreien. Die Verwendung elektronischer Prozesse wird diese Entwicklung fortsetzen. Ohne einen bestimmten Maschinentypus mit dem anspruchsvollen Begriff der »Revolution« zu verknüpfen und ohne die arbeitssoziologischen Veränderungen als solche zu dramatisieren, können wir heute feststellen, daß sich eine neue Etappe der »fortschreitenden Entwicklung zur Gleichheit des gesellschaftlichen Standes« abzuzeichnen beginnt – vielleicht die wichtigste Etappe dieses Prozesses: die Entlastung, die »Entfernung« des Menschen vom unmittelbaren Produktionsvorgang und damit in letzter Konsequenz die Aufhebung der auf dem Gegensatz von körperlicher und nicht körperlicher Arbeit beruhenden gesellschaftlichen Dichotomie. Dies würde, glaube ich, die Beseitigung einer Spannung bedeuten, die für die industrielle Gesellschaft bisher charakteristisch gewesen ist.

Eine dichotomistische, am Phänomen der Industriearbeiterschaft orientierte Konstruktion der industriellen Gesellschaft sowohl in der Marxschen wie in der hier versuchten Fassung scheint daher zunehmend fragwürdiger zu werden. Das hat allerdings nichts zu tun mit einer »Aufhebung der gesellschaftlichen Herrschaftsverhältnisse« – schon deshalb nicht, weil die keineswegs euphoristische Frage gestellt werden muß, ob ein Herrschaftsverhältnis ausschließlich als gesellschaftliche Dichotomie konzipierbar ist.

Begegnungen mit Theodor Geiger

Einführung

Ich möchte zunächst von zwei Begegnungen mit Theodor Geiger erzählen. 1957, nach der Habilitation, mußte ich plötzlich eine Vorlesung halten. Das erschien mir nicht so einfach. Ich hatte nie Soziologie studiert, wußte lediglich einiges von der industriellen Arbeitswelt, doch auch dieses Interesse eher von der Philosophie her geleitet als von irgendeiner akademischen Version der Soziologie. Also was tun. Mit Industriesoziologie zu beginnen erschien mir etwas zu billig. Aber die Lösung lag ja nahe. Ich kündigte einfach an: »Sozialstruktur«, ich weiß nicht mehr, ob der Bundesrepublik Deutschland oder entwickelter industrieller Gesellschaften, irgend etwas dergleichen. Sozialstruktur, das geht immer. Dazu fällt jedem etwas ein.

Was mir einfiel, war zunächst eine etwas skurril-naive Dramaturgie. Ich begann mit Ortega y Gassets »Aufstand der Massen«. Das war zugleich populär und passend als abschreckendes Beispiel. *So* darf ein Soziologe nicht in die Welt sehen. Was weiter? Die Fortsetzung war ein Sprung von der schlechten Allgemeinheit in die detaillierteste, pedantischste Analyse, die sich denken läßt: Theodor Geiger, »Die soziale Schichtung des deutschen Volkes«, 1932, mit dem Untertitel »Soziographischer Versuch auf statistischer Grundlage« (den Zahlen der Berufszählung von 1925). Sie erinnern sich: Geiger ordnet jede einzelne Berufsgruppe (Hunderte von Berufsgruppen) in zwei Raster ein. Zunächst in eine »Rohgliederung« nach Abschätzung der wirtschaftlichen Lage, dreiteilig: Kapitalisten – Mittelstand – Proletariat, dann in einer »Tiefengliederung« nach Abschätzungen von Mentalitäts-Typen: Kapitalisten – alter Mittelstand – neuer Mittelstand – Proletaroide – Proletariat. Hier wird nun jedes mögliche Differenzierungskriterium erwogen. So geht es gleich los: Die Selbständigen – Wirtschaftsabteilung A: Landwirtschaft. Wer sind hier die Kapitalisten – der Mittelstand – die Proletaroiden? Erste Orientierung: die *Arealgröße*. Aber die *Bodenqualitäten* sind höchst verschieden. So nimmt man als weiteres Kriterium das *Beschäftigungsvolumen* hinzu. Nicht einbeziehen darf man die unständigen Erntearbeiter und die nur gelegentlich mithelfenden Familienangehörigen. Aber was macht man mit den mithelfenden Familienangehörigen im eigentlichen Sinn, was mit den »nebenberuflichen Eigenbewirtschaftern«, was mit den Wein- und Gartenbaubetrieben? So geht es durch alle Wirtschaftsabteilungen, Handel und Gewerbe, Industrie und Handwerk bis zu den Kammerjägereien. Ich habe den Hörern wenig erspart und eine Menge obskurer Zahlen an die Tafel geschrieben. Das Interesse, wie erhofft, war ziemlich geduldig. Es gab doch ein allgemeines Bedürfnis, den Aufstand der Massen etwas genauer kennenzulernen. Aber irgendwann wären uns allen die »Pächter der Wirtschaftsabteilung F« doch wohl im Halse steckengeblieben.

Doch dann kommt das große Auftauchen aus dem Zahlenmeer, und es kommt der berühmte »Exkurs: Die Mittelstände im Zeichen des Nationalsozialismus« – wohl bis heute eine der einsichtigsten Analysen des Wählerpotentials der NSDAP. Wir konnten die Argumentation Geigers verstehen, weil wir vorher etwas über die Komplexität der sogenannten Mittelstände, ihrer Wirtschaftslagen und Mentalitäten gelernt hatten. Es führte ein Weg vom Zahlenhickhack zum Verständnis der Situation in den 30er Jahren.

Das war die erste Begegnung mit Theodor Geiger. Sie war hilfreich.

Die zweite soll hier nur kurz genannt werden. Sie hat ebenfalls mit Vorlesungen zu tun, und zwar mit der ersten, die ich hier 1959 in Basel hielt. In dieser Vorlesung habe ich versucht, ein begriffliches Konzept einer allgemeinen Soziologie zu entwerfen – um dann kurz danach zu entdecken, daß vieles von dem, was ich mir zusammengebraut hatte, in den Acta Jutlantica besser durchdacht stand. Also in den »Vorstudien zur Soziologie des Rechts«. Davon will ich im einzelnen nicht sprechen, weil diese Begegnung noch nicht zu Ende ist.

Soweit zu den Begegnungen. Erlauben Sie, daß ich daran noch eine kurze Antwort auf eine lange Frage anschließe.

Worin besteht die Eigenart Theodor Geigers? Ich folge der etwas antiquierten Simmelschen Unterscheidung von Form und Inhalt.

Inhaltlich besteht seine Eigenart – gerade unter den deutschen Soziologen seiner Generation – darin, daß er ein von Grund auf *politischer Soziologe* ist. Schon in seinen Anfängen – z. B. in »Die Masse und ihre Aktion« – und dann weiter in der Sozialen Schichtung des deutschen Volkes, in der Rechtssoziologie und den Überlegungen zu den Aufgaben der Intelligenz bis hin zum großen Demokratie-Buch: Es sind politische Fragen, die ihn treiben. (Selbst die Untersuchung über die sozialen Umschichtungen in einer dänischen Mittelstadt endet in politischen Thesen über Demokratie, gesellschaftliche Offenheit und Mobilität.) Selbstverständlich ist auch das provokante Bekenntnis zu einem theoretischen und praktischen Wertnihilismus eine *politische* These, eine These zur erhofften neuen Phase der Aufklärung.

(Das originellste am sog. »Positivismus-Streit in der deutschen Soziologie« ist ja, daß er nie stattgefunden hat. Man brauchte also die »Gesellschaft zwischen Pathos und Nüchternheit« gar nicht erst ausklammern.)

Formal ist Theodor Geiger eigenartig darin, daß er sich konsequent bekennt zu einer empirischen Soziologie als – so wörtlich – »begriffsanalytisch gelenkte, quantifizierende Untersuchung der sozialen Erscheinungswelt«.[1] Das Besondere besteht in der Hervorhebung der Quantifizierung.

Nebenbei: Als 1964 am Deutschen Soziologentag in Heidelberg zum Thema »Max Weber und die Soziologie heute« Karl Deutsch sagte: »Webers Begriff der Herrschaft ist also quantitativ«, brach das mit Soziologen, alten und jungen, gefüllte Auditorium in Gelächter aus. Dabei liegt auch klar zutage: Die Definition von Herrschaft, wie die meisten Grundbegriffe Max Webers, bezieht sich auf eine Chance. »Eine Chance ist«, so Deutsch weiter, »eine Wahrscheinlichkeit, und die Antwort auf die Frage: ›Was ist die Wahrscheinlichkeit?‹ ist eine Zahl.«[2] Was immer die Grundbegriffe Max Webers auch noch sind, ohne Frage sind sie auf *Quantifizierungen angelegte Begriffe*. Das Gelächter des Heidelberger Auditoriums zu deuten möchte ich mir hier ersparen. Geiger könnte das ohnehin besser – und sarkastischer.

Theodor Geiger hat diese auf mögliche Quantifizierung angelegte Soziologie auf zweierlei Weise betrieben. Einmal als Analyse statistischen Materials, so schon in seiner Schrift über uneheliche Kinder von 1919, in der er die rechtlich geforderte Gleichstellung der unehelichen und ehelichen Kinder an der Realität mißt. Die Aus-

1 Das Verfahren der empirischen Soziologie (aus dem Nachlaß), in: Trappe, Paul (Hg.), *Theodor Geiger. Arbeiten zur Soziologie,* Neuwied 1962, S. 75 ff., vgl. Trappe, P., *Die Rechtssoziologie Theodor Geigers,* Mainz 1959, S. 51.

2 *Verhandlungen des 15. Deutschen Soziologentages: Max Weber und die Soziologie heute,* Tübingen 1965, S. 142.

wertung der deutschen und dänischen Volkszählungen sind bekannt. Die ist *keine* Fliegenbeinzählerei. Aber ohne Frage hatte Geiger ein Faible für das Drehen und Wenden von Zahlen, für das abwiegende Abwägen von Realitäten. Gelegentlich ist diese Unermüdlichkeit auch ermüdend. Aber dann zeigt sich doch stets, daß er auf wesentliche Fragen stößt – und zwar im Kern, ich sagte es schon, politisch-soziologische.

Dies ist das eine. Das zweite ist die quantifizierende Orientierung seiner Begriffsbildung. (Ich glaube, seine eigentlich originelle, bedeutendste Leistung.) Hier geht er weit über Max Weber hinaus. In der Rechtssoziologie ist es ihm gelungen, ein Begriffsnetz von hoher Abstraktheit so zu formulieren, daß jede Aussage, die sich dieser Begriffe bedient, im Prinzip eine gradualisierende Behauptung formuliert. Dieses Begriffsnetz ist nicht irgendein klassifizierendes Briefmarkenalbum. Es ist der Versuch, das Knochengerüst jeder Gesellschaft, ihre normative Struktur, zu erfassen. (Oder, wenn Sie wollen: ihr Gebiß.) Um dies auf dem notwendigen hohen Abstraktionsniveau so zu erreichen, daß ein empirisch-quantifizierender Bezug erhalten bleibt, bedurfte es Begriffe von ganz ungewöhnlicher Präzision. Die Geigerschen Konzepte von Norm und Sanktion sind meines Erachtens die randschärfsten Grundbegriffe, die bisher in der Soziologie vorgeschlagen worden sind.

Wäre Geiger nicht so früh gestorben und hätte er eine größere Wirkung gehabt – er vor allem hätte in Deutschland beitragen können zur Überwindung des Erzübels der Soziologie, des Schismas von Theorie und empirischer Forschung.

Nun kann man natürlich darüber streiten, wieviel bei diesen ganzen soziologischen Unternehmungen Geigers herausgekommen ist. Das kann man immer. Ich möchte nur daran erinnern, daß es in der Geschichte der Soziologie offenkundig nur ganz wenige Konzeptionen gegeben hat, die sich als fortsetzungsfähig erwiesen haben. Die Konzeption Geigers gehört, meine ich, dazu.

Die Ungleichheit der Chancen im Zugang zur höheren Schulbildung*

Im Jahre 1944 veröffentlichten drei amerikanische Soziologen – W. L. Warner, R. J. Havighurst, M. B. Loeb – ein Buch mit dem Titel *Who Shall Be Educated? The Challenge of Unequal Opportunities*. Es dürfte selbst zwanzig Jahre später schwer sein, in Holland, der Schweiz oder Deutschland den Sinn dieser Fragestellung verständlich zu machen. Ungleiche Ausbildungschancen? Gewiß – die höhere Schulbildung muß auf die Begabten, die Fleißigen beschränkt bleiben. Die Auslese der Tüchtigen schafft Ungleichheit. Aber inwiefern liegt in dieser Ungleichheit ein »Challenge«, eine Herausforderung? Der Zugang zur höheren Schulbildung ist in den moderneren Demokratien formal für jedermann offen, weder an Privilegien der sozialen Herkunft noch an ethnische oder konfessionelle Zugehörigkeit gebunden. Daß es Kinder von Arbeitern, Handwerkern, Bauern in der Regel schwerer haben, sich im Ausleseprozeß der Schulbildung durchzusetzen, als Kinder von Ärzten, Beamten, Direktoren, ist unvermeidlich. Kein Schulsystem kann diese ungleichen Voraussetzungen aus der Welt schaffen, solange das Elternhaus nicht vollkommen aus dem Erziehungsprozeß ausgeschaltet wird.

Es besteht aber in den westlichen Demokratien – von denen hier allein die Rede ist – eine *vermeidbare* und in der Tat herausfordernde Ungleichheit im Zugang zur höheren Schulbildung: eine Ungleichheit, die sehr viel drastischer ist, als W. L. Warner und seine Kollegen, die sich allein auf die Vereinigten Staaten bezogen, wissen konnten.

Ein deutliches Bild gibt die soziale Herkunft der Studenten. Die folgende Tabelle ist zusammengestellt aus verschiedenen Erhebungen, die nicht auf internationale Vergleichbarkeit abzielen. Die Beschränkung des Vergleichs auf den Anteil der *Arbeiterkinder* – also eine verhältnismäßig klar abgrenzbare Sozialschicht – dürfte die Zusammenstellung rechtfertigen:

* Mit freundlicher Genehmigung der Universitaire Pers Rotterdam sowie der Kuratoren der Nederlandsche Economische Hoogeschool, Rotterdam, entnommen aus: *Arbeid en Samenleving*, Rotterdam 1964, S. 121-141.

Die soziale Herkunft der Studierenden: Anteil der Arbeiterkinder[1] (in %)	
USA (College-Graduates)[2]	31
Großbritannien (Eintrittsjahrgang 1955/56)[3]	24,9
Schweden (Eintrittsjahrgang 1956, nur männlich)[4]	20
Deutschland (Studierende im WS 1958/59)[5]	5,2
Frankreich (Studierende 1961)[6]	5,5
Schweiz (Studierende 1959)[7]	5,5

In allen Ländern liegt der Anteil der Arbeiterkinder an der Gesamtheit der Studierenden unter dem Anteil der Arbeiterschaft an der erwerbstätigen Bevölkerung. Zugleich aber sind die Unterschiede zwischen den einzelnen Ländern eklatant. Der Vergleich zwischen den

1 Wir haben darauf verzichtet, die nationalen Zahlen auf den jeweiligen Anteil der Arbeiter an der Gesamtheit der Erwerbstätigen in den einzelnen Ländern zu beziehen. Hier würde lediglich der höhere Arbeiteranteil in Großbritannien das Bild etwas korrigieren. Eine genauere Berechnung, die den Bezug auf die soziale Herkunft der entsprechenden Altersgruppe herstellen müßte, ist ohnehin noch nicht möglich.

2 Es handelt sich um eine Schätzung der Commission of Human Relations and Advanced Training, die von D. Wolfe berichtet wird (*America's resources of specialized talent*, New York, 1954), zit. in: Lipset, S. M. und Bendix, R., *Social mobility in industrial society*, Berkeley and Los Angeles, 1959, S. 97. Vgl. ferner Wolfe, D., Educational opportunity, measured intelligence and social background, in: Halsey, A. H., Floud, J. und Anderson C. A. (Hg.), *Education, Economy and Society*, Glencoe 1961. Die Schätzung wird durch Einzeluntersuchungen bestätigt. So gibt R. A. Mulligan für die Indiana-University einen Anteil der Arbeiterkinder von 29,8 % an (Social characteristics of college students, in: *American Sociological Review*, 1953/3). – Eine Bestätigung findet sich auch bei C. A. Anderson, der für das Jahr 1947 einen Gesamtanteil von 27,5 % ermittelt hat (The social status of university students in relation to type of economy: An international comparison, in: *Transactions of the 3rd World Congress of Sociology*, Bd. V, S. 51-63). – Selbstverständlich sind angesichts der Heterogenität der verschiedenen amerikanischen Colleges sowohl nationale Übersichten wie insbesondere der Vergleich mit europäischen Universitäten problematisch.

3 Committee of Vice Chancellors and Principals of the Universities of the United Kingdom, *Report of an inquiry into the application for admission to universities*, by R. K. Kelsall, London 1957. Der Anteil der Kinder gelernter Arbeiter beträgt allein 20,5 %. – Erhebliche Unterschiede zeigt der Vergleich zwischen einzelnen Universitäten: Den geringsten Anteil an Arbeiterkindern haben Cambridge (9 %) und

Vereinigten Staaten, England, Schweden einerseits und Deutschland, Frankreich und der Schweiz andrerseits dürfte die Berufung auf das Prinzip der Leistungsauslese und auf die »Offenheit« der Ausbildungsinstitutionen fragwürdig machen.

In der Schweiz können wir den internationalen Vergleich durch einen Überblick über die Entwicklung von 1935 bis 1959 ergänzen. In diesen 2½ Jahrzehnten ist der Anteil der Arbeiterkinder an den Studierenden (einschließlich der Eidg. Technischen Hochschule)

Oxford (13 %), den höchsten die Universität Wales (40 %). Ferner zeigen sich regionale Unterschiede: In den schottischen Universitäten ergibt sich ein Anteil von 24 %, in den englischen Provinzuniversitäten dagegen von 31 %.

4 Carlsson, Gösta, *Social mobility and class structure*, Lund 1958, S. 132. Im Jahre 1947 betrug der entsprechende Anteil noch 12 %. Eine ähnliche Entwicklung weist der Anteil der Arbeiterkinder an der Gesamtheit der Absolventen der schwedischen Reifeprüfung (»Studentenexamen«) auf: Von 1943 bis 1957 ergibt sich eine Zunahme von 14 auf 22 % bei den Knaben, von 10 auf 17 % bei den Mädchen. (Moberg, Sven, *The planning of educational expansion in relation to economic growth*, hektographisches OECD-Manuskript, Paris 1961.)

5 Nach Kath, Gerhard, *Das soziale Bild der Studentenschaft in Westdeutschland und Berlin*, Bonn 1960. Der Anteil der Arbeiterkinder an den männlichen Studierenden betrug im WS 1958/59 6 % (WS 1949150 3,7 %), an den weiblichen Studierenden 2,1 % (1,1 %). Eine Erhebung über bayrische Hochschulen zeigt nur geringfügige Abweichungen. – Für 1962 wird neuerdings ein Anteil der Arbeiterkinder von 6,2 % angegeben.

6 *Informations statistiques du ministère de l'éducation nationale*, 1962, Nr. 42/43, S. 250 ff. Der Stichtag der Erhebung war der 30. 6. 1961. Von den Arbeitern (5,5 %) sind hier die Landarbeiter (0,5 %) und das Dienstpersonal (0,9 %) unterschieden (insgesamt 6,9 %). Den größten Arbeiteranteil hat Lille mit 13,4 %, den geringsten Paris mit 3,6 %.

7 Die Studierenden an schweizerischen Hochschulen (*Beiträge zur schweizerischen Statistik*, H. 31), Bern 1961. Der Anteil der Arbeiterkinder an den schweizerischen Studierenden der Universität Bern betrug im WS 1958/59 lediglich 3,7 % (Behrendt, R. (Hg.), *Die schweizerischen Studierenden an der Universität Bern*, Bern 1960). Auch an der Eidgenössischen Technischen Hochschule Zürich ergibt sich das gleiche Bild: Von den schweizerischen Studierenden waren 1960/61 5,3 % Arbeiterkinder. (Vogt, W., Der Einfluß sozialer und wirtschaftlicher Faktoren auf die Rekrutierung der ETH-Studenten, in: *Schweizerische Zeitschrift für Volkswirtschaft und Statistik*, 1962/4, S. 476 ff.) – W. Schneider ist es in seiner demnächst erscheinenden Basler Dissertation (Soziale Aspekte der Ausbildungschancen) gelungen, einen differenzierteren Vergleich zwischen Deutschland, Frankreich und der Schweiz herzustellen. Es zeigt sich, daß die Sozialstruktur der Studierenden in diesen Ländern nicht nur in den Arbeiteranteilen, sondern auch im Anteil der Selbständigen – speziell auch der liberalen Berufe – sowie der Angestellten und Beamten weitgehend übereinstimmt.

konstant geblieben: 1935 betrug er 5,8%, 1945: 5,3%, 1959: 5,5%.[8] Der allgemeine Angleichungsprozeß der Sozialschichten, der sich in dieser Zeit zweifellos vollzogen hat – Angleichungen im Einkommen, im Konsumstil, in den sozialen Wünschen und Werten –, hat also den Kindern aus Arbeiterfamilien den Weg zum Universitätsstudium nicht geebnet. Offensichtlich bestehen hier *soziale Sperren* besonderer Art.

Diese sozialen Sperren sind höchst wirksam zu einer Zeit, in der die bildungspolitische Diskussion weitgehend von der Suche nach den »Bildungsreserven« beherrscht wird, der Nachwuchsmangel in den meisten Akademikerberufen zu dramatischen Notstandsproklamationen führt und die Ausbildungsquoten in Ost und West im Stil der Frage nach den stärkeren Bataillonen aneinander gemessen werden. [...] Auch in den Ländern, in denen die Herkunftgebundenheit des akademischen Nachwuchses bisher kaum als politisches Problem der Demokratie bewußt geworden ist, ergibt sich also Anlaß genug zu fragen, worauf die Distanz der Arbeiterfamilien – etwa der Hälfte der Bevölkerung – zur gehobenen Ausbildung beruht.

Natürlich besteht kein Mangel an Erklärungsmöglichkeiten. Es lassen sich im Gegenteil so viele einleuchtende und sinnvolle Argumente finden, daß sich das Problem vor lauter Erklärbarkeit in nichts aufzulösen droht. Die internationalen Vergleichszahlen sollten uns immerhin davor bewahren, die gegenwärtige Situation in den Ländern des westeuropäischen Kontinents für naturgegeben und unabänderlich zu halten.

Ähnlich wie in Deutschland, Frankreich und der Schweiz scheinen die Dinge in Belgien und Holland zu liegen. Nach Jean Morsa (L'étudiant bruxellois, in: *Revue de l'Institut de Sociologie Solvey*, 1957/1, S. 81) betrug der Anteil der Arbeiterkinder an den Brüsseler Studenten 1956 4,6 %. Die Erhebung ist freilich methodisch unklar angelegt. Für Holland gibt F. van Heek einen Grundschichtanteil von 9 % bei den Studenten und 3 % bei den Studentinnen im Jahre 1958/59 an. Zur Grundschicht sind neben Land- und Industriearbeitern auch die unteren Angestellten, die Routinearbeiten verrichten, gerechnet. (Soziale Faktoren in den Niederlanden, die einer optimalen Auslese für akademische Berufe im Wege stehen, in: *Kölner Zeitschrift für Soziologie und Sozialpsychologie*, Sonderheft 5, 1961, S. 245.) Für Dänemark erwähnte Th. Geiger einen Anteil von 7 % (Soziale Umschichtungen in einer dänischen Mittelstadt, Aarhus 1951). Nach Angaben von P. Hartling ist der Anteil von 2 % im Jahre 1934 und 8 % 1947 auf 9 % im Jahre 1959 gestiegen (Bericht von A. H. Halsey, in: *Ability and educational opportunity*, OECD-Report, Paris 1961, S. 32).

8 *Die Studierenden der Schweizerischen Hochschulen.*

Die Sozialstruktur der Studierenden ist das Ergebnis eines langwierigen *Selektionsprozesses.* Ich möchte zunächst, anhand eines Beispiels, einen Überblick über die einzelnen Phasen dieses Selektionsprozesses geben. Die folgenden Angaben beruhen auf Untersuchungen des Instituts für Sozialwissenschaften der Universität Basel im Kanton Basel-Stadt.[9]

Das *erste* wesentliche Stadium – wenn wir von der Abwanderung in Hilfsschulen absehen – ist der *Erwerb der Übertrittsberechtigung* von den »Volksschulen« zu den gehobenen Schulen (»Gymnasien«), deren Abschluß die Berechtigung zum Universitätsstudium gibt. Im Kanton Basel-Stadt findet dieser Übertritt nach vier Volksschuljahren statt, also verhältnismäßig früh. Die Übertrittsberechtigung ergibt sich aus einem bestimmten Durchschnittsniveau der Schulnoten in den Fächern Deutsch und Rechnen der letzten beiden Schulzeugnisse. Schüler, die dieses Niveau der Noten nicht erreichen, können die Übertrittsberechtigung durch eine spezielle Aufnahmeprüfung doch noch zu erzielen versuchen. (Von dieser Möglichkeit wird allerdings nur wenig Gebrauch gemacht.) Unabhängig von den Noten gibt der Klassenlehrer eine »Empfehlung« für die Wahl der weiterführenden Schule, die als Rat für die Eltern gedacht ist, ohne rechtliche Bedeutung zu haben. Das Selektionssystem ist also formal relativ elastisch.

Im Jahre 1962 haben insgesamt 1214 Knaben die vierte Primarschulklasse abgeschlossen. Davon erreichten 442 (36 %) einen Notendurchschnitt, der zum Übertritt in die Gymnasien berechtigte. Eine Aufgliederung in drei Sozialschichten (nach den väterlichen Berufen) ergibt folgendes Bild:

Die Übertrittsberechtigung erzielten:

von 85 Kindern der Oberschicht	74 = 87 %
von 394 Kindern der Mittelschicht	200 = 52 %
von 700 Kindern der Grundschicht	161 = 23 %.[10]

9 Die Ergebnisse dieser Untersuchungen werden in vier Dissertationen veröffentlicht: W. Schneider, *Soziale Aspekte der Ausbildungschancen*; F. Hess, *Schulwahl und Sozialschichtung*; ferner Arbeiten von F. Latscha über den Einfluß der Volksschullehrer auf den Selektionsprozeß und von D. Krummenacker über die Entwicklung des Schulsystems und der Schulquoten in Basel.

10 Von den 35 Nichtklassifizierten erreichten sieben weitere Schüler die Übertrittsberechtigung. Zur Grundschicht wurden gerechnet: die Söhne der Arbeiter,

Diese *erste* Selektion auf Grund der Schulleistungen in der Volksschule führt also bereits zu einem erheblichen Anteilverlust der Grundschicht. Ihr Anteil verringert sich von 58 % (an der Gesamtheit der Absolventen der vierten Volksschulklasse) auf 36 % an der Gesamtheit der Übertrittsberechtigten.

Es ist nun zweckmäßig, von dieser ersten eine *zweite* Selektion zu unterscheiden, die durch den Entschluß der Eltern vollzogen wird, ihre übertrittsberechtigten Kinder auch tatsächlich in die Gymnasien zu schicken. Diese Entscheidung der Eltern wurde für 313 von 442 Kindern (71 %) im positiven Sinne getroffen. Wieder ergibt sich ein erheblicher Unterschied zwischen den Sozialschichten:

Von den übertrittsberechtigten Kindern traten in die Gymnasien ein:

aus der Oberschicht	72 von 74 = 97 %
aus der Mittelschicht	170 von 200 = 85 %
aus der Grundschicht	66 von 161 = 41 %[11]

Die *zweite*, auf dem Entschluß der Eltern beruhende Selektion führt damit zu einem Anteilverlust der Grundschicht von 36 % (an den Übertrittsberechtigten) auf 21 % an den tatsächlich Übertretenden.

Als *dritte* Selektionsstufe fassen wir den gesamten Ausleseprozeß im Laufe der Gymnasialzeit zusammen. Im Jahre 1953 (wir beziehen uns hier also auf einen anderen Jahrgang) traten 416 Schüler in die erste Klasse der Basler Gymnasien ein. Von diesen 416 bestanden im Jahre 1961 – also nach der achtjährigen Gymnasialschulzeit – 110 (26 %) die Abschlußprüfung. Die »Erfolgsquote« ist folglich insgesamt äußerst gering. Sie erhöht sich auch nicht wesentlich, wenn wir die Schüler einbeziehen, die in einzelnen Klassen scheiterten, aber schließlich nach 9 oder 10 Jahren doch noch zu einer Abschlußprüfung (»Maturität«) kommen.[12] Nicht berücksichtigt sind die recht seltenen Abwanderungen in andere Kantone und der Übergang in Privatschulen.

Handwerker, unteren Angestellten und kleinen Gewerbetreibenden; zur Mittelschicht: Angestellte und Beamte, Gewerbetreibende, Techniker, Volksschullehrer; zur Oberschicht: Unternehmer, Direktoren, Chefbeamte, Akademiker.

11 Weitere 5 Nichtklassifizierte.

12 Nach dieser Rechnung ergibt sich eine Erfolgsquote von insgesamt 33 %. Beziehen wir auch die Schüler ein, die zunächst in eines der Gymnasien eintraten und nach ihrem Ausscheiden auf dem Umweg über die Kantonale Handelsschule eine Maturität erreichten, so erhöht sich die Erfolgsquote auf insgesamt 37 %.

Die Erfolgsquote (nach achtjähriger Schulzeit) verteilt sich auf die drei Sozialschichten wie folgt:

Oberschicht: 27 von 77 Schülern = 35 %
Mittelschicht: 56 von 212 Schülern = 26 %
Grundschicht: 19 von 108 Schülern = 18 %[13]

Es ergibt sich ein dritter Anteilsverlust der Grundschicht von 26 % (ihr Anteil am Eintrittsjahrgang 1953 lag also etwas höher als 1962) auf 17 %. Entgegen unseren Erwartungen scheitern die Kinder der Grundschicht in den ersten zwei Gymnasialjahren nicht überdurchschnittlich häufig. Deutlich unterschiedliche Erfolge zeigen sich dagegen, wie zu vermuten war, in den einzelnen Gymnasialtypen.[14]

Abschließend sei der Selektionsprozeß in seinen sozialschichtspezifischen Auswirkungen noch einmal zusammenfassend veranschaulicht:

Anteile der Sozialschichten in %				
Stufen	Oberschicht	Mittelschicht	Grundschicht	Nicht klassif.
Jahrgang der 4. Primarschulklasse 1962				
4. Primarschulklasse	7	32	58	3
Übertrittsberechtigte in die Gymnasien	17	46	36	2
Eintretende in die Gymnasien	23	54	21	2
Jahrgang der 1. Gymnasialklasse 1953				
Eintretende in die Gymnasien	19	51	26	4
Erfolgreicher Abschluß der 2. Klasse	19	51	25	4
Maturanden 1962	25	50	17	8

13 Von 19 Unklassifizierten erreichten weitere 8 Schüler die Maturität im Jahre 1961.
14 Im Humanistischen Gymnasium (Latein und Griechisch) und im Realgymnasi-

Weiter können wir den Prozeß nicht verfolgen, da wir nicht wissen, wie viele Kinder der Grundschicht unter den Studierenden der Schweiz aus Basler Gymnasien kommen. Auch die Zahl und die soziale Zusammensetzung der Studierenden, die ohne Abschlußprüfung die Universität verlassen, sind uns leider nicht bekannt. Nach den amerikanischen Erhebungen vollzieht sich während des Studiums im College keine weitere sozialschichtspezifische Selektion.[15] Es ist aber höchst fraglich, ob das auch für die europäischen Universitäten gilt.

Man mag fragen, wozu diese rein quantitative Bestandsaufnahme dienen soll. Sie scheint eher eine allgemeine Resignation zu fördern, als den Willen zu bekräftigen, die Verhältnisse zu verändern. *Jede* Phase des Selektionsprozesses trifft die Kinder der Grundschicht in überdurchschnittlich hohem Grade. Es geht also ständig bergab – und es scheint nahezuliegen, die fortschreitende Reduktion der Grundschicht als einen einheitlichen, kontinuierlichen Prozeß aufzufassen, in dem sich bestimmte »konstitutionelle« Faktoren zunehmend selektiv auswirken.

In gewisser Weise ist diese Auffassung auch begründet: Unsere weiterführenden Schulen, die Volksschule und Universität verbinden, sind »Bürgerschulen«, ideell und institutionell am Bürgertum orientiert und auf das Bürgertum eingestellt. Die Kinder aus der Arbeiterschaft – aber auch aus dem Bauerntum – sind einem einseitigen Anpassungsdruck unterworfen, an dessen Legitimität kaum ein Zweifel aufzukommen scheint. Der Anpassungsdruck dagegen, der von den nichtbürgerlichen Sozialschichten ausgehen könnte, wird mit gleicher Selbstsicherheit ausschließlich als Zumutung verstanden, »das Niveau zu senken«. Die *soziale Distanz* der nichtbürgerlichen Schichten zur bürgerlichen Schulkultur wirkt sich in *allen*

um (Latein) sind die Erfolgsaussichten der Kinder aus der Grundschicht besonders gering. Im Mathematisch-Naturwissenschaftlichen Gymnasium ist dagegen kaum ein Anteilsverlust der Arbeiterkinder im Laufe der Gymnasialzeit zu verzeichnen. Ihr Anteil an den Schülern der ersten Klasse (1953) betrug 39 %, an den Schülern der achten Klasse (1961) 35 %.

15 Auch Arbeiterkinder, die in ein College eintreten, schließen ihr Studium mit der gleichen Wahrscheinlichkeit mit einem akademischen Grad ab wie etwa Kinder von Akademikern. Lediglich die »Durchhaltefähigkeit« der Farmerkinder ist verhältnismäßig gering. Vgl. Wolfe, D., *Educational opportunity*, S. 230 und America's resources, S. 160 f. Eine Interpretation der Chancengleichheit der College-Studenten versuchen Lipset und Bendix, *Social Mobility*, S. 231 ff.

Phasen des Selektionsprozesses aus. Sie wird daher auch als gemeinsames Element in die verschiedenartigsten Erklärungsversuche aufzunehmen sein.

Für ein genaueres Verständnis der Selektion aber ist es notwendig, nach den jeweils besonderen Bestimmungsgründen jeder einzelnen Phase des Selektionsprozesses zu fragen. Ich muß mich hier darauf beschränken, die verschiedenen Argumente zu ordnen und genauer zu lokalisieren.

Die *erste* Selektion (Notenniveau in der vierten Volksschulklasse und entsprechende Übertrittsberechtigung in die Gymnasien) beruht auf einem Urteil des Lehrers über die Schulleistungen – und meist wohl allgemeiner: über die *Schulleistungsfähigkeit* des Kindes. Am prognostischen Wert dieser Noten für die späteren Schulleistungen bestehen zwar erhebliche Zweifel;[16] auch dürfte das Urteil des Lehrers oft durch typologische Vorstellungen bestimmt sein, die sozial selektiv wirken (»Dies ist ein Gymnasiastentyp« – »Dies ist kein Gymnasiastentyp«[17]); aber wir müssen zunächst von den gegebenen und tatsächlich wirksamen Selektionskriterien ausgehen.

Die Gymnasialeignung wird danach nur einem Viertel der Knaben der Grundschicht, dagegen der Hälfte der Mittelschicht-Kinder und der überwiegenden Mehrheit der Knaben aus der Oberschicht zugesprochen. Wie ist dieser äußerst krasse Unterschied zwischen den Sozialschichten zu erklären? Zweifellos beruht er nicht allein auf dem besonderen Selektionskriterium des Notendurchschnitts; auch Aufnahmeprüfungen und die verschiedensten Testverfahren ergeben deutlich qualitative Unterschiede zwischen den Sozialschichten.

Es liegt daher nahe, von der allgemeinsten aller möglichen Erklärungen auszugehen: von Unterschieden der *vererbten, anlagebedingten Begabung.* Hierbei muß unterstellt werden, daß die vererbten Begabungsqualitäten den sozialen Differenzierungen durchschnittlich entsprechen. Wir können es uns ersparen, auf die

16 Vgl. Schulze, W., Knode, W., und Thomas, E., *Über den Voraussagewert der Auslesekriterien für den Schulerfolg am Gymnasium,* Frankfurt/M. 1963, im Manuskript vervielfältigt.

17 Unsere Befragung der Volksschullehrer ergab, daß die für die Übertrittsberechtigung entscheidende Notengebung stark durch Annahmen »typologischer« Eignung bestimmt werden, wobei die enge Beziehung dieses Eignungsurteils zur sozialen Herkunft des Schülers oft bewußt ist und ausdrücklich gerechtfertigt wird.

zahlreichen Erhebungen einzugehen, die dies in der Tat mehr oder minder wahrscheinlich machen. Letztlich kommen wir m. E. über das zusammenfassende Urteil von S. M. Lipset und R. Bendix nicht hinaus: Es ist bisher nicht gelungen, die mögliche Wirksamkeit vererbter Begabungsqualitäten von der Wirksamkeit der Umweltfaktoren für die Begabungsentwicklung eindeutig zu unterscheiden.[18]

Im übrigen zeigt eine einfache Überlegung, daß selbst erhebliche Unterschiede der vererbten Begabungsqualitäten zur Erklärung der Zahlen, mit denen wir uns hier befassen, nahezu bedeutungslos wären. Zur Veranschaulichung konstruiere ich ein möglichst lapidares Beispiel. Nehmen wir an, daß von den Kindern einer Oberschicht, die etwa 5 % der Bevölkerung ausmacht, *vier von fünf* eine »hohe« vererbte Begabung besäßen, eine Begabung, die im Normalfall zum Universitätsstudium qualifizieren wird. Von den Kindern einer Grundschicht – etwa 50 % der Bevölkerung – wäre dagegen nur *eines von fünf* Kindern entsprechend »anlagebedingt« begabt. Eine einfache Rechnung ergibt, daß selbst bei dieser starken Begabungsdiskrepanz der Sozialschichten unter den »hohen« Begabungen 2 ½ mal so viele Kinder der Grundschicht als Kinder der Oberschicht vertreten wären. (Es studieren aber, wenn wir das Beispiel annähernd auf deutsche Zahlen übertragen, etwa neunmal so viele Kinder der Oberschicht als der Grundschicht an deutschen Universitäten.[19]) Man kann diesen Versuch weiterführen und noch erheblich extremere Vererbungstheorien unterstellen: Die möglichen Ableitungen kommen an die vorliegende Tatsache nicht heran. Der Streit über die mehr oder minder große Bedeutung der Begabungsvererbung bleibt für unsere Probleme praktisch bedeutungslos.

Es stellt sich weiter die Frage, welchen Einfluß die unterschiedlichen *Umweltfaktoren* auf die Begabungsentwicklung, die Entfaltung vorhandener Anlagen der Kinder ausüben. Daß ein solcher Einfluß prinzipiell vorliegt, kann als erwiesen gelten. Aber mit allgemeinen Milieutheorien ist uns hier nicht gedient. Ob es möglich ist, einzelne Faktoren in ihrer Wirksamkeit zu gewichten, erscheint zumindest fraglich. Wir wollen immerhin versuchen, eine Über-

18 Lipset und Bendix, *Social Mobility*, S. 228.

19 Vgl. Dahrendorf, R., Bemerkungen zur sozialen Herkunft und Stellung der Richter an Oberlandesgerichten. Ein Beitrag zur Soziologie der deutschen Oberschicht, in: *Hamburger Jahrbuch für Wirtschafts- und Gesellschaftspolitik*, 5. Jahr, Tübingen 1960, S. 266.

sicht über verschiedene Faktorenkomplexe zu geben, die eine offensichtliche Beziehung zur Begabungsentwicklung haben könnten:

1. Die *materiellen Möglichkeiten* des Elternhauses: z. B. das Fehlen eines eigenen Zimmers für das Kind; geringe Mittel zur Erholung und zur zusätzlichen Ausbildung besonderer Fähigkeiten (musikalischer, technischer Interessen); starke Inanspruchnahme des Kindes im Haushalt, Geschäft oder zum selbständigen Erwerb – um nur einige Beispiele zu nennen.

2. Das *Ausbildungsniveau* der Eltern, des Verwandten- und Bekanntenkreises. Ein begrenztes Ausbildungsniveau der Eltern begrenzt entsprechend die Lernmöglichkeiten des Kindes im Gespräch und Umgang, die Anregungen zur Lektüre, die Hilfe und Kritik bei geistigen Aufgaben. Entscheidend für die geistige Formung des Kindes dürfte vor allem auch die Art der Umgangssprache sein. Die differenzierte, bürgerlich-gebildete Umgangssprache mit ihren komplexen Satzstrukturen schult zu einem Denken in grammatikalisch ausgeprägter Logik; zur differenzierten Selbstdarstellung in der Sprache; zu einer Umsetzung von Impulsen und Gefühlen aus der Bewegung, der Handlung in die sprachliche Formulierung.[20] Die besonderen Schwierigkeiten der Kinder aus nichtbürgerlichen Schichten in den sprachlichen Schulfächern (besonders in den klassischen Sprachen) sind bekannt und vielfach erwiesen. Dem entsprechen auch ihre vergleichsweise schlechten Leistungen bei ausgesprochen sprachlich orientierten Tests.

3. Die *Kontakte zwischen Kind und Lehrer*, Elternhaus und Schule. Kontaktschwierigkeiten können sich vor allem aus den verschiedenen, sozial bedingten Verhaltens- und Sprachmustern des Lehrers und des Kindes ergeben. Typische Mißverständnisse entstehen: Der Lehrer erscheint dem Kind aus nichtbürgerlichen Schichten unpersönlich, kalt, gedrechselt; das Kind dem Lehrer grob, ausdrucksarm, taktlos. Soziale Verhaltensmerkmale werden als individuelle Eigenschaften, als persönliche »Defekte« – eventuell auch als Indizien der Begabung – gedeutet. Für das Kind fehlt der persönliche Ansporn durch den Lehrer; die Impulse zur Bewährung und eigenen Lei-

20 Vgl. z. B. Bernstein, Basil, Sozio-kulturelle Determinanten des Lernens, mit besonderer Berücksichtigung der Rolle der Sprache, in: *Soziologie der Schule, Kölner Zeitschrift für Soziologie und Sozialpsychologie*, Sonderheft 4, 1959. Dort auch weitere Literaturangaben.

stung, die vom Lehrer ausgehen, »kommen nicht an«, die Ausbildungsmaximen der Schule werden nicht verinnerlicht.

4. Schwer zu trennen von den erwähnten Faktoren ist der Einfluß der *Erziehungswerte und -praktiken* des Elternhauses. Motivation und Zielsetzung des Kindes werden zweifellos weitgehend bestimmt durch die Disziplinierungsansprüche der Erziehung, das soziale Erfolgsstreben und die Leistungsorientierung der Erzieher, durch das Gewicht, das auf spezifisch geistige Leistungen, auf intellektuelle Energie und Schulerfolg gelegt wird. Besonders die amerikanische Soziologie hat sich intensiv mit den spezifischen Erziehungswerten der verschiedenen Sozialschichten, ihren typischen »achievement motivations« und »aspiration levels« beschäftigt.

Die vier Faktorenkomplexe, die wir unterschieden haben, sind selbstverständlich durch vielfache Wechselbeziehungen eng miteinander verbunden; ihre Unterscheidung ist aber analytisch sinnvoll: So kann etwa – wie wir auch in unseren Basler Untersuchungen festgestellt haben – das Ausbildungsniveau der Eltern aus nichtbürgerlichen Schichten hemmend wirken, zugleich aber die Erziehungswerte und Zielsetzungen weitgehend vom Bürgertum adaptiert worden sein. Diese Adaption wiederum schließt nicht aus, daß die Kontaktschwierigkeiten zwischen Kind und Lehrer, Elternhaus und Schule nicht überwunden werden können usw.

Die verschiedenen Erklärungen für die unterschiedlichen Chancen der Begabungsentwicklung müssen freilich stets in unmittelbarem Zusammenhang mit dem Schulsystem gesehen werden: Wir dürfen nicht vergessen, daß wir das Resultat eines *schulinternen* Selektionsprozesses zu verstehen suchen. Die dabei angewandten Kriterien (ob Noten, Aufnahmeprüfungen oder Testverfahren) haben stets die Funktion, etwas von derjenigen »Begabung« des Kindes zu erfassen, die dem Schulsystem angemessen ist und *von ihm honoriert wird.* Eine Begabungsprüfung, die umfassendere Ansprüche stellte, wäre als Selektionsverfahren im Rahmen der Schule sinnlos.

Wie sich eine Begabungsentwicklung bestimmter Art im Selektionsprozeß auswirkt, hängt folglich davon ab, welche Begabungen innerhalb des Schulsystems »gefragt« sind. Anders formuliert: Die Bedeutung der Begabungsentwicklung des Kindes für den Selektionsprozeß entscheidet sich erst durch die besonderen Definitionen der Begabung, die ein Schulsystem zu akzeptieren und zu entwickeln in der Lage ist. Die Chancen verschiedener Begabungen werden ferner weitgehend davon abhängen, wie eng oder wie breit die im Schulsystem institutionell verfestigte »Nachfrage« ist; zu welchem Zeitpunkt und mit welcher Endgültigkeit über die entsprechenden Qualifikationen entschieden wird; vor allem aber auch: wie aufnahmebereit und flexibel das Schulsystem gegenüber Kindern ist, *deren Anlagen und Fähigkeiten nicht in der traditionell erwarteten Weise im Elternhaus vorgeformt sind.*

Alle diese Fragen sind in unserem Zusammenhang wesentlich – auf einige werde ich zurückkommen.

Die *zweite* Phase der Selektion beruht nicht auf einem Lehrerurteil über die Schulleistungsfähigkeit des Kindes, sondern auf einer *Entscheidung der Eltern.* Wie wir gesehen haben, wurden fast alle qualifizierten Kinder der Oberschicht und die überwiegende Mehrheit der Mittelschicht-Kinder in die Gymnasien geschickt, dagegen noch nicht einmal die Hälfte der qualifizierten Kinder aus der Grundschicht.

Dieses Resultat wird durch zahlreiche Untersuchungen in verschiedenen Ländern bestätigt.[21] Als Beispiel sei eine Erhebung aus Deutschland angeführt.[22] 1951 wurden im Land Schleswig-Holstein die Volksschullehrer gebeten, Kinder im vierten Volksschuljahr in Qualifikationsgruppen einzuteilen. Die höchste Stufe wurde als »unbedingt hochschulreif« (gymnasialreif) umschrieben.

Von den Kindern dieser höchsten Qualifikationsstufe wurden später ins Gymnasium geschickt:

aus »Oberschicht«-Familien – 94%
aus Arbeiterfamilien – 35%

21 Z. B. für Belgien: Kerkhofs und Mesens, L'ascension sociale par les études après la sixième année primaire et le quatrième degré, in: *Revue de l'Institut de Sociologie Solveig,* 1957/4, S. 585 ff. Für Frankreich: Giroud, A. und Baside, H., Orientation et sélection scolaires. Une enquête sur les enfants à la sortie de l'école primaire, in: *Population,* 1955/4, S. 605 ff. Für Schweden: Husén, Torsten, Educational structure and the development of ability, in: *Ability and educational opportunity,* OECD-Report, Paris 1961, S. 113 ff. In den USA ist insbesondere die Diskrepanz zwischen Notenniveau (bzw. Testergebnissen) und Ausbildungsgrad beim Übergang von der High School zum College bedeutsam. Eine Zusammenfassung zahlreicher Untersuchungen gibt Hollingshead, B. S., *Who should go to College. A staff study for the commission on financing higher education,* New York 1952, S. 166 ff.

22 Müller, K. V., *Begabung und soziale Schichtung in der hochindustrialisierten Gesellschaft,* Köln und Opladen 1956.

Umgekehrt besuchten von den Kindern, die als »nur volksschulfähig« eingestuft wurden, später ein Gymnasium

aus »Oberschicht«-Familien – 40 % (!)

aus Arbeiterfamilien – nicht 1 %.

Dagegen stellte eine englische Untersuchung, die vom Intelligenztest ausging, *keine* Diskrepanz zwischen den gemessenen Fähigkeiten und der Verteilung der Sozialschichten im Zustrom zur Grammar-School fest: Der Anteil der Arbeiterkinder (die 51 % der Schulplätze einnahmen!) entsprach ihrem Anteil an den Qualifikationsstufen.[23] Vielleicht ist es nützlich, daran zu erinnern, daß auch in England die Eltern das letzte Wort bei der Schulwahl ihrer Kinder haben...

Um die Entscheidung der Eltern aus der Grundschicht zu verstehen, die ihre Kinder trotz ausreichender Qualifikation nicht auf die Gymnasien schickten, können wir zunächst auf die Faktoren zurückgreifen, die wir schon als mögliche Bestimmungsgründe der Begabungsentwicklung erwähnt haben, freilich mit etwas anderer Akzentuierung: die finanziellen Möglichkeiten (Belastung durch Schulkosten, auch bei Schulgeldfreiheit; Verdienstausfall und später Eintritt in das Berufsleben; Risiko, die begonnene Ausbildung bei Unglücksfällen in der Familie, Arbeitslosigkeit des Vaters usw. ohne Abschluß abbrechen zu müssen) – das Ausbildungsniveau der Eltern (Gewißheit, dem Kind nicht oder wenig helfen zu können; mangelnde Übersicht über die Möglichkeiten, die das Schulsystem bietet, und über die späteren Berufswege) – Kontakt mit dem Lehrer (mangelhafte Information, allzu große Abhängigkeit von Empfehlungen des Lehrers, Überschätzung von Warnungen und gelegentlichen Mißerfolgen) – Erziehungswerte (geringere »Schulorientiertheit«, geringeres bzw. andersartiges soziales Erfolgsstreben).

23 Floud, Halsay, Martin, *Social class and education opportunity*, Melbourne, London, Toronto, 1957, S. 61. Andere Erhebungen zeigen eine gewisse, im Vergleich zu den kontinentalen Ländern aber doch geringe Diskrepanz. (Vgl. Schulze, W., Knode, W., Thomas, E., *Voraussagewert der Auslesekriterien*, S. 122 f.) – Entsprechend ist der Anteil der Arbeiterkinder an den Gymnasiasten (Grammar-School) verhältnismäßig hoch: in einem repräsentativen Sample von 10 % der öffentlichen englischen Grammar-Schools wurde festgestellt, daß 1946 64,6 % der eintretenden Schüler Arbeiterkinder waren. *Early living. A report of the central advisory council for education (England)*, London 1954. Bei allen Angaben über die öffentlichen Grammar-Schools in England ist freilich zu bedenken, daß die privaten »Public Schools« unberücksichtigt bleiben.

Hierzu kommen unter Umständen bewußte oder unbewußte Bedenken gegen die Lösung des sozial »aufsteigenden« Kindes aus dem sozialen Milieu der Familie, die Furcht vor den neuen Ansprüchen und Maßstäben.

Die Hemmungen der Eltern aus der Grundschicht sind verständlich und zweifellos begründet. Aber das besagt noch nicht, daß sie für die definitive Entscheidung über die Schulwahl des Kindes ausschlaggebend sein müssen. Es gibt auch für die Eltern aus der Grundschicht zahlreiche wirksame Bestimmungsgründe für eine Wahl des Gymnasiums. Sozialpsychologisch ist die Entscheidung, wie auch unsere Basler Untersuchungen gezeigt haben, keineswegs eindeutig determiniert.

Ausschlaggebend für den häufigen Verzicht auf ein leistungsgerechtes Ausbildungsniveau scheint uns vielmehr ein *Versagen der institutionellen Ordnung* dieser zweiten Selektionsphase zu sein. Im Fall Basel beruht dieses Versagen auf Defekten, die sich zum guten Teil im Rahmen des bestehenden Schulsystems – unabhängig von seinen sonstigen Mängeln – beseitigen ließen.

Es ist vielleicht nützlich, wenn ich auf unsere Basler Erfahrungen mit wenigen Worten eingehe, obwohl das Selektionsverfahren von den in Holland, in Deutschland und auch in anderen Kantonen der Schweiz angewandten Methoden abweicht.

Wir haben in Basel die Gründe für die Schulentscheidung durch eine Elternbefragung zu ermitteln versucht. Dabei interessierten uns vor allen Dingen die beiden formal übertrittsberechtigten Gruppen der Grundschicht. Wir wollten feststellen, warum sich die eine Gruppe für, die andere gegen das Gymnasium entschieden hatte.[24] Die Befragung fand etwa ein Dreivierteljahr nach der definitiven Wahl der weiterführenden Schule statt. Es zeigte sich, daß die Merkmalsverteilung beider Gruppen – Einkommensverhältnisse,

24 Fällt die Entscheidung trotz formaler Übertrittsberechtigung gegen das Gymnasium, so wird fast ausnahmslos die Realschule gewählt. Die Realschule ist in Basel eine gehobene Volksschule von normalerweise vierjähriger Dauer (5.-8. Schuljahr), deren Besuch ebenfalls ein bestimmtes Minimalniveau der Schulnoten im 4. Volksschuljahr erfordert. Sie ist als Vorstufe für handwerkliche, gewerbliche und technische Berufe gedacht. Erstaunlicherweise hat die Realschule, die 1930 errichtet wurde, um die Lücke zwischen Volksschule und Gymnasium auszufüllen, seit ihrer Gründung an quantitativer Bedeutung zugunsten der einfachen Volksschule verloren, während der prozentuale Anteil der Gymnasiasten in den letzten 30 Jahren konstant geblieben ist.

Familiengröße, Wohndichte, Schulbildung der Eltern – nur geringe Unterschiede aufweist. Auch die erwähnten sozialpsychologischen Hemmungen sind in beiden Gruppen wirksam. Die Entscheidungssituation ist für fast *alle* Eltern der Grundschicht unklar, unsicher, ambivalent. Der Informationsgrad über das Schulsystem, die Kosten der Ausbildung, Stipendien, Berufsmöglichkeiten ist gering. Bei den Eltern, die ihre Kinder nicht auf das Gymnasium schickten, fehlt gelegentlich sogar die Kenntnis, daß ihr Kind die formale Übertrittsberechtigung erworben hatte.

Die institutionellen Vorkehrungen, die den Eltern bei der Entscheidung helfen sollten (Elternabende, Sprechstunden, Empfehlungen des Lehrers, amtliche Informationen), sind unzureichend koordiniert und haben einen viel zu geringen Informationswert. Die Hinweise, die die Eltern erreichen, sind häufig von der Tendenz bestimmt, den elterlichen Ehrgeiz zu dämpfen. Solche Warnungen sind zweifellos sachlich nicht unberechtigt. Aber sie sind in ihrer Form und Dosierung eindeutig an den Ambitionen der bürgerlichen Schichten orientiert. In ihrer nicht berechneten und nicht beabsichtigten Wirkung auf den Kreis der von uns befragten Eltern *verstärken* sie die allgemeine Unsicherheit, das Gefühl der Inkompetenz, der Hilflosigkeit gegenüber einer fremden Bildungswelt. Den Ausschlag für die schließlich getroffene Entscheidung scheinen daher oft Einflüsse zu geben, die wie ein Sandkorn wirken, das zufällig auf die linke oder die rechte Schale der Waage fällt: ein Informationsfragment, ein abschreckender Satz aus dem Elternabend, ein – oft wohl auch mißverstandener und eilig formulierter – Hinweis des Lehrers, ein Rat des Pfarrers, eine Erfahrung der Nachbarkinder.

Diese Unsicherheit und die entsprechende mangelhafte Förderung leistungsfähiger Kinder sind m. E. ein *kurzfristig* zu lösendes Problem. Die sozialpsychologischen Hemmungen sitzen vielfach nicht mehr sehr tief. Sie ließen sich relativ leicht zwar nicht beseitigen, aber in ihren Auswirkungen auf den Ausbildungsweg der Kinder erheblich reduzieren. Die Vorschläge einer institutionellen Reform, die wir in Basel gemacht haben, sind nun freilich in ihren Einzelheiten auf spezielle Verhältnisse abgestimmt und lassen sich nicht ohne weiteres verallgemeinern.[25] Aber es dürfte überall, wo diese

25 Die Vorschläge beziehen sich auf das Stipendienwesen, die Information der Eltern, Überprüfungen des Selektionsverfahrens, die Orientierung der Lehrer, den Ausbau von Übergangsklassen und die Einführung von Aufgabenklassen.

zweite Selektionsphase sich zuungunsten bestimmter Sozialschichten auswirkt, möglich sein, die Verhältnisse mit relativ geringem Aufwand zu verbessern. Das setzt freilich voraus, daß sich die Schulen der Aufgaben bewußt werden, Kinder aus »neuen« Sozialschichten an die höheren Ausbildungsmöglichkeiten heranzuführen. Gerade die zweite Phase des Selektionsprozesses zeigt, daß diese Aufgabe bisher kaum gestellt worden ist.

Schließlich noch wenige Bemerkungen zur *dritten* Selektionsphase. Hier ist zunächst zu betonen, daß der Anteilsverlust der Grundschicht im Laufe der Gymnasialschulzeit im Mathematisch-Naturwissenschaftlichen Gymnasium äußerst gering ist. Das Humanistische Gymnasium wird von Eltern der Grundschicht aus guten Gründen selten gewählt. Der durchschnittliche Anteilsverlust von 26% (erste Gymnasialklasse) auf 17% (Abschluß) ergibt sich vor allem aus einer starken sozialschichtspezifischen Selektion im Realgymnasium (Lateinschule ohne Griechisch). Dieses Realgymnasium wird als »mittlere« Schule von den Eltern der Grundschicht oft als eine Art Verlegenheitslösung, als Kompromiß zwischen den Extremen, gewählt – was zweifellos meist eine falsche Entscheidung ist. Die zureichend häufig bestätigte Erfahrung, daß die Kinder der nichtbürgerlichen Schichten in den sprachlichen Fächern, speziell den alten Sprachen, besondere Schwierigkeiten haben, sollte auch den Eltern und den empfehlenden Lehrern zugänglich gemacht werden. In aller Regel wird eine mathematisch-naturwissenschaftliche Richtung vorzuziehen sein. Damit ließe sich der Anteilsverlust der Grundschicht im Laufe der Gymnasialzeit höchstwahrscheinlich bereits erheblich reduzieren.

Es ist aber anzunehmen, daß auch in dieser dritten Selektionsphase nicht nur die Begabungsentwicklung und besondere Schulleistungsfähigkeiten, sondern auch die Unsicherheit des Elternhauses, die mangelnde Erfahrung und der mangelnde Kontakt zur Schule eine Rolle spielen. Die Eltern der Grundschicht werden verhältnismäßig leicht resignieren, wenn das Kind in Schwierigkeiten gerät; sie werden die üblichen Entwicklungsprobleme häufig als Bestätigung ihrer besonderen sozialen Befürchtungen deuten. So empfinden z. B. viele der von uns befragten Eltern von vornherein den Gedanken befremdlich, ihren Kindern eventuell Nachhilfestunden geben zu lassen – auch wenn sie finanziell dazu in der Lage wären.

»Kommt das Kind nicht mit« – so zeigt sich eben, daß es doch nicht »auf das Gymnasium gehört«. Was den bürgerlichen Eltern, schon aus eigener Erfahrung, als üblicher Engpaß erscheint, durch den man das Kind durchbringen muß, wird eher als Definitivum verstanden, dem man sich fügen sollte. Das überdurchschnittliche Ausscheiden der Grundschichtkinder aus den Gymnasien dürfte also nicht nur auf Leistungsunterschieden beruhen.[26]

Besonders in dieser dritten Selektionsphase ist aber auch das Ausmaß der *allgemeinen Selektion* bedeutsam. Nur ein Viertel der Schüler erreicht die Maturität nach den »normalen« acht Jahren, nur etwa ein Drittel kommt überhaupt ans Ziel. Außerordentlich scharf wirkt sich der Ausleseprozeß vor allem in den ersten zwei Gymnasialjahren aus, in denen die Klassen auf zwei Drittel, ja teilweise auf die Hälfte ihres Ausgangsbestandes reduziert werden. Angesichts dieser Erfolgsquote kann man sich fragen, ob es im Laufe des Berufslebens in unserer Gesellschaft – wenn wir von den Spitzenpositionen absehen – Ausleseverfahren von ähnlicher Härte und ähnlichem Entscheidungscharakter gibt. Die Konkurrenz um die besten Berufschancen ist in einem ganz wesentlichen Ausmaß auf die etwa 10- bis 12jährigen konzentriert. Besonders in den ersten Gymnasialjahren scheint unser Schulsystem vollkommen darauf eingestellt zu sein, auf die Begabungselite zu warten, die vom Himmel fällt – vom Himmel: das heißt aus der bürgerlichen Studierstube des Vaters, in der sich die Begabungsentwicklung des Kindes vollziehen muß. Das Selektionsverfahren der Schule stellt fest, ob das Resultat dieser Entwicklung ausreicht oder nicht.

Eine Konsequenz dieses Verfahrens ist, daß in Basel der Anteil der Gymnasiasten an ihrer jeweiligen Altersgruppe in den letzten 30

26 Auf die besonderen Schwierigkeiten der Kinder aus der Grundschicht, ihre Begabung in dem sozial fremden Milieu der Schulen weiterzuentwickeln und in die geforderte Schulleistungsfähigkeit umzusetzen, habe ich schon oben hingewiesen. – Im übrigen läßt sich ein Anteilsverlust der Grundschicht im Laufe der Gymnasialzeit in allen Ländern feststellen, in denen Untersuchungen vorliegen. Das gilt auch für England. Vgl. *Early living*, wo ein Anteilsverlust der Arbeiterkinder von 64,6 % (Eintrittsjahrgang in die Grammar School 1946) auf 44,3 % nach siebenjähriger Schulzeit (1953) angegeben wird. Wie in zahlreichen anderen Untersuchungen wird auch hier festgestellt, daß sich unter den Ausscheidenden der unteren Sozialschichten nach dem Urteil der Lehrer ein verhältnismäßig großer Anteil von »an sich Befähigten« befinde.

Jahren konstant geblieben ist. (An der Altersgruppe der 11- bis 14jährigen Knaben beträgt er 19 %, der 14- bis 19jährigen 9,9 %.)[27]

Damit ergibt sich eine einfache Alternative: Hält man an den bisherigen Methoden fest, so verzichtet man im Prinzip auf eine Veränderung der »Ausbildungspyramide«: Die Zahl der Maturanden und Hochschulstudenten wird relativ konstant bleiben, d. h. lediglich der Bevölkerungsentwicklung entsprechend zunehmen können.[28] Die möglichen Umwege über die Handelsschulen und über »zweite Bildungswege«, die wir hier außer acht gelassen haben, korrigieren das Bild nicht wesentlich. Jede einschneidende Veränderung der Ausbildungspyramide erfordert eine Veränderung des Selektionsverfahrens im Zugang zu den Gymnasien und innerhalb der Gymnasien. Wenn im gegenwärtigen Schulsystem eine solche Veränderung lediglich durch eine Senkung der qualitativen Ansprüche zu erreichen wäre – wie vielfach eingewandt wird –, dann heißt das lediglich, daß dieses Schulsystem auf eine bestimmte Ausbildungspyramide der Bevölkerung angewiesen ist und die einmal gegebenen Verhältnisse mumifiziert.[29]

27 Die vergleichbaren Zahlen für Deutschland (1960) lauten: Anteil der Gymnasiasten an den 10- bis 14jährigen 12,1 %, an den 15- bis 19jährigen 9,8 %. Von Carnap, R. und Edding, F., *Der relative Schulbesuch in den Ländern der Bundesrepublik 1952-1960*, Frankfurt/M. 1962, im Manuskript vervielfältigt.

28 Für die Situation der Schweiz vgl. F. Kneschaurek, Kritische Bemerkungen zu den Prognosen über die Entwicklung des Hochschulstudiums in der Schweiz und Schlußfolgerungen in bezug auf den notwendigen Ausbau unserer Hochschulen, in: *Wirtschaft und Recht*, 15. Jg., 1963/3; ferner den Bericht der Eidgenössischen Kommission für Nachwuchsfragen auf dem Gebiete der Geisteswissenschaften und der medizinischen Berufe sowie des Lehrerberufes auf der Mittelstufe (Bericht Schulz), Bern 1963.

29 Als Versuch einer strukturellen Reform sei auf das schwedische Beispiel hingewiesen. Nach dem Riksdag Act von 1962 besteht eine allgemeine Schulpflicht bis zum 16. Lebensjahr. Nach einer Vorschule (Förskola) für die 5- bis 6jährigen (bisher nicht obligatorisch) beginnt eine allgemeine, neunjährige Grundschule mit dem 7. Lebensjahr. Sie ist in drei Stufen von je drei Jahren eingeteilt. In der dritten Stufe, also für die 13jährigen, wird das Fachlehrersystem mit gewissen Möglichkeiten freier Fachwahl eingeführt. Nach Abschluß dieser neunjährigen Grundschule (mit 16 Jahren) stehen drei Möglichkeiten offen: Erstens der Besuch von allgemeinen, technischen oder ökonomischen Gymnasien, die wiederum in sich vielfach untergliedert sind (drei Schuljahre, vom 17. bis zum 19. bzw. 20. Lebensjahr). Es ist vorgesehen, daß bis zum Jahre 1970 etwa 30-35 % (!) der Schüler in die Gymnasien übertreten. Gegenwärtig sind es etwa 25 %. Die zweite Möglichkeit besteht im Besuch einer zweijährigen weiterführenden Schule ohne Abschlußexamen, aber mit

Das Resultat unserer Bestandsaufnahme kann in wenigen Sätzen zusammengefaßt werden. Zweifellos sind erhebliche Bildungsreserven vorhanden. Sie sind in den Sozialschichten zu finden, denen bisher der Zugang zur gehobenen Ausbildung weitgehend verschlossen geblieben ist. Es ist möglich, durch Einzelmaßnahmen innerhalb des bisherigen Schulsystems die Zugangschancen dieser Schichten etwas zu verbessern. Ein wesentlicher Wandel ist nur durch eine Reform des Schulsystems erreichbar.

Daß Reformen des Schulsystems binnen weniger Jahre die Anzahl und die soziale Herkunft der Schüler in den weiterführenden Schulen erheblich verändern können, zeigt nicht nur das englische Beispiel, die Schulreform von 1944, sondern neuerdings auch die Schulreform in Frankreich. 1962, nach der Einführung des »Cycle d'observation«, traten etwa 55 % eines Jahrganges in die sechsten Klassen weiterführender Schulen ein. Vorher waren es nur 30 %. Von den Arbeiterkindern des Jahrgangs wurden 1959 21 %, 1962 45 % aufgenommen, von den Bauernkindern 1959 17 %, 1962 40 %.[30] Das Resultat der schwedischen Reform von 1962 wird sich vermutlich bald noch deutlicher abzeichnen.

Die industriellen Gesellschaften haben in vielen Bereichen lernen müssen, daß eine formal-rechtliche Gleichheit der Chancen nicht genügt. Sie sollten dies nun auch auf bildungspolitischem Gebiet lernen. In einigen Ländern hat sich diese Einsicht primär als politisches Postulat durchgesetzt. In anderen war der wirtschaftliche Bedarf maßgebend, sobald er spürbar genug wurde. Ich halte es für möglich, daß in einer dritten Gruppe von Ländern das Bildungswesen sich hinreichend verkrustet hat, um noch längere Zeit sowohl

der Chance, später in die Gymnasien überzuwechseln. Es wird damit gerechnet, daß 20-25 % der Schüler diesen Schultyp wählen. Drittens ist ein weitgehender Ausbau der Berufsschulen geplant, für etwa 20 bis 30 % der Schüler. Etwa 25 staatlich unterstützte Privatschulen und 100 Volkshochschul-Internate (!) ergänzen das System. Es wird vor allem Wert darauf gelegt, daß die Schüler möglichst leicht von einem Schultyp auf den andern übertreten können, wobei der Zustrom zu den Gymnasien – und damit zu den Hochschulen – möglichst offenbleiben soll. Zugleich mit einer starken Differenzierung der Ausbildungswege wird also der Versuch gemacht, das allgemeine Ausbildungsniveau wesentlich zu heben. (Orving, Jonas, *The school system of general education in Sweden*, im Manuskript vervielfältigt.)

30 Vgl. Schulze, W., Knode, W., Thomas, E., *Voraussagewert der Auslesekriterien*, S. 120 ff. und die dort angegebene Literatur.

den politischen wie den wirtschaftlichen Forderungen zu widerstehen.

Universitätsreform als Studienreform

Seit zwanzig Jahren, seit Kriegsende, wird (wieder) von Universitätsreform geredet. Wir haben Programme, Grundsatzerklärungen aller Art. Geschehen ist etwa 15 Jahre lang beinahe nichts. Seit fünf Jahren, seit der Bildung des Wissenschaftsrats, verfügen wir über ein Gremium mit überraschend großer Autorität, dessen Vorschläge sich relativ schnell durchgesetzt haben. Aber diese Vorschläge zielen bisher im wesentlichen auf quantitative Veränderungen, auf Erweiterung und Ausbau. Seit etwa einem Jahr ist die öffentliche Meinung aufgewacht, Universitätsreform gehört zu den Standardthemen der Feuilletons. Es ist nicht zu übersehen, daß die feilgebotenen Rezepte von einer Welle der Ungeduld und Verärgerung getragen werden. Damit entsteht auch die Gefahr, daß Ressentiments zum Zuge kommen, daß jeder Vorschlag, nur weil er eine Korrektur des Bisherigen bringt, als Fortschritt begrüßt wird.

Das Folgende ist durch alle drei Phasen der Diskussion beeinflußt: durch eine gewisse Resignation im Hinblick auf die Wirkungschance von Vorschlägen, durch einen Hoffnungsschimmer (Wissenschaftsrat, aber auch die jüngste Aktivität einiger Kultusminister) und schließlich durch die Sorge, daß in einer hektischen Diskussionsatmosphäre das Kind mit dem Bade ausgeschüttet werde. Das Resultat sind gemischte Gefühle, widerstreitende Intentionen Kritik und Abwehr.

Wenn ich doch aus den verschiedenartigen Erfahrungen einige eindeutige Folgerungen zu ziehen versuche, dann ergeben sich für mich folgende Zwischenergebnisse, die zugleich Ausgangspunkt der eigenen Vorschläge sein sollen.

Erstens: Es ist keine Reform in Sicht, die von einer umfassenden »*neuen Bildungsidee*« ausginge. Ich vermag jedenfalls nichts dergleichen zu entdecken, außer in Festreden, wo die Kreierung einer neuen Bildungsidee im gleichen Atemzug gefordert wird wie die moralische Besserung der heutigen Jugend und die Unterstützung kinderreicher Familien. Eine Universitätsreform »aus einem Guß« – wie man sich ausdrückt – wird wohl schwerlich gelingen, *kann* wohl nach Lage der Dinge nicht gelingen.

Andererseits hat sich hinreichend gezeigt, daß die Bestrebungen, die alte Idee der Universität zu bewahren, keine geeigneten Argumente abgeben, um alle vorhandenen Institutionen zu verteidigen. Was dort verteidigt wird, hat zum erheblichen Teil mehr mit Wilhelm II. als mit Wilhelm von Humboldt zu tun.

Wir müssen also offenbar vorläufig darauf verzichten, Reformvorschläge aus irgendwelchen obersten Prinzipien zu deduzieren. Im Augenblick jedenfalls scheint mir der Versuch fruchtbarer, von den vorhandenen Mängeln, den offenkundigen Defekten auszugehen und zu sehen, wie sie sich am besten beseitigen lassen.

Natürlich stehen auch hinter den folgenden Vorschlägen bestimmte Wertvorstellungen. Aber sie bilden kein Ganzes; es handelt sich eher um ein Mixtum compositum aus Fragmenten einer alten Bildungsidee und vielleicht einigen neuen Ansätzen.

Zweitens: Die offenkundigsten Mängel unseres gegenwärtigen Universitätssystems scheinen mir im Bereich der Lehre, der Bildung und Ausbildung der Studenten zu liegen. Dahrendorf hat die negative Bilanz richtig gezogen: Ein viel zu hoher Anteil der Studierenden gibt das Studium ohne Abschlußexamen auf, und zwar sehr häufig nicht aus Unfähigkeit, sondern weil sich viele Studenten einfach im Irrgarten unseres Lehrsystems verlaufen. Gerade auch unter den Begabteren werden viele die herrschenden Fiktionen durchschauen und der Sache überdrüssig werden. Ein viel zu hoher Anteil der Studierenden studiert unnötig lange, kommt aus Orientierungslosigkeit, diffusem Eifer oder Gammelei – nicht immer gewollter Gammelei – viel zu spät zum Ziel. Wenn der Begriff der »lonely crowd« – der ängstlichen Masse – irgendwo paßt, dann auf große Teile der Studentenschaft. Und schließlich bleibt auch beim normalen, zeitgerechten Abschluß allzuoft das Unbehagen, daß das nach Begabung und Interesse *Erreichbare* in all den Jahren *nicht erreicht* worden ist.

Zweifellos sind auch Verwaltungs- und Forschungsreformen dringlich. Ich glaube aber, daß diese Reformen auf der Grundlage einer Studienreform erfolgen sollten –, um es deutlich zu sagen: daß die Universität, die Universitätsdozenten ihre verschiedenen Desiderata *zunächst* und vor allem durch eine Studienreform *legitimieren müssen*.

Das scheint mir der gerechte Preis zu sein für eine wie auch immer restaurierte »Einsamkeit auf Freiheit«.

Drittens: Nach den bisherigen Erfahrungen ist es eine wesentliche Voraussetzung für eine fruchtbare Diskussion, daß die Reformer sich entschließen, bei ihren Leisten zu bleiben. Der Theologe sollte also nicht auch gleich das Medizinstudium mit reformieren wollen, der Philosoph nicht die Juristenausbildung. Es sind zum erheblichen Teil die falschen Allgemeinheitsansprüche, die bisher zu sinnlosen Kontroversen, Mißverständnissen, Verärgerungen geführt haben. Was immer die Einheit der Ziele sein mag, eine Einheit der Mittel ist nicht zu erreichen. Dazu haben sich die einzelnen Fakultäten zu sehr auseinanderentwickelt. Ich möchte daher den Geltungsbereich meiner Überlegungen ausdrücklich einschränken: Sie stammen in erster Linie aus den Lehrerfahrungen in der Soziologie, in zweiter Linie aus den Studienerfahrungen in der Philosophie, Geschichte und Ökonomie. Ihr Geltungsbereich kann sich also – bereits etwas großzügig formuliert – höchstens auf die »Massenfächer« der philosophischen Fakultät und auf die Sozialwissenschaften erstrecken. Wenn ich diese Einschränkung nicht immer wieder erwähne – vielleicht auch gelegentlich vergesse –, bitte ich, sie hinzuzudenken.

Von der Frage auszugehen, wo eigentlich die Defekte im heutigen Studien- und Lehrsystem liegen, hat zwei Vorteile. Einmal ist die Antwort relativ leicht zu geben. Vor allem aber ist die Aussicht recht groß, einen verhältnismäßig weitgehenden Consensus zu erzielen.

Das dringendste Problem ist selbstverständlich die *Überfüllung* der Universitäten. Jeder Vorschlag, der nicht zumindest auch auf dieses Überfüllungsproblem eingeht (etwa weil es sich lediglich um eine »Äußerlichkeit« handle), geht an der Sache vorbei. Die Überfüllung bestimmt durchgehend Form und Gehalt der Lehre, Art und Grad des Studienerfolgs. Wir sind nun in Westdeutschland in der paradoxen Lage, daß wir uns dringend darum bemühen müssen, die Zahl der Studierenden noch erheblich zu vermehren. Die internationalen Vergleichszahlen über den Anteil der Studierenden an den jeweiligen Altersjahrgängen sind bekanntlich für Deutschland erschreckend. Wir stehen also vor der Aufgabe, das Problem, das wir lösen wollen, gleichzeitig zu verschärfen. Immerhin sei daran erinnert, daß nicht die absolute Zahl der Studierenden, sondern das quantitative Verhältnis von Dozenten und Studenten für Fragen der Studienreform ausschlaggebend ist.

In engem Zusammenhang mit der Überfüllung steht die – man

kann wohl sagen: systematische – Erziehung der Studenten zur reinen *Rezeptivität*, zum passiven »Aufnehmen«, zu einer geistigen Konsumhaltung. Das beginnt bereits bei der schieren Chancenlosigkeit, in den Massenfächern überhaupt zu Wort zu kommen. Ein wesentlicher Faktor jedes geistigen Lernprozesses ist aber zweifellos die Formulierungsprobe. Wenn ich das, was mir durch den Kopf geht, nicht mehr regelmäßig einer Formulierungsprobe aussetzen kann, wenn ich die Theorien und Argumente, die ich höre, nicht mehr in eigene Sprache umsetze, so muß notwendigerweise schließlich auch das Mitdenken verkümmern. Und es ist dann vollkommen richtig, wenn post festum festgestellt wird, daß viele Studenten heute gar nicht mehr das Bedürfnis hätten, sich aktiv zu beteiligen. Aber es bleibt eine Illusion anzunehmen, daß das bloß Gehörte sich in irgendeinem mysteriösen Absickerungsprozeß in etwas Produktives verwandle. Gewiß bleibt etwas hängen, wenn man sich dem Berieselungssystem lang genug aussetzt; nur ist das »etwas« lächerlich wenig im Vergleich zum Aufwand und das »Hängenbleiben« doch wohl nicht die erstrebte Form geistiger Entwicklung. Wir haben heute nicht eine Universität von Studierenden, sondern von eingeschriebenen Hörern.

Eine weitere Misere scheint mir in der *Inhomogenität* der Teilnehmer an den einzelnen Vorlesungen und insbesondere an den Übungen zu liegen. Seminare, an denen Studenten im zweiten, fünften, siebten und siebzehnten Semester teilnehmen, müssen in ihren Anforderungen notwendigerweise diffus sein. Klare Voraussetzungen sind unmöglich. Die Jüngeren gewöhnen sich daran, doch nur die Hälfte zu verstehen, die Älteren haben es leicht, sich hervorzutun. Was entsteht – und zwar auch in den entsprechenden Vorlesungen –, ist ein Kompromiß mittlerer Preislage. Und das heißt vor allem: daß man voneinander nichts präzis Bestimmbares erwartet. Ich weiß, daß dieser Inhomogenität der Teilnehmer, die im übrigen wohl lediglich in der philosophischen Fakultät üblich ist, auch gewisse Vorteile zugeschrieben werden. Mir scheinen die Nachteile erheblich zu überwiegen.

Wieder eng im Zusammenhang mit dem bisher Erwähnten steht die *Orientierungslosigkeit* der Studenten, deren Ausmaß überhaupt nicht zu überschätzen ist. Gerade zu Beginn des Studiums fehlen vielfach die fundamentalsten Informationen. Sie zu geben – oder sich überhaupt zu überlegen, daß sie notwendig sind – erscheint offenbar als allzu »banal«. (Obwohl es, näher besehen, vielleicht gar nicht eine so banale Aufgabe ist, etwa zu erklären, wie man ein schwieriges Buch liest, Argumentationsketten behält, Gedankengänge zusammenfaßt, wozu Begriffe dienen und wie sie gemacht werden sollten.) Es sind wohl vor allem soziologische Fiktionen über Herkunft und Vorbildung der Studenten, die eine realistische Starthilfe verhindern. Darüber hinaus fehlen aber im gesamten Verlauf des Studiums ausreichende Selbst- und Fremdkontrollen. Das möglichst examensfreie knochenlose Studium – mit einem Minimum an schriftlichen Arbeiten, Klausuren, Referaten, Zwischenprüfungen – hat mit akademischer Freiheit nur noch herzlich wenig zu tun. Er führt vor allem zu innerer Unsicherheit, mangelnder Selbstbetätigung und Selbstbestätigung, einschließlich der entsprechenden Examenshysterie. Man »schwimmt« von Semester zu Semester.

Soweit eine Liste der offenkundigsten Mängel, ohne Anspruch auf Vollständigkeit, aber, wie gesagt, mit der Hoffnung auf einen gewissen Consensus. Zweifellos wird im einzelnen viel getan, die Dinge zu bessern. Wenn man mit Kollegen spricht, heißt es gewöhnlich: »Ja, gewiß – aber bei mir ist das anders…« (ich sage das übrigens auch). Aber es ist eben nicht anders genug.

Verbesserungsvorschläge sollten nun möglichst die Veränderungen mitberücksichtigen, die sich gegenwärtig an den deutschen Universitäten anbahnen. Auf die wichtigste dieser Veränderungen möchte ich ausdrücklich hinweisen.

Im traditionellen Selbstverständnis bedeutet unsere Universität die Einheit mehrer Funktionen. Sie ist:

- Ausbildungsstätte für soziale Spitzenberufe (Akademiker),
- Konglomerat von Klein-, Mittel- und Großbetrieben der wissenschaftlichen Forschung (von den Ein-Mann-Meisterbetrieben mit und ohne mithelfende Familienangehörige bis zu den akademischen Fürstentümern),
- Korporation von Gelehrten und Studenten, in der sich der actus mysticus der Vereinigung von Forschung und Lehre vollzieht,
- Bildungsstätte, hohe Schule der Erziehung und geistigen Reifung.

Diese Einheit bricht auseinander. Die deutlichste Bruchstelle scheint mir die Trennung von »niederen« und »höheren« Studien zu sein, einer »Studienstufe« und einer »Forschungsstufe«, wie sie sich vor allem aus der Ausbreitung der Diplomexamina und der Einführung des Magister artium ergibt. Wir nähern uns damit der angelsächsischen Trennung von under- und postgraduate-Studium, wenn auch vielfach zögernd und inkonsequent, ja unwillig. Die folgenden Vorschläge stellen auf diese Trennung ab und möchten sie weiter fördern. Sie beziehen sich freilich ausnahmslos auf die erste Periode, die Studienstufe.

Ich beginne mit einer formalen Entscheidung. Die wünschenswerte Höchstgrenze der Teilnehmerzahl an Übungen und Seminaren würde ich für die Soziologie mit fünfzehn festlegen. Dies scheint nach meinen bisherigen Erfahrungen eine Art Schwellenwert zu sein. Bei mehr als fünfzehn Teilnehmern beginnen sich bereits Felder bloßer »Anwesenheiten« zu formieren, es bilden sich Zonen, die im Windschatten der Diskussion liegen. Das Seminar nimmt für diese Nicht-Betroffenen den Charakter einer Vorlesung mit verteilten Rollen an, eine Art »Nahsehdiskussion«.

Nun wird man natürlich sofort fragen, wo die Dozenten herkommen sollen, die eine so starke Aufteilung der Übungen ermöglichen. Meines Erachtens brauchen sie nirgends herzukommen, sie sind da. Wir müssen uns nur entschließen, nicht nur – selbstverständlich – alle Assistenten und wissenschaftlichen Hilfskräfte lehren zu lassen, sondern auch die älteren Hauptfachstudenten. Dabei denke ich hier nicht an die üblichen Tutoren-Gruppen, sondern an die normalen Seminare für Anfänger *und* Fortgeschrittene.

Das bedeutete freilich, daß wir unsere Vorstellungen über die »akademische Lehrbefähigung« revidieren müßten. Diese Vorstellungen sind gewiß würdevoll, wahrscheinlich nicht ganz frei von honorigen Ansprüchen der Selbstbehauptung, vielleicht aber überholungsbedürftig.

Der erste Einwand: Das wissenschaftliche Niveau der Seminare würde sinken. Aber wie steht es mit dem wissenschaftlichen Niveau der heutigen Massen-Seminare? Sie sind den Seminaren des vorgeschlagenen neuen Typs zweifellos wissenschaftlich überlegen: im Sinne einer Schallplattenaufnahme – aber auch als *Übung*?

Ist es nicht höchst wahrscheinlich, daß die geistige Spannung in diesen Gruppen größer wäre, auch wenn der Leiter eine geringere Übersicht und gerade weil er eine geringere Autorität hätte?

Sehr zu bedenken ist, ob die Seminarleitung insbesondere für die älteren Studenten nicht zu einer Überlastung führen könnte. Durch eine sinnvolle Themenwahl (etwa als Übung zum Thema der Vorlesung) wird man diese Gefahr mindern können. Vor allem aber werden die Seminarleiter selbst so ungewöhnlich viel lernen, daß die Belastung reichlich kompensiert wird. Wir nutzen, glaube ich, die Chance des *Lernens durch Lehren* viel zuwenig aus. Es erscheint mir nicht zwingend, diese Erfahrung erst den Privatdozenten vorzubehalten. Sie könnte eine wichtige Etappe im Lernprozeß vieler älterer Studenten werden.

Hält man nun die einzelnen Seminare so klein wie vorgeschlagen, dann kann relativ leicht auch etwas gegen die anderen Mängel des Lehrsystems, die ich erwähnt habe, getan werden. Die Seminare oder Übungen können so gestuft werden, daß sich homogene Teilnehmergruppen ergeben, an die *bestimmte* Anforderungen gestellt werden können. Es lassen sich Zwischenkontrollen einführen etwa in der Form häufiger schriftlicher Arbeiten und Abschlußklausuren. Zwischenkontrollen, die nicht als »Examen« gelten müssen, also primär auch nicht der Selektion dienen, sondern der Übung, dem Ausprobieren, der eigenen Überprüfung. Schließlich wird gerade von Seminaren dieses Typs ein Druck ausgehen können, der die *Selbständigkeit* des wissenschaftlichen Arbeitens fördert.

Ich spreche absichtlich von einem »Druck«. Denn es wäre eine Illusion, anzunehmen, daß man die Mehrzahl der Studenten mit schönen Sprüchen und weisen Ratschlägen zur eigenen, selbständigen wissenschaftlichen Lektüre bereit macht. Es muß schon etwas Besonderes geschehen, um den Schleier zu lüften, der heute auch in den philosophischen Fakultäten über der Erfindung der Buchdruckerkunst liegt. (Wie weit wir es in dieser Beziehung gebracht haben, zeigt der Vorschlag, die Semesterferien zu kürzen: also Produktionssteigerung durch Arbeitszeitverlängerung. Die Unterstellung, daß die Semesterferien nicht zum Bestandteil des Studiums gehörten – weil dann niemand da ist, der den Nürnberger Trichter bedient –, ist also schon zur Selbstverständlichkeit geworden.) In Seminaren so begrenzten Umfanges wäre eine Präsenz selbständig erworbener Kenntnisse in einer vernünftigen Form durchsetzbar. Das mag in gewissem Sinne auch einer »Verschulung« gleichkommen. Aber in *dieser* Form der Verschulung könnte mehr geistige Intensität wach werden, als unser üblicher Lehrbetrieb ohne schwerwiegende Ruhestörungen vertragen könnte.

Die ersten Vorschläge bezogen sich im wesentlichen auf den organisatorischen Rahmen. Gerade im Hinblick auf die Studienstufe muß aber auch die Frage nach dem *Inhalt* der zu vermittelnden Kenntnisse, das heißt traditionell nach den »Fächern« und »Fächerkombinationen« neu gestellt werden. Wir wollen in diesem Zusammenhang dahingestellt sein lassen, inwieweit die gegenwärtige Fächer-Abgrenzung einen geeigneten Raster für die Unterteilung akademischer Studienwege darstellt. Aber an einer anderen, leidig-grundsätzlichen Frage kommen wir nicht vorbei: Sobald von Themenwahl, Stoff, Fächern die Rede ist, taucht die Alternative Allgemeinbildung – Spezialbildung auf. Diese schreckliche Alternative, diese schlechte Formulierung eines schlechten Gewissens, verstellt jede Diskussion und versperrt jedem neuen Gedanken den Weg. Zunächst also hierzu einige aus Unwillen etwas knapp geratene Bemerkungen.

Das Wort »Allgemeinbildung« hat, sofern es nicht mißbraucht wird, eine konkret angebbare Basis. Goethe, Humboldt, selbst ein Spezialist wie Kant *waren* allgemeingebildet, sie waren es, insofern das Kenntnis- und Denkniveau ihrer Zeit ihnen zugänglich war, insofern sie jederzeit die Möglichkeit hatten, den Stand der naturwissenschaftlichen Forschung, der Geschichtsschreibung, der Kenntnis fremder Völker, der neuesten Werke der Literatur und Philosophie, die wesentlichen medizinischen Erkenntnisse, *sich präsent* zu machen (und dies weitgehend taten). Was immer man sonst mit dem Wort verbinden möchte: Zunächst einmal bezeichnet es den Umfang, die Allgemeinheit einer einmal realisierbaren geistigen Orientierung. Es bezeichnet die Möglichkeit, die geistigen Ereignisse seiner Zeit mit den Augen des gebildeten Kenners zu prüfen.

Diese Möglichkeit ist ein für allemal dahin. Der einzige erreichbare Annäherungswert ist die Halbbildung, das heißt nicht die Hälfte der Allgemeinbildung, sondern die Disponiertheit, alles, was man weiß, nur halb zu wissen.

Jede Art von Bildung, die sich dieser Disponiertheit entziehen will, bemüht sich heute um Auswahl, um Konzentration; sie erhält den Charakter von Spezialinteressen, Spezialstudien.

Von erstrebbarer, erreichbarer Allgemeinbildung kann man heute nur reden, wenn man sich die gängige Aversion gegen die Naturwissenschaften zunutze macht, also beispielsweise die moderne Physik und die moderne Biologie ausklammert. Daß gerade diese Aversion in einem *modernen* Sinne als ungebildete Reaktion zu gelten hätte, scheint mir immerhin erwägenswert. Daß sie im Sinne des *klassischen* Bildungsverständnisses, insbesondere der klassischen Philosophie, ungebildet ist, bedarf nicht der Erwähnung.

Die Bildung, die wir heute zu vermitteln hoffen können, muß also durch ein Spezialstudium hindurchgehen und wird den Charakter einer Spezialbildung haben. Ich glaube nicht, daß dem wesentlich durch Vorträge mit »allgemeinen Horizonten«, Studium generale und dergleichen, abgeholfen werden kann. Die Effektivität derartiger Veranstaltungen scheint mir viel geringer zu sein, als offenbar angenommen wird. Auch hier fehlt uns freilich eine empirische Bildungsforschung, die diese Annahme bestätigt oder widerlegt.

Nun ist es keineswegs meine Absicht, das unvermeidbare »Spezialstudium« in den Himmel zu heben. Vielmehr möchte ich überlegen, ob es nicht einen Weg gibt, wenigstens etwas gegen die *Einseitigkeit* zu tun, gegen den engen Horizont, der sich üblicherweise ergibt. Ein Vorschlag. Ich würde bei einer vierjährigen Studienstufe lediglich eineinhalb Fächer vorsehen. Das Hauptfach wird vier Jahre studiert, das Nebenfach lediglich die ersten zwei oder zweieinhalb Jahre. Haupt- und Nebenfach müssen aus extrem verschiedenartigen Bereichen genommen werden, und zwar möglichst so, daß die Studenten der *philosophischen* Fächer ein *naturwissenschaftliches* Nebenfach wählen, die Hauptfach-*Naturwissenschaftler* ein Nebenfach aus der *philosophischen* Fakultät. Wir hätten also Historiker mit dem Nebenfach Biologie, Philosophen mit dem Nebenfach Mathematik, Altphilologen mit dem Nebenfach Physik und vice versa.

Dieser Sprung wird möglich, wenn man sich im übrigen nur auf ein Fach beschränken kann. Andererseits dürften zwei oder zweieinhalb Jahre ausreichen, sinnvolle Nebenfachkenntnisse zu erwerben, wenn man hierfür die Hälfte des Tages zur Verfügung hat. Auch für das Staatsexamen, also das Recht, an höheren Schulen zu unterrichten, sollte das ausreichen. (Übrigens dürfte es dem Unterricht auch an höheren Schulen nichts schaden, wenn der gleiche Lehrer in der Lage ist, über Konjugationen und Mutationen Auskunft zu geben.)

Was wäre der Effekt? Gewiß schaffen wir auch so nicht die Einseitigkeit aus der Welt. Aber die Konzentration auf zwei stark auseinanderliegende Zentren gibt doch eine ungewöhnlich große Möglichkeit und gewiß auch ungewöhnlich starke Impulse, nach Verbindungslinien zu suchen, Kontakte, Konfrontationen herzustellen, die Fähigkeit auszubilden, die Dinge von zwei Seiten her zu sehen – und das eben ist das Gegenteil von Einseitigkeit. Möglich auch, daß sich eine Art Bewußtseinsspaltung, ein geistiges Doppelleben ergibt. Aber auch dies wäre immer noch besser als eine geistige Enge, durch die ein paar verblasene Allgemeinvorstellungen wehen. Vor allem aber würden wir Studenten ausbilden, für die weder die Geistes- noch die Naturwissenschaften eine Tabula rasa wären, »Spezialgebildete«, aber Spezialisten, die keinen Grund mehr hätten, traurige Idiosynkrasien gegen die jeweils fremden geistigen Bezirke zu entwickeln; Akademiker, die nicht mehr der einen Hälfte unserer Welt hilflos gegenüberständen.

»Allgemeinbildung« wäre auch dies gewiß nicht. Aber wäre es nicht eine Ausbildung, die die vergleichsweise höchsten Chancen bietet, den Lebensbedingungen industrieller Gesellschaften anders zu begegnen als mit geistigen Rückzugsgefechten? Könnte so nicht am ehesten eine Spannweite zustande kommen, die es ermöglichte, sich mit ungewöhnlich vielen Dingen, die heute passieren, geistig einzulassen? Ich will nicht übertreiben. Aber eine Chance wäre es.

Dieses Eintreten für ein doppelspuriges Spezialstudium im Gegensatz zu einem »Allgemeinstudium«, und zwar auch und gerade auf der Studienstufe, habe ich nicht mit sogenannten praktischen Notwendigkeiten begründet, den vielzitierten »Anforderungen der modernen Berufswelt«, sondern eher mit Bildungsargumenten altmodischer Art. Freilich glaube ich, daß die bisherigen Vorschläge *auch* den Aufgaben einer sinnvollen Berufsvorbereitung entsprechen. Doch soll dieser Gesichtspunkt der Berufsvorbereitung in einer letzten Überlegung noch ausdrücklich einbezogen werden – und zwar im Zusammenhang mit der Form, der Formung des pädagogischen Prozesses in den Universitäten.

Daß sich das Bild der akademischen Berufstätigkeiten stark verändert, liegt auf der Hand. Entsprechend ändert sich auch die Funktion der Ausbildung. Versucht man, den Wandel der Verhältnisse akademische Ausbildung – akademische Berufstätigkeit auf einen Nenner zu bringen, so läßt sich etwa folgendes sagen:

Die Ausbildung verliert zunehmend ihren »substantiellen« Charakter; sie kann immer weniger als Gepäck dienen, als Tornister, aus dem man die Wegzehrung für das gesamte spätere Berufsleben Stück für Stück hervorholen kann. Was heute an der Universität gerade an fortgeschrittenem Wissensstoff gelehrt wird, ist oft schnell verderbliche Ware.

Es würde zu weit führen, alle Gründe für diese Kurzlebigkeit aufzuführen. Ein sehr wesentlicher Grund ist zweifellos die gerade in den letzten Jahren rapid fortschreitende *Technisierung* der akademischen Berufe. Mit dieser Technisierung verändern sich die Hilfsmittel und Methoden der Berufsausübung, ja oft auch die Aufgaben selbst. Man braucht dauernd Leute, die etwas gelernt haben, was gar nicht gelehrt wird. Denken Sie etwa an unsere Ärzte, Architekten, Verwaltungsbeamten; den Lehrern steht ähnliches bevor.

Zwei Konsequenzen bieten sich an. Die erste wird viel diskutiert: Wir werden zunehmend die Berufstätigkeit durch Zweitstudien, Kurse, Umschulungen unterbrechen müssen. »Ausbildung« wird bald nicht mehr als etwas gelten, was man in der Jugend als eine Art Kinderkrankheit abmacht, sondern als ein Übel, das auch in die besten Jahre jederzeit hereinbrechen kann. Die zweite Konsequenz betrifft die Art der Ausbildung selbst: Sie wird – sie müßte – neben der Vermittlung von Kenntnissen immer stärker bemüht sein, eine Potenz auszubilden – die Potenz der *Lernfähigkeit*, der *Umlernfähigkeit*. Wer den schnell und oft radikal wechselnden Berufsanforderungen gerecht bleiben will, muß vor allem das Lernen gelernt haben – und das bedeutet in der Regel: ihm muß das Lernen gelehrt worden sein.

Das klingt zunächst verdächtig nach einer Redensart. Man wird einwenden: Von der Volksschule an lernen wir doch andauernd irgend etwas, und so üben wir eben auch das Lernen selbst. Mag sein. Auf der Universität jedenfalls wird diejenige Art des Lernens, die hierher gehört und die für eine moderne akademische Berufsausbildung erforderlich wäre, im allgemeinen nicht gelehrt. Sie ist nicht vorgesehen.

Wenn wir in der Lage sein sollen, uns im späteren Berufsleben ständig auf neue Bedingungen umzustellen, dann setzt dies zunächst eins voraus: nämlich daß wir merken, daß neue Bedingungen vorliegen. So etwas zu merken ist in intellektuellen Bereichen (aber nicht nur hier) ein beachtliches Kunststück, eine Leistung der Erfolgs- und Selbstkontrolle. Ich würde einen sehr großen Teil der vorhandenen akademischen Berufsmisere der Seltenheit solcher Leistungen zuschreiben. Der Kern dieser Erfolgs- und Selbstkontrolle und damit die Erkenntnis, daß etwas Gewohntes unangemessen wird, und damit des Vermögens, zu lernen und umzulernen, ist ein geistiges Element sehr besonderer Art: die Kritikfähigkeit.

Wird Kritikfähigkeit auf unseren Universitäten – in unseren philosophischen Fakultäten – gelehrt und gelernt?

Gewiß: Meyer übersah x, Müller unterschätzte y, Schmidt kam auf die geniale Idee, x und y zusammenzufügen, und so ergab sich die Theorie xyz (z könnte man als überflüssig wieder weglassen). Lehren, lernen wir auf unseren Universitäten Kritikfähigkeit?

Ich greife nur ein Beispiel heraus. Unter allen geistigen Ausdrucksformen ist wohl diejenige, die der Kritikfähigkeit am nächsten steht, und zugleich diejenige, die am gründlichsten aus unserer Universität verbannt ist, das Streitgespräch. (Wie überhaupt alle Elemente des agonalen geistigen Lebens unserer Universität fremd geworden sind.) Die Struktur unseres Lehrbetriebes *verhindert* das Streitgespräch nicht unbedingt, aber man muß es nahezu mit Gewalt in diese Struktur hineinzwingen. Wenn wir uns verständigen durch Sprechen und Hören, dann durch Vorlesungen, Vorträge, Referate, »Diskussionsbemerkungen«, Korrekturen des Dozenten und, wenn es köstlich wird, gelegentlich auch durch ein »angemeldetes Bedenken«. So aber kann sich Kritikfähigkeit nicht bilden und, nicht entfalten. Sie braucht den Partner auf gleicher Ebene und mit gleichen Waffen, die Narrenfreiheit des Versuchs, des Angreifens, des Widerstandes –, sie braucht Offensive und Defensive, und zwar expressis verbis, als äußerliche Veranstaltung, um schließlich als Fähigkeit, mit sich selbst ein Streitgespräch zu führen, als Widerspiel von These und Einwand in den einzelnen »hineingenommen«, verinnerlicht zu werden.

All dies spricht dafür, daß das Streitgespräch zwischen Dozenten und Studenten sehr schwer herzustellen ist, im allgemeinen ein Glücksfall bleiben wird. Der Dozent gewinnt fast immer, selbst wenn er nicht mogelt (wozu er ungewöhnlich große Chancen hat). Aber es ist sehr wohl möglich, regelmäßig solche Streitgespräche innerhalb der Seminare und Übungen zwischen den Studenten herzustellen und – in zweifachem Sinne des Wortes – zur *Übung* werden zu lassen. Dazu muß sich der Dozent freilich über längere Zeit hin mit der Rolle des Diskussionsleiters – besser: des »Speakers« –

begnügen. Und er wird sich mit Gelassenheit wappnen müssen, wenn er entdeckt, wie plötzlich der Letzte im Saal mit Energie in eine Disputation eingreift, für deren Thema er wochenlang weder mit Engels- noch mit Dozentenzungen zu interessieren war.

Nun wird es natürlich heißen, daß wir dazu keine Zeit haben. Wir brauchen die Übungen, um Kenntnisse zu vermitteln. Aber dann müssen wir eben verhältnismäßig mehr Übungen abhalten, und zwar in den vorgeschlagenen kleinen Gruppen.

Vielleicht gelingt es uns dann sogar, ein Interesse an der gemeinsamen Diskussion zu erwecken, das über die festgelegten »Stunden« hinaus anhält. Heute dürften wir es doch schon beinahe dahin gebracht haben, daß es unter Studenten meist als – ja, als was eigentlich? – gilt, über irgendein Studienthema außerhalb der heiligen Hallen ein Gespräch zu beginnen. Als Strebertum? Als snobistisch? Als Mangel an Phantasie? Vermutlich am ehesten als Zeichen von Examensangst. Ich würde das gerne genauer wissen. Aber ich vermute und fürchte, daß es nicht stark übertrieben ist, zu sagen, daß Themen des Studiums als studentische Gesprächsthemen unstandesgemäß geworden sind.

Kritikfähigkeit, Streitgespräche, Wiedererweckung des Agonalen als Element des Universitätslebens – in diesen Zusammenhang gehört notwendigerweise noch ein weiteres Element: die Skepsis. Daß wissenschaftliche Ausbildung in einer geistigen Atmosphäre der Skepsis sich vollzieht – und das meint eine gespannte, nicht eine indolente Atmosphäre –, scheint mir wiederum gerade unter dem Gesichtspunkt einer modernen Berufsausbildung außerordentlich wichtig. Wer sich in einer so verzwickten, unübersehbaren Welt mit verhältnismäßig so wenig Kenntnissen, wie heute der einzelne gewinnen kann, einigermaßen vernünftig zurechtfinden will, der muß diese Kenntnisse in Skepsis getaucht haben. Und diese Skepsis sollte nicht nur das wissenschaftlich Gelernte mit einbeziehen, sondern sollte das wissenschaftliche Lernen selbst von Grund auf formen.

Ich frage mich, inwieweit das System unseres Universitätsunterrichts etwa Raum und Zeit offenläßt für die Diskussion der Fragen, die wir *nicht* beantworten können. Natürlich gehört das Wissen des Nichtwissens zu den immer noch angesehenen Etikettierungen – aber gehört es zum Inhalt des Lehr- und Lernprozesses? Man kann, wird man einwenden, dergleichen überhaupt nicht zum »Inhalt« machen. Warum nicht? Warum sollte nicht die einführende Übung im ersten Semester des Studiums darin bestehen, daß Dozent und Studenten eine gemeinsame Basis finden, indem sie wesentliche Fragen des Faches zu formulieren versuchen, die beide Teile nicht beantworten können?

Die Aufgabe, die ich zum Schluß andeuten wollte, ist die Entwicklung einer *neuen akademischen Pädagogik*. Davon sind wir allerdings weit entfernt. Dahrendorf sagt mit Recht, daß an der Universität nahezu alle denkbaren Themen zum Gegenstand der Forschung gemacht würden, nur nicht die Universität selbst. Das gilt speziell für den Lehr- und Lernprozeß. Der Aufwand an Arbeitskraft, der in eine einzige Vorlesungsstunde gesteckt wird, dürfte im allgemeinen recht groß sein. Nur was dort eigentlich vor sich geht, welche Prozesse des Aufnehmens, Aneignens, Mitdenkens sich vollziehen, was genaugenommen über die Rampe kommt – davon wissen wir fast nichts. Wir wollen davon scheinbar auch gar nichts wissen, sei es, um Illusionen zu hüten, sei es, weil uns bereits das Wort »pädagogisch« aus geistigen Niederungen zu stammen scheint.

Ich breche hier ab. Wie angekündigt, habe ich nicht eine neue Bildungsidee, sondern Bruchstücke einer Studienreform entwickelt, ausgehend von den vorhandenen Mängeln. Daß im übrigen auch im Lehrsystem der heutigen Universitäten noch erstaunlich viel gutgeht, wissen wir alle. Es wäre eine interessante und wichtige Aufgabe, dies im einzelnen zu erklären, wichtig vor allem, um die Universität vor hektischen Eingriffen, vor Reformneurosen zu schützen. Aber es ist nicht die Zeit, sich in einer defensiven Haltung zu versteifen. Auch die Attitüde der Aufgeschlossenheit reicht keineswegs aus. Um die Ausgangsthese noch einmal zu wiederholen: Die Studienreform ist heute zu einer Frage der Legitimation der Universität und der Universitätsdozenten geworden.

Wolfgang Eßbach
In memoriam Heinrich Popitz (1925-2002)

Am 1. April 2002 starb wenige Wochen vor Vollendung seines 77. Lebensjahres der Soziologe Heinrich Popitz in Freiburg im Breisgau. Das Fach Soziologie und die akademische Welt hat einen Gelehrten verloren, dessen Werk Einsichten in die menschliche Lebenswelt vermittelt, die zu den dauerhaften Erkenntnissen der Soziologie zu rechnen sind. Neben den große Schatten werfenden, voluminösen Werken soziologischer Literatur nahmen sich die Studien und Abhandlungen von Heinrich Popitz *Phänomene der Macht*, *Der Aufbruch zur artifiziellen Gesellschaft* und *Wege der Kreativität*, aber auch Arbeiten zur sozialen Rolle, zur Dunkelziffer und vieles mehr – stets wie feingeschliffene, hell reflektierende Brillanten aus. Als er in Würdigung anläßlich seines 65. Geburtstags mit Georg Simmel verglichen wurde, war er skeptisch und meinte, der Klassiker hätte manches auch kürzer sagen können. Analytische Präzision und eine Härte, die es sich versagt, vor den schwierigen Themen Gewalt, Technik, Norm auszuweichen, kennzeichnen eine Soziologie, die einem stets erneuerten Dialog mit antiken Autoren und der europäischen Aufklärung aufruhte.

Aufgewachsen in einem Berliner Bürgerhaus, trifft ihn, noch Kind, der Tod der Mutter. Noch nicht zwanzigjährig, erfährt er, daß sein Vater, der führende Finanzexperte der Weimarer Republik, dann preußischer Minister, Johannes Popitz, sich dem Widerstand angeschlossen hatte und im Februar 1945 ermordet wurde. Heinrich Popitz studiert in Heidelberg, Göttingen und Oxford Philosophie, Geschichte und Ökonomie. Den Göttinger akademischen Lehrern Nicolai Hartmann, Helmuth Plessner, Herbert Schöffler und dem Basler Doktorvater Karl Jaspers verdankt der Philosophiestudent Heinrich Popitz prägende Orientierungen, die ihn zu soziologischen und sozialforscherlichen Weiterungen des Horizonts führen. Die industriesoziologischen Forschungen in Dortmund (u. a. zusammen mit Hans-Paul Bahrdt), die als *Das Gesellschaftsbild des Arbeiters* (1957) sowie *Technik und Industriearbeit* (1957) erschienen sind, gelten als Pionierleistungen bei der Neubegründung der westdeutschen Soziologie nach dem Krieg. 1957 habilitiert er sich bei Arnold Bergstraesser in Freiburg. Im selben Jahr erfolgt der Ruf an die

Universität Basel. 1964 übernimmt er den neu geschaffenen Lehrstuhl für Soziologie an der Universität Freiburg. Heinrich Popitz hat von 1964 bis weit über seine Emeritierung 1992 hinaus in Freiburg gelehrt und geforscht. Nur einmal, 1970 bis 1971, ist er für ein Jahr nach New York gegangen, um am Theodor-Heuss-Lehrstuhl der New School for Social Research zu unterrichten. Mit Gelassenheit und umsichtiger Studienreform reagierte er auf die Krisen der Universität. Popitz gehörte zu den Professoren, die den revoltierenden Studenten etwas zur Sache zu sagen hatten. Sein vergriffenes Marx-Buch von 1953 mußte 1967 neu aufgelegt werden. Im Anschluß an die erfolgreiche Etablierung der Soziologie im Nachkriegsdeutschland arbeitete Popitz in den 70er und 80er Jahren neben seinem Freiburger Kollegen Günter Dux daran, Denkmotive philosophischer Anthropologie in soziologische Aufklärung zu übersetzen. Heinrich Popitz war ein begnadeter und leidenschaftlicher akademischer Lehrer. Ihm, dem Hochschuldidaktik ein Greuel war, gelang es, Atmosphären für sachhingegebene Dialoge zu schaffen. Strenge des Begriffs, Intuition und Zartheit der Empirie bestimmten den Stil seiner Lehre.

Vielleicht sind es die drei Dimensionen: gedankliche Präzision, Interesse an der Wirklichkeit und Kraft der Darstellung, die die Popitzsche Soziologie am ehesten charakterisieren können.

Popitz gehörte nicht zu den soziologischen Schnelldenkern. »Zu kurz gedacht!«, lautete oftmals sein kritischer Einwand. Er hat seine Texte so lange reformuliert, bis sie klar waren. Wie alle Humanisten hat er sein Denken an antiken Autoren geschult. Er hat es auch im Curriculum deutlich gemacht, daß in Tukydides' *Peleponnesischem Krieg* mehr Soziologie steckt als in Tausenden von Seiten heutiger Sociologica. Reformulierung auch der europäischen Aufklärung: So konnte jüngst jemand über Popitz' Abhandlung zur Gewalt in *Phänomene der Macht* schreiben, sie stelle »das Bedeutendste dar, was seit Thomas Hobbes über die Gewalt geschrieben worden ist«. Darüber hinaus gehörte Popitz zu den wirklichkeitshungrigen Nachkriegssoziologen. So machte sich der Ideologien verachtende Bürgersohn an die Erforschung anderer Welten. Er trieb Feldforschung in der Hüttenindustrie und übersetzte dabei Husserls Phänomenologie in soziologische Methodik. Sein Wirklichkeitsinteresse war genuin anthropologischer Art. Viele Arbeiten sind auch mit »Anthropologie« betitelt. Von Interesse war die handfeste Wirklichkeit, einer seiner schönsten Texte thematisiert *Technisches Handeln mit der Hand. Zur Anthropologie der Werkzeugtechnik*. Schließlich zeugen Popitz' Arbeiten von einer bemerkenswerten Kraft der Darstellung. Sie beruhte auf einer souveränen Beherrschung der Vorstellungskraft, mit der eine Präsenz des Nicht-Gegenwärtigen erreicht wurde. Dafür reicht Wissenschaft allein nicht aus, die Kunst muß dazukommen. Popitz hat seinen Stil der Darstellung an großer Literatur geformt, an Schiller und Goethe, den er immer wieder gelesen hat und dessen *Faust* er ganz aus dem Gedächtnis rezitieren konnte. Wenigen ist bekannt gewesen, daß er unter dem Künstlernamen Johannes Slot, zusammengesetzt aus dem Vornamen seines Vaters und dem Geburtsnamen seiner Mutter, ein umfangreiches malerisches Werk hinterlassen hat. Es wurde im Dezember 2002 erstmals in der Universität Freiburg ausgestellt.

Am 10. April 2002 wurde Heinrich Popitz auf dem Friedhof im Freiburger Stadtteil Zähringen beigesetzt. Wir haben einen großen Lehrer, nachhaltigen Denker, engagierten Sozialforscher und einen großmütigen Menschen verloren.

Popitz, Heinrich (1953): Der entfremdete Mensch, Zeitkritik und Geschichtsphilosophie des jungen Marx. Philosoph. Forsch., NF, hg. von Karl Jaspers, Bd. 2, Basel 1953. Gekürzte Fassung (1967a), Frankfurt/M.: EVA.

Popitz, Heinrich (1957a): Das Gesellschaftsbild des Arbeiters (mit H.-P. Bahrdt, E.A. Jüres, H. Kesting). Tübingen: Mohr Siebeck.

Popitz, Heinrich (1957b): Technik und Industriearbeit (mit H.P. Bahrdt, E.A. Jüres, H. Kesting). Tübingen: Mohr Siebeck.

Popitz, Heinrich (1953): Struktur und Merkmal. Zur Auswertung und Interpretation soziologischer Erhebungen, in: Zeitschrift für die gesamte Staatswissenschaft Bd. 109, 1953, S. 306-325.

Popitz, Heinrich (1958): Zum Begriff der Klassengesellschaft, in: Hamburger Jahrbuch für Wirtschafts- und Gesellschaftspolitik Bd. 3, 1958, S. 94-102.

Popitz Heinrich (1961): Soziale Normen, in: Europäisches Archiv für Soziologie II, S. 185-198.

Popitz, Heinrich (1965): Die Ungleichheit der Chancen im Zugang zur höheren Schulbildung, in: Ludwig v. Friedeburg (Hg.): Jugend in der modernen Gesellschaft. Köln und Berlin: Kiepenheuer, S. 392-408.

Popitz, Heinrich (1966): Vorschläge zu einer Studienreform, in: Christ und Welt, Nr. 7/8.

Popitz, Heinrich (1967b): Der Begriff der sozialen Rolle als Element der soziologischen Theorie. Tübingen: Mohr Siebeck.

Popitz Heinrich (1968): Über die Präventivwirkung des Nichtwissens. Dunkelziffer, Norm und Strafe. Tübingen: Mohr Siebeck.

Popitz, Heinrich (1980): Die normative Konstruktion von Gesellschaft. Tübingen: Mohr Siebeck.

Popitz, Heinrich (1992): Phänomene der Macht (2., stark erweiterte Auflage), Tübingen: Mohr Siebeck.

Popitz, Heinrich (1994): Realitätsverlust in Gruppen, in: Republik und Dritte Welt. Festschrift für Dieter Oberndörfer zum 65. Geburtstag, Paderborn–München–Wien–Zürich: Wilhelm Fink, S. 313-321.

Popitz, Heinrich (1995): Der Aufbruch zur artifiziellen Gesellschaft. Tübingen: Mohr Siebeck.

Popitz Heinrich (2000): Wege der Kreativität. Tübingen: Mohr Siebeck.

Popitz, Heinrich (2006): Die Quadratur des gordischen Knotens. Zettelverse. Augsburg: Jürgen Cromm Verlag.

Nachweise

1. Friedrich Pohlmann, Heinrich Popitz – Sein Denken und Werk. Sehr erweiterte und umgearbeitete Fassung eines Aufsatzes, der im *Berliner Journal für Soziologie*, Band 15, 2005, erschienen ist.
2. Heinrich Popitz, Soziale Normen, in: *Europäisches Archiv für Soziologie*, Bd. II. 1961, S. 185-198.
3. Heinrich Popitz, Verhaltensorientierung und Verhaltensnormierung, in: *Die normative Konstruktion der Wirklichkeit*, Tübingen 1980, Mohr Siebeck, S. 1-19.
4. Universale Konstrukte sozialer Normierung, in: *Die normative Konstruktion der Wirklichkeit*, Tübingen 1980, Mohr Siebeck, S. 69- 92.
5. Heinrich Popitz, Der Begriff der sozialen Rolle als Element der soziologischen Theorie, Tübingen 1967, Mohr Siebeck.
6. Heinrich Popitz, Über die Präventivwirkung des Nichtwissens, Tübingen 1968, Mohr Siebeck.
7. Heinrich Popitz, Realitätsverlust in Gruppen, in: *Republik und Dritte Welt*, München 1994, Wilhelm Fink Verlag, S. 313-321.
8. Heinrich Popitz, Das primäre soziale Gehäuse, Erstveröffentlichung.
9. Heinrich Popitz, Zum Wiederbeginn der Soziologie in Deutschland nach dem Kriege, Erstveröffentlichung.
10. Heinrich Popitz, Der Begriff der Klassengesellschaft, in: *Hamburger Jahrbuch für Wirtschafts- und Gesellschaftspolitik*, Bd. 3, 1958, S. 94-102.
11. Heinrich Popitz, Begegnungen mit Theodor Geiger, Erstveröffentlichung.
12. Heinrich Popitz, Die Ungleichheit der Chancen im Zugang zur höheren Schulbildung, in: Ludwig v. Friedeburg (Hg.), *Jugend in der modernen Gesellschaft*, Köln und Berlin 1965, Kiepenheuer.
13. Heinrich Popitz, Universitätsreform als Studienreform, in: *Christ und Welt*, Nr. 7/8, 1966.
14. Wolfgang Eßbach, In Memoriam Heinrich Popitz, in: *Sociologia Internationalis*, 40. Band, 2002, Heft 1.

Suhrkamp Verlag GmbH
Torstraße 44, 10119 Berlin
info@suhrkamp.de
www.suhrkamp.de